CompTIA Strata IT Fundamentals

Markus Kammermann

CompTIA Strata IT Fundamentals

Bibliografische Information der Deutschen Nationalbibliothek

Die Deutsche Nationalbibliothek verzeichnet diese Publikation in der Deutschen Nationalbibliografie; detaillierte bibliografische Daten sind im Internet über <http://dnb.d-nb.de> abrufbar.

Bei der Herstellung des Werkes haben wir uns zukunftsbewusst für umweltverträgliche und wiederverwertbare Materialien entschieden. Der Inhalt ist auf elementar chlorfreiem Papier gedruckt.

ISBN 978-3-8266-9523-0
1. Auflage 2013

E-Mail: kundenbetreuung@hjr-verlag.de
Telefon: +49 6221/489-555
Telefax: +49 6221/489-410

www.mitp.de

© 2013 mitp, eine Marke der Verlagsgruppe Hüthig Jehle Rehm GmbH
Heidelberg, München, Landsberg, Frechen, Hamburg

Das Bildmaterial in diesem Buch, soweit es nicht von uns selber erstellt worden ist, verwenden wir unter Einhaltung der Copyrights und mit freundlicher Unterstützung folgender Unternehmen:

- AMD Corporation
- Canon Schweiz AG, CH-Dietlikon
- Fujitsu Technologies Schweiz AG, CH-Regensdorf
- Hewlett-Packard Schweiz AG, CH-Zürich
- Kingston Technology Schweiz, CH-Dänikon
- Ricoh Deutschland, D-Hannover
- Verbatim GmbH, D-Eschborn

- Brother Schweiz AG, CH-Baden
- Daetwyler Schweiz AG, CH-Altdorf
- F-Secure Corporation
- Intel Corporation
- NETGEAR Switzerland GmbH, CH-Zürich
- Samsung Electronics Austria GmbH, CH-Zürich
- Zyxel Corporation

Vielen herzlichen Dank für diesen Beitrag zum Gelingen des Buches.

Für Fragen zu den Prüfungen und aktuellen Zertifizierungen wenden Sie bitte direkt an die CompTIA über die Webseite www.comptia.org. Dieses Lehrmittel wurde für das CompTIA Authorized Curriculum durch ProCert Labs geprüft und ist CAQC-zertifiziert. Weitere Informationen zu dieser Qualifizierung erhalten Sie unter www.comptia.org/certification/caqc/ sowie unter der Adresse www.procertlabs.com.

Fassung:	CompTIA Strata IT Fundamentals (FC0-U41)
Autor:	Markus Kammermann
Lektorat:	Ernst-Heinrich Pröfener
Sprachkorrektorat:	Jürgen Dubau
Satz:	III-satz, Husby, www.drei-satz.de
Druck:	Beltz Druckpartner GmbH und Co. KG, Hemsbach

Inhaltsverzeichnis

Kapitel 1

Willkommen in der Informatik

Ich möchte Sie mit folgender beeindruckender Leistungsübersicht eines aktuellen Produkts in unserem Berufsfeld der Informatik herzlich willkommen heißen:

Der MEGAHIT 2012
Superschnelle Intel® Core™ i7 CPU
15.6 " TFT WXGA HD-ready
Superauflösung 1366 x 768 Pixel
Satte 4096 MB DDRIII SDRAM
Riesige 320 GB S-ATA 5400rpm HDD
ATI Mobility Radeon HD 4650
mit 1 GB GDDR3-RAM
eingebautes Modular-DVD±RW DL
LAN mit 10/100MBit/s RJ45
WLAN 802.11 a/b/g/n
4x USB 2.0 , SD-Reader
1.3 Mpx Webcamera
Windows 7 Home Premium
inkl. Recovery Partition

Abb. 1.1:   So begrüßt Sie die Welt der Informatik.

Ist Ihnen nach dem Lesen alles klar? Nein? Dabei handelt es sich hierbei um übliche Werbung, wie sie im Fernsehen zu sehen ist oder per Post zugestellt wird. Auch wenn ich die einzelnen Werbebotschaften zu einer einzigen Fotomontage verdichtet habe – so werfen wir in der Informatik mit unseren Fachbegriffen um uns. Also: Herzlich willkommen in der Informatik!

Wenn Sie aber schon bis hierhergekommen sind, will ich Sie jetzt nicht wegschicken, sondern Ihnen dazu gratulieren, dass Sie sich entschieden haben, sich über diese Unart der Informatikfachleute hinwegzusetzen und nachzuhaken.

Und darum noch einmal von vorne: Willkommen in der Informatik. Sie haben sich das richtige Buch ausgesucht, denn ich möchte Ihnen ab hier gerne einen verstehbaren Einstieg in die Welt der Informatik bieten, Ihnen Grundlagen und Zusammenhänge erläutern und Ihnen so die Möglichkeit bieten, diese digitale Welt schrittweise zu betreten und zu begreifen.

1.1 Wer ist CompTIA?

CompTIA ist ein weltweiter Verband der Informationstechnologieindustrie. Der Verband wurde 1982 in den USA gegründet und zählt heute mehr als 20.000 Unternehmen und professionelle Branchenangehörige als Mitglieder. CompTIA hat Mitglieder in mehr als 100 Ländern und liefert Technologiestandards in den Bereichen internetfähige Dienstleistungen, E-Commerce, herstellerunabhängige Zertifizierung, Kundenzufriedenheit, Public Policy sowie Ausbildung.

Insbesondere im Bereich der IT-Zertifizierung hat sich CompTIA weltweit einen anerkannten Ruf erworben und ist heute der größte herstellerunabhängige Anbieter von Zertifizierungen im Bereich der Informationstechnologie. Basis für die anerkannte Güte der CompTIA-Zertifikate ist nicht zuletzt deren gemeinschaftliche Entwicklung durch IT-Fachkräfte und Mitgliedsunternehmen. Da ein großes Problem der IT-Branche der Wildwuchs zahlreicher Fort- und Weiterbildungsmaßnahmen ist, bietet CompTIA insbesondere im Rahmen der technischen Grundausbildung hochwertige Zertifikate an, die Privatpersonen wie Unternehmen die Orientierung auf dem unübersichtlichen Fortbildungsmarkt erleichtern sollen.

Das erklärte Ziel von CompTIA ist die Etablierung von technischen und fachlichen, aber auch ethischen und professionellen Qualitätsstandards in der IT-Industrie. Indem Unternehmen wie Compaq, Hewlett-Packard, IBM, Intel, Microsoft und Ricoh die Entwicklung der Zertifikate von CompTIA finanziell und mit ihrem Know-how unterstützen, gewinnen diese gleichzeitig Anhaltspunkte über die Fachkompetenz und ein sicheres Anforderungsprofil für die Auswahl von Mitarbeitern.

Weltweit haben mehr als ca. 850.000 Menschen CompTIA-Zertifikate in PC-Anwendung, Netzwerktechnologie, Servertechnologie, Document Imaging, Internet- und E-Business-Technologie erworben.

1.2 Die CompTIA Strata-Zertifizierung

Dieses Buch erklärt nicht einfach Sachthemen, es führt Sie auch zu einer Zertifizierung hin, die Ihnen am Ende bescheinigt, dass Sie verstanden haben, was Sie hier lesen und lernen. Auf der Website von CompTIA heißt es dazu sinngemäß: »**Strata IT Fundamentals** wurde so konzipiert, dass ein erfolgreicher Absolvent in der Lage ist, Hardware-Komponenten zu identifizieren und zu erklären, einen PC-Arbeitsplatz in den Grundzügen einzurichten und Software-Installationen durchzuführen. Darüber hinaus kann er Probleme bei der Kompatibilität identifizieren, gängige Fehler beheben und wesentliche Sicherheitsrisiken erkennen, einschätzen und vermeiden. Zu den weiteren Kenntnissen eines erfolgreichen Absolventen zählen das Grundwissen in den Bereichen Green IT sowie präventive Computerwartung.«

Die Wissensgebiete von CompTIA Strata IT Fundamentals lauten

1.0	Technologie- und Hardware-Grundlagen	40 %
2.0	Kompatibilitätsprobleme und häufige Fehler	13 %
3.0	Software-Installationen und -Funktionen	11 %
4.0	Sicherheit	16 %
5.0	Green IT und präventive Wartung	20 %

Die Prozentzahlen, die jedem Wissensgebiet zugeordnet sind, zeigen Ihnen die Gewichtung des jeweiligen Themas für die Examen an.

Das Ziel eines Buches über die Zertifizierung CompTIA Strata besteht somit darin, Sie mit den Komponenten und Funktionen von PC- und Notebook-Systemen, Peripheriegeräten sowie aktuellen Betriebssystemen und Anwendungen vertraut zu machen. Darüber hinaus werden noch weitere Themen bis hin zu den Grundlagen der Netzwerkadministration sowie Fragen der Sicherheit und Umweltverträglichkeit in der Informatik angesprochen. Für die Abkürzungen finden Sie zudem ein Glossar im Anhang dieses Buchs.

1.3   Das Zielpublikum von CompTIA Strata

Die Prüfung **Strata IT Fundamentals** ist ideal für Studenten und vergleichbare Personen, die neu in den IT-Jobmarkt einsteigen wollen. Sie richtet sich auch an die zunehmende Zahl der »Umsteiger« in die IT-Branche. Viele der Absolventen werden im Anschluss an den Erwerb eines »CompTIA Strata IT Fundamentals«-Zertifikats höhere Zertifizierungen wie CompTIA A+ oder je nach spezialisierter Berufserfahrung CompTIA Network+ oder CompTIA Security+ anstreben.

Für weitere Informationen begeben Sie sich bitte auf die Website von CompTIA unter *www.comptia.org*. Dort finden Sie auch eine genaue Auflistung der zurzeit gültigen Prüfungsthemen, auf Englisch auch »Objectives« genannt.

1.4   Voraussetzungen für CompTIA Strata

Das Buch bietet Schülern, Studenten, Quereinsteigern und Umsteigern Zugang zur Informatikbranche.

Weitere Einzelheiten zu den Examen finden Sie in Kapitel Die CompTIA Strata-Prüfung Die CompTIA Strata-Prüfung. Besuchen Sie zudem die Website der CompTIA (*www.comptia.org*), um sich regelmäßig auf den neuesten Stand zu bringen.

1.5 Zum Aufbau dieses Buches

Das Thema der CompTIA Strata-Zertifizierung ist sehr weitläufig. Es umfasst zum einen die gängige Hardware heutiger Computersysteme, aber auch zahlreicher Peripheriegeräte. Ebenso gehören Support und Unterhalt dieser Systeme dazu. Dann gibt es auch noch das Thema Netzwerktechnik und nicht zu vergessen die Sicherheit. Damit Sie sich bei dieser Themenvielfalt zurechtfinden können, stelle ich Ihnen an dieser Stelle eine erste Übersicht des Buches in Verbindung mit den Prüfungsthemen vor: Wo finden Sie was?

Die CompTIA Strata-Prüfung unterteilt den gesamten Stoff wie erwähnt in fünf Themengebiete. Diese Wissensgebiete nehmen die einzelnen Kapitel dieses Buchs auf und vertiefen sie so, dass Sie die Themen verstehen und lernen können.

Die folgende Übersicht zeigt Ihnen auf, wo Sie diese Wissensgebiete im Buch antreffen, und daraus können Sie den Aufbau des Buches ersehen.

Themenbereiche	Finden Sie in Kapitel
Technologie- und Hardware-Grundlagen	2 bis 6 und 10
Kompatibilitätsprobleme und häufige Fehler	7
Software-Installationen und -Funktionen	8 bis 9 und 11
Sicherheit	12
Green IT und präventive Wartung	6, 7 und 13

Tabelle 1.1:   Der Aufbau des Buches und die Zuordnung der Themen zum Examen

Wir beginnen in diesem Buch mit dem wesentlichen Teil zuerst: dem Computer. Dabei erfahren Sie nach einer Übersicht über die Bedeutung der Informatik, wie ein Computer von innen her aufgebaut ist. Danach schauen wir uns die verschiedenen Komponenten an, die so ein Computersystem auszeichnen. Das alles nennen wir Hardware. Abgeschlossen wird das Thema Computer mit den Themen Reinigung, Wartung und Fehlerbehebung.

Die nächsten Kapitel widmen sich danach der Software, sprich den Programmen, die ein Computer benötigt, um zu funktionieren.

Danach gehen wir noch einmal zur Hardware, aber dieses Mal geht es nicht um die einzelnen Computer, sondern um den Aufbau eines Netzwerks und was dazu benötigt wird.

Das nächste Thema behandelt den Bereich Sicherheit. Ich habe ihn hinter der Netzwerktechnik eingeordnet, da viele Themen der Sicherheit erst im Kontext der Vernetzung richtig aktuell werden.

Daran anschließend widmen wir uns einem wichtigen Aspekt der Informatik – der Frage nach deren Umweltverträglichkeit. Was meint man mit Green IT und was können Sie selber dazu beitragen, dass Computer unsere Umwelt nicht übermäßig belasten?

Nach diesen Themenbereichen finden Sie die notwendigen Prüfungsinformationen sowie eine Testprüfung, welche Ihnen zur Standortbestimmung nach Durcharbeiten dieses Buchs verhelfen wird.

Eine genaue Gegenüberstellung aller Themen zu den detaillierten Lernzielen dieser Prüfung finden Sie auf Seite 325, in Abschnitt Hier finden Sie die Prüfungsthemen.

1.6 Persönliches

Meinen ersten eigenen PC habe ich 1986 als Student gekauft – und schon nach 24 Stunden hatte ich ihn erfolgreich zerstört. »Sie haben versehentlich die Nullspur formatiert« war der lapidare Kommentar des Verkäufers, und ich konnte wieder einige Tage warten, bis das Gerät mit neuer Festplatte zurückkam. Das Spiel wiederholte sich so einige Male, und erklären konnte mir eigentlich niemand so richtig, was jeweils geschehen war – es war einfach so. Aber damit wollte ich mich nicht abfinden – und das war mein Einstieg in die Informatik, was von meinem damaligen Studiengebiet, der Theologie, sehr weit weg war ...

Aber über die Jahre lernt man ja dazu, und über eine Anstellung als Abteilungsleiter für Informatik und seit vielen Jahren als Systemtechniker und international tätiger Ausbilder in diesem Bereich kommt dann doch viel Erfahrung dazu. Dazu gehört natürlich auch die Ausbildung, die ich in der Informatik absolviert habe. Und schon bald begann ich, auch als Autor über die Themen zu schreiben, an denen ich arbeitete. Die ersten Themen waren Windows 3.1, Lotus Office-Programme und die Grundlagen von Computersystemen – und das Anfang der 90er-Jahre.

Es ist bemerkenswert zu sehen, was sich in dieser Zeit bis heute alles verändert hat und noch verändern wird. Ich kann es darum auch in diesem Buch nicht ganz lassen, Sie hin und wieder mit auf die Reise zu nehmen, sich das eine oder andere aus der Geschichte anzuhören (ja, 640 KB Arbeitsspeicher waren mal richtig viel ...) oder einen Blick in die Zukunft zu werfen, denn was heute »morgen aktuell« genannt wird, wird für Sie in ein oder zwei Jahren schon wieder »heutiger« Alltag sein.

Die Welt der Informatik ist und bleibt daher für mich immer sehr faszinierend. Ich hoffe, Ihnen geht es beim Lesen dieses Buches genauso, und diese Begeisterung wird Sie dann auch für Ihr Examen beflügeln.

Danken möchte ich an dieser Stelle meinen Mitarbeiterinnen und Mitarbeitern. Ich habe die Angewohnheit, immer nach der Verständlichkeit, neuen Beispielen oder Verbesserungen zu fragen – und sie investieren viel Zeit in der Unterstützung, danke vor allem an Denise Stocker und Ramon Kratzer. Sie haben in diesem Buch mit großem Einsatz für verständlichere Erklärungen und vieles mehr gesorgt. Sie haben damit wesentlich zu dieser Publikation beigetragen und viele Tage mit mir aushalten müssen, bis das Werk den heutigen Stand erreicht hat.

Bedanken möchte ich mich auch bei den vielen Herstellern und ihren Kommunikationsabteilungen, die uns, zum Teil mit erheblichem Aufwand, mit Bildmaterial und Unterlagen unterstützt haben.

Einmal mehr möchte ich mich an dieser Stelle bei Ernst-Heinrich Pröfener und dem Verlag bedanken. Dazu gehört auch der geschätzte Proof Reader Jürgen Dubau, der wie immer mit viel Präzision und Interesse mein Werk durchgearbeitet. Vielen Dank! Dies ist nun schon unser fünftes Buch, das wir gemeinsam publizieren. Mich freut diese Zusammenarbeit und natürlich auch, dass wir gemeinsam Erfolg haben mit unseren Ideen und Werken.

Kapitel 2

Computer erobern die Welt

Mit einem Computer können Sie heute die unterschiedlichsten Aufgaben lösen. Vom Briefe schreiben, Freunde im Internet treffen, Fotos bearbeiten und Drucken bis zum Spielen. Überall in unserer Welt hat der Computer Einzug gehalten – und das nicht erst seit gestern.

Die Bezeichnung »Informatik« ist aus dem Wort Information abgeleitet, andere Quellen sehen es als Kofferwort aus Information und Mathematik oder Information und Automatik an. Der Begriff taucht Ende der 1950er-Jahre erstmals auf.

Erst Ende der 1960er-Jahre setzte sich »Informatik« als Bezeichnung für die Wissenschaft nach französischem und russischem Vorbild auch im deutschen Sprachraum durch. Im Wintersemester 1969/70 begann die Universität Karlsruhe als erste deutsche Hochschule mit der Ausbildung von Diplom-Informatikern.

Im Jahr 1943 schätzte Thomas J. Watson, der Vorsitzender von IBM, den Bedarf an Computern weltweit wie folgt ein:

> »I think there is a world market for maybe five computers.«
> (Meines Erachtens ist der Weltmarkt für Computer mit etwa fünf Exemplaren ausgeschöpft).

Und so sah der Heimcomputer der Zukunft vor gut fünfzig Jahren aus:

Scientists from the RAND Corporation have created this model to illustrate how a "home computer" could look like in the year 2004. However the needed technology will not be economically feasible for the average home. Also the scientists readily admit that the computer will require not yet invented technology to actually work, but 50 years from now scientific progress is expected to solve these problems. With teletype interface and the Fortran language, the computer will be easy to use

Abb. 2.1: So stellte man sich den Heimcomputer der Zukunft im Jahr 1954 vor.

Der Text dazu besagt: *Dieses Modell wurde 1954 von Wissenschaftlern der RAND Corporation entworfen, um aufzuzeigen, wie ein »Home Computer« im Jahre 2004 ausschauen könnte, obwohl die dazu benötigte Technologie für den Durchschnittsbürger nicht bezahlbar sein wird. Auch geben die Wissenschaftler zu, dass die notwendige Technologie noch erfunden werden muss, um diesen Computer zu betreiben. Aber man geht davon aus, dass die Wissenschaft in den nächsten 50 Jahren diese Probleme lösen wird. Mit Fernschreiberschnittstelle und der Programmiersprache Fortran wird der Computer einfach zu bedienen sein.*

Und heute? Heute verfügen wir über Notebooks, die 1,5 cm dünn sind und das Tausendfache an Leistung des oben gezeigten Modells erbringen. Doch fangen wir vorne an.

2.1 Die Informatik gibt heute den Takt an

Computer und Informatik haben in praktisch allen Bereichen des modernen Lebens Einzug gehalten, zuletzt verstärkt durch den immer größer werdenden Einfluss des Internets. Gerade die weltweite Vernetzung hat nicht nur die Telekommunikation, sondern auch die Medien, die Logistik und generell die Informationsverarbeitung bei Privaten und Unternehmen stark verändert. Weniger offensichtlich, aber mindestens so allgegenwärtig sind Computer heute Bestandteil von alltäglichen Gegenständen wie Telefonen, aber auch Kaffeemaschinen und Autos verfügen über Komponenten zur Steuerung, die ohne Informatik nicht denkbar sind.

Die Stärke von Computersystemen liegt in ihrer Fähigkeit, in kurzer Zeit große Datenmengen zu bearbeiten, zu verwalten oder zu versenden. Der Mensch wirkt dagegen manchmal regelrecht langsam. Denken Sie nur an eine Buchhaltung auf Papier oder wie lange Sie benötigen, um in einem Buch eine bestimmte Stelle zu finden.

Das führt immer stärker dazu, dass wir uns auf die Computer verlassen. Wir schreiben kein Kassenbuch von Hand mehr, sondern geben die Zahlen in ein Buchhaltungsprogramm ein. Wir suchen nicht einen Fahrplan für den nächsten Zug, sondern fragen die Abfahrtszeiten im Internet ab. Wir gehen nicht ins Reisebüro, sondern buchen online. Unser Verhalten verändert sich durch die Benutzung von Computern, und viele unserer »alltäglichen« Handlungen sind ohne Computer nicht mehr möglich – oder erfordern große Umstellungen: Versuchen Sie einmal, Ihre tägliche Anzahl Mails und SMS als Briefe mit der Schreibmaschine zu schreiben.

Eine deutliche Veränderung zeigt auch das Einkaufsverhalten. Private wie Firmen wickeln immer mehr Einkäufe elektronisch ab. Man geht nicht mehr zum Händler oder in den Fachmarkt, sondern kauft per Internet ein. Das bedeutet auch, dass die Kunden nicht vor Ort sind, sie können von zu Hause aus bestellen, und trotzdem muss alles rasch und zuverlässig zugestellt werden, selbst wenn viele Kunden auf einmal dasselbe bestellen. Das ist eine große Herausforderung für Unternehmen.

Eine weitere Veränderung ist die Verlagerung von Tätigkeiten an die Kunden. Banken lassen die Kunden ihre Einzahlungen selber vorbereiten und übermitteln. Die Post lässt die Kunden ihre Briefmarken zu Hause drucken. Der Staat bittet darum, dass die Steuererklärung am PC ausgefüllt und eingesandt wird, weil damit das mühsame Übernehmen der Daten vom Papier auf die Computersysteme entfällt.

Eine immer größere Bedeutung erlangen in dieser Hinsicht die sogenannten integrierten Systeme (Embedded Systems). Das sind Computer, die nicht als solche betrieben werden, sondern als integrierter Teil eines anderen Geräts. Dazu gehören beispielsweise in Automobile integrierte Elektronik oder die sprechenden Ticketautomaten bei der Bahn oder die Geldautomaten.

Das heißt, selbst Personen, die sich nicht mit dem Computer als solches auseinandersetzen wollen, kommen um den Einsatz von informationstechnischen Fähigkeiten nicht mehr herum.

Ich möchte das gerne an einem konkreten Beispiel erläutern. Bis vor rund zehn eit der Einführung der Digitalkameras hat sich der Umgang mit dem Fotografieren grundlegend verändert:

- Ich kann fotografieren, so viel ich will, es kostet mich nichts.
- Ich kann die Bilder selber ausdrucken.
- Ich kann die Bilder ins Internet stellen und teilen.

Aber es gilt auch:

- Bilder können gelöscht werden.
- Wenn die Festplatte tot ist, sind meine Bilder weg.

Das heißt, sowohl der Prozess des Fotografierens bzw. das Verhalten des Fotografierenden hat sich verändert wie auch die Problemlage, denn es ist kein Album, das ich schützen muss, sondern plötzlich muss Oma eine externe Festplatte und ein Bakkup-Programm besitzen, um Fotos zu sichern ...

Ähnliche Probleme stellen sich in der Ablösung vom Quittungsbuch auf der Post zum PIN-Code und der Sicherheitsabfrage für e-Banking oder dem elektronischen Klau von Kreditkartendaten.

Der Mensch muss sich damit sowohl mit der technischen Veränderung als auch mit der Bedrohung auseinandersetzen, die sich nicht um die Materie als solche kümmert, sondern um die Benutzung der elektronischen Wege damit.

2.2   Was tut ein Computer eigentlich?

Die einfachste Erklärung lautet: Man gibt Daten ein, das System verarbeitet die Daten, und das Ergebnis wird wieder ausgegeben. Dieses Prinzip nennt sich das EVA-Prinzip für Eingabe – Verarbeitung – Ausgabe.

Etwas ausführlicher erklärt heißt das: Sie müssen das System (den Computer) zuerst mit Daten füttern, entweder über eine Tastatur, eine CD mit Daten oder ein Lesegerät (denken Sie an die Fotografie, dort sind es Speicherkarten).

Das System bekommt dann durch ein Programm die Aufgabe, diese Daten zu verarbeiten, hier kommt der Prozessor zum Einsatz. Er kann zum Beispiel die eingegebenen Zahlen »34« und »45« addieren oder multiplizieren oder ein Bild heller oder dunkler machen oder ein Dokument für den Druck aufbereiten.

Nach dieser Verarbeitung wird das Ergebnis ausgegeben. Die Zahlen erscheinen berechnet auf dem Bildschirm, als »79« bei der Addition oder »1530« bei der Multiplikation. Das veränderte Bild kann auf einer Festplatte oder CD gespeichert werden, und wenn wir ein Dokument für den Druck aufbereiten, kann es auf einem Drucker ausgegeben werden.

Es gibt also verschiedene Möglichkeiten der Ein- und Ausgabe. Das Wichtige aber ist, dass der Computer diese Informationen verarbeiten kann. In diesem Zusammenhang sprechen wir dann von den Informationen als Daten. Der Computer verarbeitet Daten – das ist seine Hauptaufgabe.

2.3   Exkurs: Ganz klein und ganz groß

In der Elektrotechnik und so auch in der Informatik muss vielfach mit sehr großen und sehr kleinen Werten gerechnet werden. Um nicht immer mit unhandlich langen Zahlen hantieren zu müssen, werden den Zehnerpotenzen (10^3) Multiplikatorwerte beigefügt. Die Größe einer Festplatte etwa oder die Geschwindigkeit in einem Netzwerk werden so angegeben. Tabelle 2.1 gibt Ihnen einen Überblick über die dezimalen Präfixe für Zahlenmultiplikatoren.

Die Vorschläge zur Weiterführung (vergl. Tabelle 2.1 auf Seite 23) nach dem Tera lauten yotta, xona, weka, vunda usw., sie reichen mittlerweile bis zum Faktor 10^{63}, der sich dann luma nennt. Behalten Sie das im Auge, wenn Sie in zwanzig Jahren eine Festplatte kaufen möchten.

Beispiele, die sich aus dieser Tabelle ableiten lassen:

- µm (Mikrometer):   Millionstelmeter
- mg (Milligramm):   Tausendstelgramm
- cl (Zentiliter):   Hundertstelliter
- db (Dezibel):   Dämpfungs- und Lautstärkemaß
- Kbps (Kilobit pro Sekunde):   Datenübertragungskapazität

Begriff	Abkz	Potenz	Zahlenwert
Nano	η	10^{-9}	0.000 000 001
Micro	μ	10^{-6}	0.000 001
Milli	m	10^{-3}	0.001
Centi	c	10^{-2}	0.01
Deci	d	10^{-1}	0.1
Eins	–	10^{0}	1
Deka	da	10^{1}	10
Hecto	H	10^{2}	100
Kilo	k	10^{3}	1000
Mega	M	10^{6}	1 000 000
Giga	G	10^{9}	1 000 000 000
Tera	T	10^{12}	1 000 000 000 000

Tabelle 2.1: Multiplikatoren

Die andere Geschichte sind die Bits und Bytes. Ein Computer kennt nur Zahlen. Und nicht mal die alle ...

Wir Menschen haben uns heute auf ein Zahlensystem geeinigt, das wir das Zehnersystem nennen. Wir kennen dazu die Ziffern 0 bis 9 und können daraus in Zehnerschritten größere Zahlen bilden, die 19 oder die 2654 usw.

Der Computer aber kennt nur zwei Zustände in seinem Inneren: Strom oder kein Strom. Das wird durch die Ziffern 0 (kein Strom) und 1 (Strom) dargestellt. Das nennt sich dann ein duales Zahlensystem.

Die kleinste Informationseinheit des Computers ist daher 1 Information, bestehend aus 0 oder 1. Diese nennen wir Bit, also ist die kleinste Informationseinheit 1 Bit.

Damit kommen wir natürlich nicht weit. Denn es würde uns nur erlauben, ja oder nein, Licht oder Dunkelheit oder Ähnliches festzulegen oder zu speichern. Wie aber sollen wir so ein Bild speichern?

Wenn wir mehrere Bits hintereinander reihen, dann gelingt uns das. Nehmen wir zum Beispiel 4 Bit. Das ergibt dann folgende Möglichkeiten:

- 0 0 0 0 oder
- 0 1 0 0 oder
- 0 0 1 0 oder
- 0 0 0 1 usw.,

maximal ergibt das mit diesen 4 Bit 16 unterschiedliche Möglichkeiten. Nehmen Sie sich ruhig die Zeit, und zeichnen Sie das einmal für sich auf.

Aber auch so sind wir noch mal bei unserem Alphabet ... Um es Ihnen nicht allzu schwer zu machen – die erste Definition lautet: Bei 8 Bit können wir einen vernünftigen Entscheidungsraum bestimmen, z.B. alle Buchstaben des Alphabets. Und damit wiederum kann der Mensch dann Programme in Sprachen schreiben, welche für den Computer in Zahlenreihen übersetzt werden können und ihm sagen, was er zu tun hat, zum Beispiel: »Drucken«.

Diese Einheit aus 8 Bit nennen wir 1 Byte – und damit sind wir bei der wichtigsten Grundlage der Datenverarbeitung und -speicherung angelangt: 8 Bit sind ein 1 Byte. Und wenn Sie jetzt die Tabelle von vorhin dazu nehmen kommen Sie zu Zahlen, die Sie sicherlich schon gesehen haben:

- 1000 Byte sind ein Kilobyte
- 1000 Kilobyte sind ein Megabyte usf.

Wenn es um Speicherplatz geht, dann hat eine Festplatte Raum für viele Bytes, zum Beispiel für 1000 Megabyte, das wäre dann ein Gigabyte.

Hinweis für die genauen Leser: Es sind natürlich jeweils 1024, denn es sind ja nicht Zehnerschritte, sondern 2 hoch 10 die hier gerechnet werden.

Hier ein paar Beispiele mehr, was das in der Praxis bedeutet:

Einheit	Nächste Einheit	Abkürzung	Beispiele
1 Bit			0 oder 1
8 Bits	1 Byte	B	Ein Zeichen wie »A«
1024 Bytes	1 Kilobyte	KB	Eine Seite Text hat ca. 30 Kilobytes.
1024 Kilobytes	1 Megabyte	MB	1,44 MB Diskette 700 MB CD
1024 Megabytes	1 Gigabyte	GB	USB-Stick bis 64 GB
1024 Gigabytes	1 Terabyte	TB	Festplatte von 80 GB bis 2000 GB = 2 TB

Tabelle 2.2: Multiplikatoren

Einheit	Nächste Einheit	Abkürzung	Beispiele
1024 Terabytes	1 Petabyte	PB	 2 verbundene Webserver 1-2 Petabyte

Tabelle 2.2: Multiplikatoren (Forts.)

Und nach diesen Betrachtungen wenden wir uns jetzt den konkreten Systemen zu, neudeutsch »Hardware« genannt.

2.4 Der Personal Computer

Die Geschichte des Personal Computers (PC) geht bis in die 1970er-Jahre des letzten Jahrhunderts zurück. Der erste kommerziell vertriebene Computer war ein Gerät namens Altair 8800 aus dem Jahr 1974 – erhältlich als Bausatz für den technisch versierten Heimanwender, um ihn selber zusammenzubauen.

Auch sonst waren die PCs lange Zeit kein Thema für die Industrie, sondern wurden als Spielerei für Private verstanden. Daran änderte sich auch nichts, als der erste industriell hergestellte PC erschien, der Apple II von einer Firma namens Apple. Er wurde am 5. Juni 1977 in den USA vorgestellt und konnte für unterschiedliche Anwendungen (z.B. Textverarbeitung, Spiele, Steuerungstechnik) genutzt werden. Außerdem konnten mit diesem Computer bereits Farben dargestellt und Töne wiedergegeben werden.

Nach dem Verkaufserfolg des Apple II in den späten 1970er-Jahren begann auch IBM, damaliger Marktführer für Datenverarbeitungsanlagen, mit der Entwicklung eigener Personal Computer, und am 12. August 1981 wurde der erste IBM-PC vorgestellt. Dieser Computer war dem Apple II sehr ähnlich. Er verfügte über ein 8-Bit-Bussystem und konnte Töne produzieren. Um den Rechner von den billigeren Heimcomputern abgrenzen zu können, wurde der Begriff des »Personal Computers« von IBM durch die Werbung so aufbereitet, dass er über viele Jahre als Synonym für IBM stand (IBM-kompatible Computer). Da IBM seinerseits bereits fest in der Großrechnerindustrie verankert war, war die Herstellung eines PCs durch diese Firma zugleich der Startschuss dafür, dass diese Gerätekategorie aus dem »Heimnutzer«-Bereich heraustrat und als Arbeitsgerät zunehmend ernst genommen wurde.

IBM hatte seinen ersten IBM-PC mit dem Intel-Prozessor ausgestattet. Auch die folgenden Modelle wurden mit Prozessoren der Firma Intel ausgerüstet. Der von Intel vorgestellte 8086-Prozessor sorgte dafür, dass sich für die Serie die Abkürzung »x86-Architektur« etablierte. Der IBM-PC wurde von 1985 bis in die 1990er-Jahre ausschließlich mit dem Betriebssystem von IBM, PC-DOS, vertrieben, das von Microsoft an IBM lizenziert worden war.

Abb. 2.2:   IBM-PC AT (PC51xx)

Der IBM-PC wurde zu sagen wir mal eher höheren Preisen verkauft. In der Schweiz habe ich 1986 für einen IBM AT 07 so um die CHF 8.000,00 bezahlt, mit Monochrombildschirm und zwei Floppy-Laufwerken. Da IBM mit Ausnahme des BIOS kein Monopol auf die verwendeten Komponenten hatte, konnte Compaq 1983 den ersten zum IBM-PC kompatiblen Computer auf den Markt bringen. Vor allem in Ostasien schufen Unternehmen eine Reihe von Nachbauten. Der sich so entwickelnde Markt führte durch den Konkurrenzkampf zu sinkenden Preisen und verstärkter Innovation, aber auch zu einem Wegbrechen der Marktanteile von IBM. Die 1990er-Jahre waren zugleich die Phase mit den meisten Herstellern von PC-Systemen. Viele von ihnen (z.B. AST, Atari, Commodore, DEC, NEC, Olivetti, Philips, Tandem, Tandon, Tulip etc.) gibt es nicht mehr oder sie produzieren keine PCs mehr.

Die Leistungsmerkmale von Personal Computern nehmen seit ihrer Entstehung stetig zu. Neben den Aufgaben der Textverarbeitung und Tabellenkalkulation wurde der Multimedia-Bereich zu einem der Hauptanwendungsgebiete. Zumeist kommen dabei Intel-gesteuerte Computer zum Einsatz. Sie werden so genannt, weil Intel den Prozessor, das Herzstück des Computers produziert. Das gilt sogar für die verbreiteten Apple Computer, die ebenfalls auf Intel setzen. Eine Ausnahme hiervon bilden aber die Tablets und Smartphones, hier kommen andere Hersteller zum Zug.

Abb. 2.3: PC-Systeme mit unterschiedlichen Formfaktoren

Für PC-Systeme kennen wir heute die beiden Formfaktoren Desktop und Tower. Beide gibt es aber wiederum in verschiedenen Größen. Auf obiger Abbildung sehen Sie daher von links her zwei Desktopgehäuse in unterschiedlicher Größe, einen Tower und ganz rechts eine sogenannte Workstation, das sind noch größer gebaute Tower, die mehr Raum für Ausbauten und eine höhere Belastungsgrenze anbieten als gewöhnliche PCs.

Heutige PCs verfügen zudem über einen Mehrkernprozessor und Arbeitsspeicher im Bereich von mehreren Gigabyte, Festplattenspeicher von 500 Gigabyte und mehr.

Und dennoch sinkt ihre Beliebtheit von Jahr zu Jahr zugunsten der mobilen Rechner, die nahezu eben so leistungsfähig sind, aber den Vorteil der Mobilität mit sich bringen.

2.5 Mobil – ob Laptop oder Smartphone

Wir haben uns jetzt einen PC angesehen, doch es gibt natürlich auch noch eine Vielzahl mobiler Systeme, daher werfen wir hier auch einen ersten Blick darauf.

Die ersten Vertreter mobiler Systeme hießen »portable Computer« – also tragbare Computer. Mehr als tragbar waren die auch nicht, so um die 8–12 Kilo schwer und nicht eben praktisch zu bedienen mit abnehmbarer Tastatur.

Der klassische Vertreter der nächsten Generation mobiler Systeme nannte sich dann Laptop, vom englischen *lap* (Schoß), weil man den Computer auf den Schoß nehmen konnte – was übrigens bei deren ersten Vertretern gar nicht so einfach war, bei Gewichten um die 5 Kilo.

Abb. 2.4:   Mein erster portabler Computer anfangs 1990er Jahre, ein IBM PS/2

Als Abgrenzung dazu kamen Ende der 1990er-Jahre die »Notebooks« auf den Markt. Sie orientieren sich am klassischen Notizbuch, waren im Idealfall also im Bereich von Format A4 oder etwas größer.

Mittlerweile werden die beiden Begriffe Laptop und Notebook aber parallel verwendet, ohne dass man sich genauer damit auseinandersetzt.

Abb. 2.5:   Mobile Systeme vom Notebook über das Netbook bis zum Smartphone

Ende des letzten Jahrzehnts ging die Verkleinerung in eine neue Runde. Zuerst kamen die Netbooks dazu. Diese haben weniger Leistung als Notebooks und sind noch kleiner und leichter. Und während ein Notebook in der Regel ein vollwertiges Rechnersystem ist, fehlen Netbooks meistens CD- oder DVD-Laufwerke. Sie sind für den Einsatz im Internet optimiert, klein, leicht (= sehr mobil) und mit relativ langer Akkulaufdauer. Ihre Weiterentwicklung sind dann die heute so beliebten Tablet-Computer wie etwa das iPad von Apple oder das Samsung Galaxy Tab und viele weitere Modelle, die heute auf dem Markt sind und vorwiegend mit dem Betriebssystem Android ausgestattet sind. Wobei dieser letzte Satz dann vielleicht ab dem Herbst 2012 nicht mehr stimmt, immerhin möchte sich Microsoft mit Erscheinen von Windows 8 auch einen Teil dieses Marktes sichern.

Unterhalb der Tablets findet sich noch einmal eine eigene Kategorie, die Smartphones, früher Personal Digital Assistent (PDA) genannt. Sie sind ein Zwischending aus Telefon und Computer, können beispielsweise ins Internet gehen oder Mails und Dokumente verarbeiten, sind aufgrund ihrer geringen Größe aber nicht als Ersatz eines Computersystems vorgesehen. Wobei ich an der Stelle vorsichtig sein muss, haben doch moderne Smartphones schon Bildschirme, die über 10 cm groß sind, arbeiten mit Vierkern-Prozessoren und können einwandfrei Filme abspielen oder Tausende von Fotos oder Musikstücken speichern.

Und übrigens: Ein Smartphone von 2012 hat sehr viel mehr Speicher- und Rechenleistung als ein Desktop-PC von 1990 ...

2.6   Fragen zu diesem Kapitel

1. Wenn Sie eine Festplatte mit 320 GB in Ihr System einsetzen, dann hat diese

   A   eine Kapazität von 3200 KB

   B   eine Kapazität von 0,32 TB

   C   eine Kapazität von 3200 MB

   D   eine Kapazität von 0,32 PB

2. Wenn eine Farbdarstellung als »24 Bit« bezeichnet wird, wie viele Farben stellt sie dar?

   A   16 Farben

   B   256 Farben

   C   65.536 Farben

   D   16.777.216 Farben

3. Ein selbstständiges Computersystem benötigt für die vollständige Verarbeitung von Prozessen mindestens:

   A   einen Prozessor und eine Festplatte

   B   eine Tastatur, Festplatte und Bildschirm

   C   ein Eingabegerät, einen Prozessor und Speicher

   D   einen Prozessor, Arbeitsspeicher, eine Maus und eine Tastatur

4. Was fehlt bei den allermeisten Netbooks in der Ausstattung?

   A   Netzwerkanschluss

   B   Grafikchip

   C   DVD-Laufwerk

   D   Festplatte

5. Welcher Begriff beschreibt ein Gerät, das sowohl Speicher anbietet als auch zum Telefonieren sowie zum Surfen im Internet geeignet ist?

   A   Tablet

   B   Smartphone

   C   Notebook

   D   Mainboard

Kapitel 3

Der Blick ins Innere des Computers

Die Hauptplatine, auch als Mainboard oder Motherboard bezeichnet, ist die wichtigste Basiskomponente im Innern eines Computers, unabhängig davon, ob es sich um einen Desktop-Rechner oder einen mobilen Rechner handelt. Die Hauptplatine stellt die Schaltzentrale eines Computersystems dar. Hier werden alle zentralen Bestandteile untergebracht und miteinander verbunden. Die Verbindung wird dabei über verschiedene Leitungen hergestellt, die sich Bussysteme nennen. Ausgehend vom Systembus werden die Einheiten wie Arbeitsspeicher, Prozessor oder Steckplätze mit einem bestimmten Takt versorgt, der auf der Systemgeschwindigkeit des Mainboards basiert und in Megahertz angegeben wird.

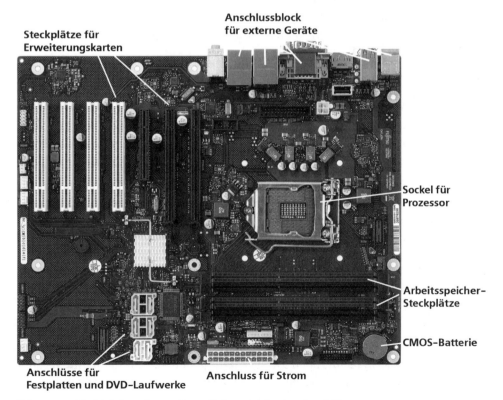

Steckplätze für Erweiterungskarten

Anschlussblock für externe Geräte

Sockel für Prozessor

Arbeitsspeicher-Steckplätze

CMOS-Batterie

Anschlüsse für Festplatten und DVD-Laufwerke

Anschluss für Strom

Abb. 3.1:   Ein Mainboard von oben mit den wichtigsten Anschlüssen

Typische Taktraten für das Systemboard sind 100, 133, 166 oder 200 MHz. Ein Multiplikator versorgt dann die anderen Komponenten mit den für sie notwendigen Taktraten von z.B. 800 MHz für den Arbeitsspeicher (200 MHz Board, Multiplikator 4).

Auf dem Mainboard sind daher zahlreiche Komponenten untergebracht, meist in Form von einzelnen Bausteinen, Chips genannt, oder in Form von Schnittstellen, mit denen man weitere Komponenten verbinden kann, wie zum Beispiel eine Grafik- oder eine Netzwerkkarte. Auch die Schnittstellen für die Speichergeräte wie Festplatten oder DVD-Laufwerke sind häufig auf dem Mainboard angebracht. Für Desktop- und Notebook-Geräte gelten dabei im Grunde genommen dieselben Fakten, nur ist bei den Notebooks oftmals alles kleiner und kompakter gebaut.

3.1 Die Systemzentrale: Der Prozessor

Der Prozessor, englisch Central Processing Unit (CPU) genannt, beeinflusst maßgebend die Leistungsfähigkeit des PCs. Die wichtigsten Funktionen im Rechner werden durch diesen Chip gesteuert oder ausgeführt. Der zentrale Prozessor steckt in einem Sockel auf dem Mainboard. Fast alle Zugriffe auf den Speicher, Schreib- und Leseoperationen, Ansteuerungen usw. erfolgen durch die CPU oder werden durch sie koordiniert.

Heutige Mainboard-Systeme haben ihre Aufgaben auf verschiedene Bausteine verteilt. Der zentrale Prozessor ist dabei das Einzige, was umgangssprachlich als CPU oder eben Prozessor bezeichnet wird. Weitere Rechen- und Steuerfunktionen werden in eigene Bausteine als sogenannte Controller ausgelagert und über einen Systembus mit der CPU verbunden. Das betrifft beispielsweise die Ansteuerung der Steckkarten oder die Verbindung zu externen Schnittstellen.

Die Entwicklung von CPUs im PC-Bereich ist maßgeblich die Geschichte der Firmen Intel und AMD. Während früher auch Namen wie Motorola, Cyrix oder Transmeta oder IBM mit der Cell-CPU eine gewisse Bedeutung hatten, verteilt sich der Markt der PC- und Notebook-Prozessoren gegenwärtig auf diese beiden Branchenriesen, wobei Intel den deutlich größeren Teil abbekommt. Im Bereich der Netbooks und Smartphones dagegen können Sie sich als Herstellernamen auch ARM merken, welcher die sogenannten ARM-Prozessoren lizenziert, die dann von verschiedenen Herstellern gebaut werden, z.B. von Nvidia (Tegra), Apple oder Samsung.

Prozessoren definieren sich hauptsächlich über ihre Anzahl Transistoren, welche einer CPU für die Berechnungen zur Verfügung stehen, und die damit verbundene Leistungsfähigkeit. Ein Transistor ist dabei eigentlich nur der »Schalter«, d.h. in jedem Transistor kann vereinfacht gesagt eine Information verarbeitet oder gespeichert werden – wie bei einem Lichtschalter.

Abb. 3.2:   Aktuelle Intel-CPU sowie ein aktueller AMD-Prozessor

Auch die Taktrate ist von Bedeutung. Sie gibt an, wie schnell die Berechnungen durchgeführt werden können. Taktraten von Prozessoren bewegen sich heute im Bereich von Hunderten von MHz bei Smartphones und Tablets bis zu zwei bis 4 Gigahertz bei PC-Prozessoren. So weist etwa der aktuelle Intel Core i7-3770 eine Standardtaktfrequenz von 3,4 GHz auf. Der Multiplikator zum Mainboard-Systemtakt ist dabei entweder fest in der CPU einprogrammiert oder kann in den Starteinstellungen verändert werden (siehe BIOS).

Weitere Faktoren sind die Größe des Zwischenspeichers für häufig verwendete Befehle (Cache) oder der Integrationsgrad von sekundären Prozessoren wie neuestens der Grafikeinheit (Core i-Architektur). Nicht zuletzt muss in neuerer Zeit für die Leistungsermittlung auch die Anzahl Prozessorkerne mit berücksichtigt werden.

Eine sehr eindrückliche Entwicklung ist die immer höhere Transistorendichte und damit eben auch die immer größere Leistungsdichte einer CPU. Kam der Intel 8086 im Jahre 1978 noch mit 29.000 Transistoren aus, verfügte ein Intel 486DX elf Jahre später schon über 1,2 Millionen dieser Schaltungen, und heute sind wir mit Core i7 bei rund 730 Millionen Transistoren angekommen. Und damit die Chips deswegen nicht immer größer werden, wurde auch die Baudichte laufend erhöht. Lag die Strukturbreite beim erwähnten 8086 noch bei 1 Mikrometer, sind wir heute bei Fertigungsbreiten von 45 und sogar 32 Nanometer.

Abb. 3.3:   Intel Core2Duo Chip

Auf der anderen Seite sind auch die Taktraten von ehemals 6 MHz auf heutige Werte von 2 bis 4 Gigahertz angewachsen. Doch je schneller ein Prozessor arbeitet, desto mehr Strom benötigt er auch und desto mehr Wärme produziert er. Das hat dazu geführt, dass wir heute Prozessoren mit mehreren Rechenkernen sehen, die im Einzelnen nicht mehr so schnell sind wie frühere Prozessoren.

Seit über zehn Jahren entwickeln die Hersteller zudem spezifische Prozessoren für mobile Systeme, zuerst einfach als »M«-Version der Desktop-Prozessoren, später dann als eigenständige Prozessorreihen. Hierbei geht es darum, dass mobile Geräte ja nicht dauernd am Strom angeschlossen sind, und der verwendete Akku sollte möglichst lange Energie liefern. Daher sind diese CPUs nicht einfach auf Leistung, sondern auch auf energiesparenden Einsatz ausgelegt. Zudem werden besonders stromsparende CPUs mit weiteren Attributen bezeichnet, für LV/ULV-Prozessoren (Low Voltage/Ultra Low Voltage).

Die Prozessoren für Netbooks und Tablets sind demgegenüber dann deutlich weniger leistungsfähig, benötigen aber auch viel weniger Energie, sonst müssten Sie bei einem Smartphone einen 300 Gramm schweren Akku mitschleppen – das würde Ihnen vermutlich nicht gefallen. Hier eine kleine Auswahl von mehr oder weniger aktuellen Prozessoren, damit Sie eine Übersicht erhalten.

Intel Desktop-Prozessoren		
CPU-Familie	Erscheinungsjahr	Erklärungen
Pentium 4 HT	2002	1-CPU-Baureihe, sehr lange am Markt
Core2Duo/Quad	2006	Zwei- oder Vierkernprozessoren
Core i7/i5/i3	2008	Architektur mit z.T. integrierter Grafik
Core i 2nd	2011	Nachfolgegeneration
Core i 3rd	2012	Mehr Leistung, stärkere Grafik
AMD Desktop-Prozessoren		
Athlon	2000	Bekannteste CPU-Reihe von AMD
Phenom II	2008	Erste Mehrkern-CPU, 2. Generation
Athlon II	2009	Mehrkern-CPU
Fusion	2011	Mehrkern-CPU inklusive Grafikchip
Intel Notebook-Prozessoren und Netbook-Prozessoren		
Centrino	2003	CPU mit integriertem Drahtlosnetzwerk
Core2Duo	2006	Zweikern-CPU für Notebooks
Core i3/i5/i7-M	2010	Core i-CPUs für Notebooks
Atom Z	2008	CPUs für Netbooks
Atom N	2009	Zweikern-CPUs für Tablets

Tabelle 3.1:   Verschiedene Prozessoren der unterschiedlichen Hersteller

AMD Notebook-Prozessoren		
Turion II	2009	Mehrkern-CPU
Fusion-A	2011	Mehrkern-CPU inklusive Grafikchip
ARM Tablet- und Smartphone Prozessoren		
Cortex A8	2008	Ein- oder Zweikern-CPU
Cortex A9	2011	Mehrkern-CPU inkl. Grafik

Tabelle 3.1:   Verschiedene Prozessoren der unterschiedlichen Hersteller (Forts.)

Sie merken schnell, dass die Zahlen bei diesen CPUs nicht viel aussagen, es sind einfach Modellnummern. Gerade bei den Prozessoren von Intel sprechen wir seit Jahren von der »Core-i«-Architektur. Aber mittlerweile gibt es die Core-i-CPUs der ersten, der zweiten und seit 2011 auch der dritten Generation. Hier können Sie sich letztlich nur über die Modellnummer auf der Webseite des Herstellers (oder meistens auch über Wikipedia) darüber informieren, ob das jetzt die aktuelle (und damit leistungsfähigste) Generation ist oder ob es sich um ein älteres Modell handelt.

Dasselbe gilt im Wesentlichen auch für die anderen Hersteller. Bei ARM kommt erschwerend dazu, dass diese Firma nur die Architektur und die Lizenz liefert, die Chips selber bauen dann andere Hersteller wie Texas Instruments oder Nvidia, und diese benennen die Prozessoren dann wieder nach eigenen Vorstellungen. So arbeitet zwar im Galaxy S3 der Firma Samsung ein Cortex-A9, der sich aber dort dann Exynos 4412 nennt.

Achten Sie bei der Auswahl eines Prozessors sorgfältig auf die unterschiedlichen Baureihen, denn nur durch diese Nummern können Sie unterscheiden, ob es sich um einen älteren oder um einen neueren Prozessor handelt. Dies beeinflusst zum einen die reine Rechenleistung, aber auch die Taktrate des Systembusses sowie den Stromverbrauch. So benötigte beispielsweise ein Intel Core i7- bis zu 77 Watt, ein Intel Core i3-2350m aber nur deren 35 Watt – bei einem Notebook ist so etwas nicht zu vernachlässigen.

Insgesamt sind die Baureihen und Bezeichnungen aber dermaßen im Fluss, dass Sie wie gesagt jeweils eine Konsultation auf den Webseiten der Hersteller benötigen, um genau zu ersehen, welcher Prozessor jetzt welchen Takt in Gigahertz aufweist und wie viele Prozessorkerne er besitzt.

Über viele Jahre waren CPU und Prozessorkern ein- und dasselbe. Jede CPU verfügte über *einen* Prozessorkern. Mit der Hyper-Threading-Technologie (HTT) versuchte Intel ein erstes Mal, diese starre Zuordnung zu ändern. Hierbei werden intern parallel arbeitende Aufgaben mehreren parallelen Befehls- und Datenströmen zugeteilt. So kann die CPU besser ausgelastet werden.

Entsprechend reden wir heute von Dual Core-Prozessoren mit zwei Kernen, von Quad Core-Prozessoren mit vier Kernen und auch von Hexa Core- (sechs Kerne) und Octa Core-Prozessoren mit acht Kernen.

Über wie viele Kerne eine CPU verfügt, können Sie wiederum nur indirekt über die Modellnummer erschließen, indem Sie das entsprechende Modell auf der Herstellerseite suchen und die Informationen erhalten. Generell kann man sagen, dass einfachere Systeme aktuell mit zwei Kernen auskommen (z.B. Core-i3-2310) und mittlere Systeme mit zwei oder vier Kernen (mehr Leistung, z.B. Core-i5-3450), die stärksten Systeme arbeiten mit vier oder sechs Kernen (z.B. Core-i7-3770) – aber das wird sich bald wieder ändern. Die Hersteller ändern die Namensgebung immer mal wieder ab, und Sie werden sich neu orientieren müssen.

Abb. 3.4:   Intel Quad Core-Prozessor mit Blick auf die Kerne

3.1.1   Sockel für Prozessoren

Jeder Prozessor benötigt seinen passenden Sockel (englisch *socket*). Der Sockel biete die richtige Anzahl Anschlüsse, um die Kontakte des Prozessors entgegenzunehmen und mit dem Mainboard zu verbinden. Nur wenn der Prozessor in den richtigen Sockel kommt, kann das zusammen auch funktionieren. Daher ist bei jedem Prozessor immer auch angegeben, welchen Sockel er benötigt.

Dabei werden heute grundsätzlich Pin Grid Array (PGA) und Land Grid Array (LGA) unterschieden. Bei PGA verfügt der Sockel über ein Raster von Stecklöchern und der Prozessor über schmale Stifte, die passend in den Sockel eingesteckt werden. Beim LGA hat der Sockel federnde Kontaktstifte, welche die Kontaktflächen an der CPU abgreifen. Der Prozessor wird beim LGA-Sockel also nicht mehr eingesteckt, sondern auf den Sockel aufgelegt und dann mit Hebeldruck an die Kontaktflächen angepresst. Da dies für den Einbau einfacher zu bewerkstelligen, herrscht dieses Verfahren heute vor.

Abb. 3.5: Links ein PGA-Sockel und rechts ein LGA-Sockel mit einer dazugehörigen CPU

Der Sockel selber nennt sich ZIF-Sockel. ZIF steht für Zero Insertion Force. Der Prozessorsockel dabei wird mit einem Hebel ver- und entriegelt, sodass der Prozessor ohne Kraftaufwand eingesetzt werden kann.

Die Sockel selber werden nach in der Regel nach ihrer Anzahl Pins oder Kontakte bezeichnet, also beispielsweise Intel Socket 478 oder Intel Socket 1366. Bekannte aktuelle Sockel für Notebook- und Desktop-Rechner sind zurzeit:

Sockel	Bauart	Geeignet für
socket 478	pga	intel pentium 4, intel celeron
socket 775	lga	intel pentium 4, pentium d, core2duo, core2quad
socket 989	lga	intel core i3
socket 1156	lga	intel core i5, i7
socket 1366	lga	intel core i5, i7
socket am2	pga	amd athlon 64, athlon 64 ii
socket am3	pga	amd phenom ii, athlon ii, sempron

Tabelle 3.2: Sockel für Prozessoren

3.1.2 Die technische Funktion der CPU

Die CPU wird auch ALU – Arithmetisch-Logische Einheit (englisch *unit*) – genannt. Dies bezeichnet ihre Kernfunktion: Rechnen.

Diese Aufgabe nimmt sie durch ein Rechenwerk wahr, welches mit einer Taktrate versehen wird. Diese wird dann als CPU-Takt bezeichnet.

Die Taktrate der CPU wird in Megahertz oder Gigahertz gemessen. Sie gibt an, wie viel Millionen (bzw. eben Milliarden) mal pro Sekunde der Prozessor Anweisungen abarbeiten kann.

Die Bitrate (bzw. Bitbreite oder Datenpfad) gibt an, wie viele Bit der Prozessor auf einmal verarbeiten kann. Die interne Bitrate gibt dabei an, welche Datenbreite der Prozessor selber verarbeiten kann, die externe Bitrate beschreibt, mit welcher Datenpfadbreite die externen Geräte angesteuert werden. Hier sprechen wir von 64-Bit-Busbreite bei allen aktuellen Prozessoren.

Abb. 3.6: So sieht ein Prozessor (CPU) bei geöffneter Chipabdeckung aus (Quelle: AMD)

Wichtig ist auch zu wissen, dass Desktop- und Notebook-Prozessoren unterschiedliche Ziele verfolgen. Während die Desktop-Prozessoren stärker auf Leistung optimiert sind, spielen bei Notebook-Prozessoren Faktoren wie die Wärmeentwicklung und der Stromverbrauch eine wesentlich größere Rolle, daher auch die unterschiedlichen Entwicklungsreihen bei AMD und Intel.

3.1.3   Der Cache

Der schnelle Cache-Speicher beschleunigt den Datenaustausch zwischen Prozessor und dem langsameren Arbeitsspeicher durch Zwischenspeicherung oft benötigter Daten. Cache-Speicher sind klein (zwischen 16 KB und 12 MB).

Cache-Speicher wird entweder im Prozessor integriert oder auf einem separaten Chip und wird mit dem halben oder dem vollen Prozessortakt betrieben.

Dabei wird sogar noch weiter unterschieden. Der First Level Cache wird direkt im Prozessorkern untergebracht und ist daher sehr klein, etwa im Kilobyte-Bereich.

Dieser Speicher benötigt etwa 60 % der Fläche des Prozessors. In diesem Speicher werden durch den Cache-Manager diejenigen Befehle gespeichert, welche der

Prozessor am wahrscheinlichsten sofort benutzen wird. Die Trefferquote liegt dabei bei mehr als 90 %.

Der Second Level Cache ist heute ebenfalls auf dem Prozessor zu finden, aber er besteht aus anderen Komponenten, ist etwas langsamer und dafür größer.

Erst wenn hier die Daten auch nicht gefunden werden, wird entweder im Third Level Cache (L3) oder im langsameren DRAM-Arbeitsspeicher gesucht.

Die aktuellen Generationen von Prozessoren verfügen zudem über einen Third Level Cache. Dieser Cache ist funktionell dem Second Level Cache gleich. Er befindet sich aber außerhalb der CPU und der ersten beiden Zwischenspeicher, heute allerdings dennoch auf der gleichen Platine wie diese. Der Third Level Cache ist wesentlich größer als die anderen beiden Zwischenspeicher, bis zu 12 MB etwa beim Intel Core i7-Prozessor (i7-980X).

3.2   Der Arbeitsspeicher

Der Arbeitsspeicher ist sozusagen der Ausdehnungsbereich der CPU. Im Arbeitsspeicher werden Informationen abgelegt, welche die CPU errechnet hat oder die auf eine Bearbeitung durch die CPU warten.

Für den Arbeitsspeicher werden spezielle Speicherchips verwendet. Diese werden nach ihrer Funktionsweise Random Access Memory (RAM) genannt. In diesen Speicherelementen können die Daten direkt oder wahlfrei (d.h. mit freier Wahl der Datenadresse, darum *random*) eingegeben bzw. gelesen werden.

Die Bausteine müssen regelmäßig mit Strom versorgt werden, sie werden daher dynamische Bausteine genannt. Wird der Computer ausgeschaltet, vergessen diese Bausteine, was sie gespeichert hatten, und fangen sozusagen wieder von vorne an. Das ist mit ein Grund, warum wir uns im übernächsten Kapitel dann über sogenannte Speichermedien unterhalten werden.

Abb. 3.7:   Arbeitsspeicher für Notebook und PCs

Heutige Computer sind alle mit dynamischem RAM als Arbeitsspeicher ausgerüstet. Sie nennen sich Double Data RAM, kurz DDR-RAM. Double Data heißen sie darum, weil sie im Vergleich zum Takt des Mainboards die doppelte Datenmenge übertragen können. Die Weiterentwicklungen heißen dann DDR2, und heute sind wir bei DDR3. Auch wenn wir die Speichertechnologie hier nicht weiter vertiefen wollen, die »Zahlen« auf den Arbeitsspeichern (siehe obige Grafik) sind für Sie in jedem Fall wichtig. Denn wenn Sie Speicher einbauen, müssen Sie immer darauf achten, dass die verwendeten Riegel wirklich zueinander passen. Denn Sie können einen DDR2-800-Speicher nicht zusammen mit einem DDR3-1066 verbauen, das System würde nicht starten, weil die beiden Bausteine nicht für dieselbe Taktung vorgesehen sind.

Im Folgenden daher eine Übersicht über die verwendeten DDR-Standards:

Speichertyp	Alternativ	I/O-Taktrate	Anschlusstyp
DDR-266	PC-2100	133 MHz	DDR-SD-RAM (184 Pin)
DDR-333	PC-2700	166 MHz	DDR-SD-RAM (184 Pin)
DDR-400	PC-3200	200 MHz	DDR-SD-RAM (184 Pin)
DDR2-400	PC2-3200	200 MHz	DDR2-SD-RAM (240 Pin)
DDR2-533	PC2-4200	266 MHz	DDR2-SD-RAM (240 Pin)
DDR2-667	PC2-5300	333/667 MHz	DDR2-SD-RAM (240 Pin)
DDR2-800	PC2-6400	400/800 MHz	DDR2-SD-RAM (240 Pin)
DDR2-800	PC3-6400	400/800 MHz	DDR2-SD-RAM (240 Pin)
DDR3-1066	PC3-8500	533 MHz	DDR3-SD-RAM (240 Pin)
DDR3-1333	PC3-10600	667 MHz	DDR3-SD-RAM (240 Pin)
DDR3-1600	PC3-12800	800 MHz	DDR3-SD-RAM (240 Pin)

Tabelle 3.3: Bezeichnungen für DDR-Arbeitsspeicher

Nebst der Leistung unterscheiden sich die unterschiedlichen DDR-Typen auch durch den unterschiedlichen Stromverbrauch, der von ehemals 2,5 über 1,8 auf 1,5 Volt gesenkt werden konnte. Zudem unterscheiden sich DDR, DDR2 und DDR3 auch in der Anzahl der Kontakte. DDR-Module sind mit 184 Pins bestückt und besitzen nur noch eine Aussparung an der Kontaktseite. DDR2 verfügt über 240 Pins und ebenfalls eine Aussparung an der Kontaktseite. DDR3-RAMS wiederum haben zwar dieselbe Anzahl Pins wie ihre Vorgänger, sind zu diesen aber nicht kompatibel, was durch unterschiedlich positionierte Kerben deutlich gemacht wird.

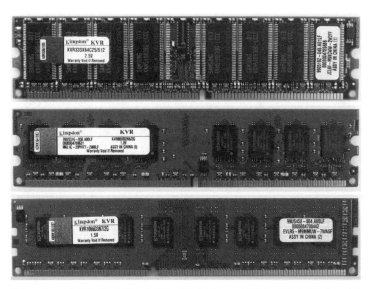

Abb. 3.8: DDR-SD-RAM, DDR2-SD-RAM und DDR3-SD-RAM (von oben nach unten)

Eine weitere Spezialität mit aktuellem Arbeitsspeicher ist dessen Anordnung auf dem Mainboard. Bei älteren Systemen erfolgt der Zugriff auf die Speicher abwechslungsweise zwischen den verschiedenen Speicherriegeln. Um die Speicherbandbreite zu erhöhen, kann man die Daten auch aus zwei Speichermodulen anfordern. Man bezeichnete das als Dual Channel-Verfahren. Dual Channel bezieht sich nicht auf das Speichermodul, sondern auf den Speicher-Controller. Damit dieses Verfahren funktioniert, müssen die Speichermodule im vom Mainboard vorgegebenen Muster eingesetzt werden, was meistens farblich gekennzeichnet wird.

Abb. 3.9: So wird der Arbeitsspeicher richtig verbaut (1 → 2→ 3→ 4)

Auf der anderen Seite bedeutet dies übrigens auch, nur wenn beide Kanäle besetzt sind (entweder mit je einem oder sogar je zwei Riegeln), erzielen Sie die optimale Leistung. Boards mit nur einem einzigen Arbeitsspeicherbaustein verlieren demgegenüber etwa 30 Prozent der Leistung.

Für Notebook-RAM gelten im Übrigen die gleichen Definitionen. Aufgrund ihrer veränderten Bauart nennen sie sich allerdings SO-DIMM anstelle von DIMM, wobei SO für Small Outline steht.

- 200 Pin SO-DIMM (DDR, DDR2-RAM)
- 204 Pin SO-DIMM (DDR3-RAM)

Man bemerke: Im Unterschied zu den »großen« Modulen sind hier DDR und DDR2 sehr wohl pin-kompatibel, man muss also auf das BIOS bzw. das Chipset achten, um zu erfahren, welche Sorte RAM das System auch wirklich unterstützt. Dafür weist dann die DDR3-Bauvariante wiederum eine abweichende Anzahl Pins auf.

Abb. 3.10: SO-DIMM-Modul mit 200 Pins (DDR2-533)

3.3 ROM und BIOS

Beim Arbeitsspeicher habe ich gesagt, dass er alle Informationen vergisst, sobald Sie den PC ausschalten. Damit der PC aber beispielsweise dennoch weiß, welchen Prozessor er hat, welche Laufwerke angeschlossen sind und welches Datum wir heute haben, benötigt er einen eigenen Speicher, das ROM (Read Only Memory).

In ROM-Speicherchips liegen die Informationen nicht als flüchtige elektrische Ladung vor, sondern als fester Verdrahtungszustand. Sie gehen daher beim Ausschalten nicht verloren. Der Speicher ist nur 512 KB bis ca. 2 MB groß, also sehr klein.

Im ROM liegt das BIOS (Basic Input Output System). Das BIOS enthält grundlegende Informationen zur Hardware und die Startroutine für den Systemstart.

Nach dem Einschalten des PCs werden automatisch die Informationen im BIOS abgearbeitet und der Systemtest durchgeführt. Nach erfolgreicher Abarbeitung des BIOS ertönt ein Piepston, welcher signalisiert, dass die Hardware korrekt identifiziert werden konnte. Zugleich wird das BIOS in das RAM kopiert, damit auf diese Informationen schneller zugegriffen werden kann. Erst jetzt wird das Betriebssystem vom aktuellen Laufwerk geladen. In der Regel ist das DVD-Laufwerk das erste Laufwerk, das vom System angefragt wird. Falls sich keine bootfähige CD oder DVD im Laufwerk befindet, wird das Betriebssystem auf der Festplatte gesucht und gestartet.

Auch das BIOS wird ständig weiterentwickelt, die neue Version heißt Extensible Firmware Interface (EFI) bzw. Unified Extensible Firmware Interface (UEFI). 2005 wurde dazu ein Forum gegründet, dem Hersteller wie AMD, Apple sowie die namhaften BIOS-Hersteller wie etwa Phoenix oder AMI beitraten.

UEFI ist gegenüber dem klassischen BIOS einfacher erweiterbar und trägt zudem zu einem schnelleren Start des Systems bei. Es unterstützt hochauflösende Grafik bereits beim Start und besitzt ein eingebettetes Netzwerkmodul zur Fernwartung, bevor das Betriebssystem startet.

3.4 Kühlsysteme

Während des Betriebs eines Rechners entsteht Wärme durch die diversen elektrisch betriebenen Komponenten. Die Chips funktionieren aber am besten in »kühler« Umgebung. Ein Chip kann sich ohne große Kühlung nach wenigen Betriebsminuten auf 80° Celsius erwärmen. Bei dieser Temperatur wird ein Prozessor schon deutlich langsamer in der Verarbeitungsgeschwindigkeit. Im Weiteren sind für die vielen Lötstellen allzu große Temperaturschwankungen langfristig gesehen nicht optimal, da sie dadurch spröde werden. Daher wird der PC durch einen oder mehrere Ventilatoren und Kühlkörper mit Umgebungsluft gekühlt, um konstante Temperaturen zu erzeugen. Zusätzlich verfügt auch der Prozessor über einen eigenen Ventilator, welcher direkt auf dem Prozessorgehäuse angebracht wird, und/oder über Kühlkörper, um die Wärme abzuleiten. Dasselbe kann auch für Grafikkarten gelten. Gerade die leistungsstarken Karten verfügen jeweils über einen eigenen Lüfter.

Am meisten treffen Sie auf Lüfter (Ventilatoren). Sie werden in PCs, auf Grafikkarten oder über der Prozessoreinheit angebracht und führen die Wärme aktiv ab. Dafür ist es notwendig, dass die Öffnungen von Geräten nicht verstopft oder zugedeckt sind. Fällt ein solcher Lüfter aus, gibt es sehr schnell Hitzeprobleme, und die Computer reagieren mit Abstürzen.

Abb. 3.11:   Lüfter auf einer Grafikkarte

Kühlkörper dienen als passive Wärmeableiter. Sie leiten die Wärme über ihre Fläche ab und verteilen sie so vom erhitzenden Bauteil ab. Je größer die Fläche eines
Kühlkörpers ist, desto mehr Wärme kann auch abgeführt werden. Um eine möglichst große ableitende Fläche zu erhalten, sind Kühlkörper meist gerippt oder
lamellenförmig aufgebaut. Wärmeableiter sind immer aus Metall.

Abb. 3.12:   Kühlkörper für CPU

Für eine gute Durchlüftung des Geräts wird im Allgemeinen durch den Hersteller
eines PC-Systems gesorgt. Wenn Sie einen PC umbauen, achten Sie darauf, dass
bei freien Steckplätzen die rückseitigen Abdeckungen (auch Slot-Blenden genannt)
nicht abgeschraubt werden – dies verhindert eine geregelte Kühlung. Ebenso,
wenn Sie seitliche Abdeckungen entfernen. Denn dadurch wird die Luft nicht an
den warmen Chips entlang zirkulieren, und die notwendige Kühlung kann nicht

mehr erzielt werden. Um im Dauerbetrieb eine optimale Kühlung zu gewährleisten, sollte also der Luftstrom im Gehäuseinneren nicht unterbrochen werden.

Bei komplett geschlossenen Geräten ohne Belüftungsöffnungen und Lüftern, wie dies bei vielen externen Festplatten anzutreffen ist, wird die im Inneren produzierte Wärme durch das als Kühlkörper dienende Metallgehäuse abgegeben.

Bei Notebooks, wo die Kühlleistung bedingt durch die Gehäuseform nur eingeschränkt leistungsfähig ist, hilft es, wenn sie auf ebenen Flächen stehen und wenn die Lüfter an der Gehäuseaußenseite nicht verstellt oder abgedeckt sind.

3.5 Mainboard-Formfaktor und Stromversorgung

Der Formfaktor, oder auch Motherboard-Format genannt, legt fest, wo die einzelnen Komponenten wie CPU und Steckplätze auf dem Motherboard angeordnet sind. Der Formfaktor bestimmt zudem, welche Gehäuse und Netzteile verwendet werden dürfen. Und darum reden wir bei Netzteilen in denselben Begrifflichkeiten wie bei Mainboard-Größen oder Gehäusen.

3.5.1 Mainboard-Standards

Die Gehäuse von Desktop-Systemen richten sich nach den Mainboard-Spezifikationen, was ihre Größe anbelangt. Ein ATX-Gehäuse beherbergt ein ATX-Mainboard, ein BTX-Gehäuse folglich ein BTX-Mainboard. Dies hat wesentlich damit zu tun, dass die Formfaktoren nicht nur die Maße, sondern auch die Anordnung von Komponenten, Stromanschlüssen und Schnittstellen definieren.

Weit verbreitet ist die ATX-Spezifikation, welche seit 1995 im Umlauf ist, aktuell als ATX Version 2.3 (seit 2007). Ein »fullsize«-ATX-Board hat die Maße 305 mm × 244 mm. Davon abgeleitet gibt es die kleineren Micro-ATX (229 × 191 mm) und Mini-ITX-Boards (min. 171 × 171 mm). Der kleinste Vertreter dieser Familie ist vor allem für mobile Plattformen optimiert, zum Beispiel durch passive Kühlung.

Mainboards: ATX Micro ATX Mini-ITX

Abb. 3.13: Verschiedene Mainboard-Typen

Die kleineren Boards verfügen zur Erweiterung über sogenannte Risercards, d.h. rechtwinklige Steckkarten, welche direkt ins Mainboard eingesteckt werden und weitere Steckplätze z.B. für Arbeitsspeicher oder PCI/PCIe-Steckplätze bieten.

Das ATX-Layout brachte die Einführung von Soft-Power (Einschalten des PC via Mainboard anstelle des direkten Stroms zum Netzteil) und von Onboard-Schnittstellen mit sich. Zudem wurden die Mini-DIN-Anschlüsse (auch PS/2 genannt) für Tastatur und Maus eingeführt.

Das Angebot an Onboard-Schnittstellen verändert sich laufend. Während die ersten ATX-Mainboards vor allem serielle und parallele Schnittstellen auf dem Board hatten, kamen später USB und LAN dazu. Heute fehlen dafür seriell und parallel meistens, dafür gibt es eine größere Menge USB-Schnittstellen oder auch FireWire, Grafik- und Audioanschlüsse.

3.5.2 Netzteile für PC-Systeme

Das Netzteil hat die Aufgabe, die eingehende Spannung von 220V/240V auf die Betriebsspannung von 2,9 V, 3,3 V, 5 V resp. 12 V zu transformieren. Vom Netzteil aus gehen diverse Kabel, welche für die Stromversorgung der verschiedenen Komponenten dienen. Nach dem Einschalten des PCs wird die Stromversorgung aktiv und bedient die Komponenten entsprechend.

Das Netzteil wird entsprechend seiner Funktion auch AC-Adapter genannt (vom englischen »alternating current«, zu Deutsch Wechselstrom). Es wandelt also nicht nur die Spannung um, sondern auch von Wechselstrom zu Gleichstrom, den es dann in oben erwähnten Spannungen an die Komponenten weitergibt.

Da es zudem auch Länder mit 110 Volt (z.B. USA) gibt, verfügen die meisten Netzteile über einen Netzspannumschalter, der es ermöglicht, das Netzteil auf die korrekte Spannung einzustellen.

Grundsätzlich werden alle Komponenten mit Antriebseinheiten (HDD, CD, DVD) mit 12 Volt versorgt. Neuere Komponenten werden zum Teil auch mit 5 Volt betrieben.

Entscheidend ist je nach den Anforderungen an die einzubauende Hardware die Leistung. Reicht für Office-PCs noch ein Netzteil mit 200-250 Watt, sind bei Game-PCs schnell einmal Netzteile mit 360-550 Watt gefragt, und insbesondere die Grafikkarten benötigen viel Strom.

Die unterschiedlichen Spezifikationen für Netzteile sehen wie folgt aus:

Netzteil	Beschreibung	Anschluss
AT	Power direkt am Netzteil	12-polig (P8 und P9)
ATX	Soft-Power-Anschluss am Mainboard	20-polig (ATX 1.0)
EATX	Erweiterung von ATX	24-polig (ATX 2.0)

Tabelle 3.4: Netzteilspezifikationen

Abb. 3.14:   AT-Stecker (P8 und P9 genannt), ATX 20-polig und EATX 24-polig

3.5.3   Stromversorgung für mobile Systeme

Ganz anders sieht das bei Notebooksystemen aus. Hier ist das Netzteil für die Versorgung extern angelegt, und im Gehäuse verfügt das Gerät über einen Akku, der den Strom zwischenspeichern kann.

Das Netzteil wandelt dabei den ankommenden Wechselstrom in Gleichstrom für das Laden der Batterie um. Im Notebook kommt damit also bereits Gleichstrom an.

Zudem kann damit ein großer Teil der Wärme, die im Netzteil beim Betrieb entsteht, außerhalb des Gerätes gehalten werden. Und nicht zuletzt kann dadurch das Gewicht des Notebooks reduziert werden.

Jedes Notebook oder Netbook verfügt über ein für sein Modell angepasstes Netzteil. Sie müssen daher folgende Parameter kennen, bevor Sie ein Netzteil ersetzen oder anschließen:

- Watt-Leistung: Diese gibt an, wie viel Leistung der AC-Adapter dem Notebook zur Verfügung stellen kann. Gängige Werte für Notebooks liegen zwischen 65 und 90 Watt, bei Netbooks und Tablets deutlich darunter.

- Ausgangsspannung: Diese muss gleich hoch sein wie die Eingangsspannung am mobilen Gerät. Häufige Netzteilspannungen liegen zwischen 15 und 20 V. Bei zu hoher oder zu tiefer Spannung können Sie das Gerät beschädigen!

- Steckertyp: Gerade weil die oberen beiden Werte über Betrieb oder Beschädigung eines mobilen Gerätes entscheiden können, haben unterschiedliche Netzteile mit unterschiedlichen Spannungs- und Leistungswerten auch unterschiedliche Stecker.

Abb. 3.15:   Angaben zu einem Netzteil sowie Stecker dieses Netzteils

Während Netbooks und Notebooks fast ausschließlich Lithium-Ionen (Li-Ion) einsetzen, sind bei kleineren Geräten oder auch bei Digitalkameras auch noch die älteren Nickel-Hybrid-Akkus anzutreffen (NiMH).

3.5.4   CMOS-Batterie

Mit der Auslieferung des ersten PC/AT hat man erstmals einen speziellen Chip, einen CMOS-Baustein (Complementary Metal Oxide Semiconductor) mit einer internen Systemuhr und den darin gespeicherten Konfigurationsdaten des PCs ausgeliefert. Da dieser Chip zur Erhaltung der Daten Strom braucht, wurde eine Batterie eingebaut, da ja durch das Abschalten des PCs das Motherboard nicht mehr mit Strom versorgt wird. Diese Batterie versorgt somit den CMOS-Chip mit der notwendigen Betriebsspannung. Normalerweise sind Knopfzellen oder Standardbatterien im Einsatz.

Abb. 3.16:   CMOS-Batterie

3.6   Fragen zu diesem Kapitel

1. Was können Sie aus der Bezeichnung *DuoCore* schließen?

    A   Die CPU verfügt über zwei Sockel.

    B   Das Mainboard verfügt über zwei Sockel.

    C   Die CPU verfügt über zwei Kerne.

    D   Das Mainboard verfügt über unterschiedliche Anschlüsse für CPUs.

2. Sie benötigen eine neue Batterie für Ihr Notebook. Welchen Typ von Batterie werden Sie sehr wahrscheinlich aussuchen?

    A   Energizer

    B   NiCad

    C   NiMH

    D   Li Ion

3. Sie möchten eine CPU kaufen, die zu Ihrem Mainboard passt. Auf was müssen Sie beim Kauf besonders achten?

   A   Dass der Prozessor nur von Intel stammt.

   B   Dass der Sockel des Boards mit dem des Prozessors übereinstimmt.

   C   Dass der Sockel des Boards neuer ist als der des Prozessors.

   D   Ob das Betriebssystem Treiber für den neuen Prozessor kennt.

4. Welchen Zweck hat das externe Netzteil bei einem Notebook?

   A   Es filtert den eingehenden Strom auf Über- und Unterspannung.

   B   Es ermöglicht die einfache Verlegung des Systems, ohne dass es am Strom angeschlossen sein muss.

   C   Es wandelt den Gleichstrom (DC) in Wechselstrom (AC), um die Batterie zu laden.

   D   Es wandelt den Wechselstrom (AC) in Gleichstrom (DC), um die Batterie zu laden.

5. Welches der folgenden RAM-Module weist 240 Pins auf?

   A   DDR-RAM

   B   SO-DIMM

   C   DDR2-RAM

   D   ROM

6. Notebook- und Desktop-Prozessoren unterscheiden sich. Doch worin genau?

   A   Notebook-Prozessoren verfügen nur über einen Rechenkern

   B   Notebook-Prozessoren verbrauchen deutlich mehr Energie

   C   Desktop-Prozessoren verbrauchen deutlich mehr Energie

   D   Desktop-Prozessoren verfügen immer über mindestens vier Kerne

7. Welcher RAM-Typ kann die Spezifikation PC3-10500 aufweisen?

   A   DDR2

   B   RDRAM

   C   SDRAM3

   D   DDR3

8. Welche Aussage zu SRAM ist richtig? Wählen Sie alle zutreffenden Antworten aus.

    A   SRAM ist schneller als DRAM

    B   SRAM ist wesentlich günstiger als DRAM

    C   SRAM gibt es nur als DDR3-Speicher

    D   SRAM ist wesentlich teurer als DRAM

9. Wozu ist der 110/220V-Umschalter an der Geräterückseite zuständig?

    A   Übertaktung für Spiele

    B   Lüftergeschwindigkeit

    C   Länderanpassung

    D   Computersperre

Kapitel 4

Peripherie sucht Anschluss

Nach dem Blick in das Innere eines Computersystems wenden wir uns jetzt der Frage zu, was Sie alles an den Computer anschließen können. Geräte, die von außen angeschlossen werden, nennen sich grundsätzlich »Peripheriegeräte«. Sie werden mit einer Schnittstelle, sei es an einem Kabel oder über ein drahtloses Netzwerk, mit dem System verbunden.

Die Palette dieser Geräte ist reichhaltig, angefangen von der Tastatur zur Maus über den Monitor und den Drucker bis hin zur Webkamera. Gleich zu Beginn teilen wir diese Peripherie etwas ein in die Eingabegeräte (Tastatur, Maus) und die Ausgabegeräte (Monitor, Drucker, Lautsprecher).

4.1 Eingabegeräte

4.1.1 Die Tastatur

Die Tastatur ist trotz des Vordringens der grafischen Benutzeroberflächen immer noch die wichtigste Eingabeeinheit. Sie ist wesentlich komplexer, als der erste Anschein vermuten lässt. Die Eingaben auf der Tastatur werden durch zwei Decoder und einen Tastaturchip interpretiert. Unter den Tasten sind viele elektrische Leiter angeordnet. Die beiden Decoder geben dem Tastaturprozessor ein Signal, sobald irgendeine Taste gedrückt wird.

Aktuelle Tastaturen verfügen über einen PS2-Stecker oder über einen USB-Anschluss, alternativ werden sie kabellos angeschlossen. Das bedeutet dann, dass die Empfängerstation mit PS/2 oder USB angeschlossen wird, um das Signal von der Tastatur zu übermitteln.

PC-Tastaturen verfügen nebst dem eigentlichen Tastenfeld rechts zusätzlich über ein numerisches Tastenfeld für die schnelle Eingabe von Zahlen. Bei Notebooks ist dies häufig nicht der Fall.

Abb. 4.1:   Tastatur mit separatem Ziffernblock und Funktionstasten (kabellos)

Multifunktionstasten kommen in den meisten Notebooks vor, aber auch in High-End-Tastaturen für PC-Systeme. Dabei werden zusätzlich eingebaute Tasten mit der mitgelieferten Software angesprochen, um eine bestimmte Aufgabe zu erfüllen, z.B. das Aufrufen des Mail-Programms, das Lauter- oder Leiserstellen der Lautsprecher, das Ein- und Ausschalten des WLAN oder das Aufrufen von herstellereigener Software zur Konfiguration des Rechners.

4.1.2   Mäuse von DB-9 bis USB

Die Mausschnittstelle ist direkt neben der Tastaturschnittstelle angeordnet und besitzt dieselben geometrischen Abmessungen. In der Praxis kommt es nicht selten vor, dass diese beiden Anschlüsse beim Einstecken verwechselt werden, was dann dazu führt, dass die Eingabegeräte nicht ansprechbar sind. Achten Sie darum auf die Farben der Anschlüsse, die mit den Farben der Eingabegerätestecker übereinstimmen sollten. Moderne Mäuse benutzen allerdings meistens die USB-Schnittstelle, sodass viele neue PC-Systeme gar keine PS/2-Schnittstelle mehr aufweisen, geschweige denn eine alte DB9-Buchse (COM1) für den Anschluss einer Maus.

Mausanschluss: DB9 (RS232)   **PS/2**   **USB**

Abb. 4.2:   Verschiedene Mausanschlüsse von sehr alt bis aktuell

Zentraler Bestandteil der Maus war lange die mit Gummi beschichtete Stahlkugel. Diese Kugel liegt auf der Arbeitsfläche und überträgt die Bewegungen an zwei zu 90° versetzten Walzen. Diese Walzen nehmen die Bewegungen in X- und Y-Richtung auf und übertragen diese Bewegungen auf Flügelräder. Bei Bewegung der

Maus drehen die Flügelräder und geben einer Lichtschranke in kurzen Impulsen Licht/kein Licht. Die Anzahl der Lichtunterbrechungen ist somit ein eindeutiges Maß für die Bewegungen der Maus.

Die optischen Mäuse funktionieren ohne Kugel und damit auch ohne offene Stellen und Verschmutzungsrisiko.

Die Maus enthält einen Sensor, der im Prinzip als digitale Kamera arbeitet, die bis zu 2.500 Aufnahmen pro Sekunde von der Oberfläche unter der Maus schießt. Ein digitaler Signalprozessor (DSP) wertet die Fotos aus und setzt diese in Mauszeigerbewegungen um.

Die Lasermaus ist eine Fortsetzung dieser Generation mit neuerer Technik.

4.1.3   Touchpad, Trackpoint und Digitizer

Ein Touchpad (auch Trackpad genannt) ist eine berührungsempfindliche Fläche, die vor allem im Net- und Notebook-Umfeld als Mausersatz direkt ins Gerätegehäuse des Computers verbaut wird. Meistens finden Sie es unterhalb der alphanumerischen Tastatur.

Abb. 4.3:   Touchpad unterhalb der Tastatur

Die Bewegungen des Fingers auf dem Touchpad verschieben entsprechend den Maus-Pointer auf dem Bildschirm. Heute werden mehrheitlich nur noch Multi-Touchpads verbaut, die zusätzlich die Funktionen des Wischens – horizontale und vertikale Bewegung z.B. zum Blättern (wipe/scroll) – besitzen sowie die Möglichkeit, Funktionen auszuführen, mit dem gleichzeitigen Einsatz von zwei oder mehreren Finger zum Vergrößern, Verkleinern, Drehen oder Ausführen des Sekundärklicks etc.

Der Trackpoint ist ursprünglich eine Erfindung von IBM, und der Name ist bis heute geschützt (die Rechte wurden inzwischen auf Lenovo übertragen). Andere Hersteller haben ihre eigenen Bezeichnungen dafür (Accu Point, Trackstick, Pointstick). Es handelt sich hierbei um einen kleinen Joystick, der sich zwischen den Tasten B, G und H einer Tastatur befindet. Durch Bewegung eines Fingers auf dem Trackpoint wird die Maus auf dem Bildschirm entsprechend verschoben. Im

Gegensatz zum Touchpad bleibt der Finger während der Mausbewegung immer an derselben Stelle.

Abb. 4.4:   Trackpoint bei einem Notebook

Den Eingabestift (auch Stylus oder Touchpen genannt) gibt es schon länger, aber er hat seit der Massentauglichkeit des Tablet-PCs wieder an Bedeutung gewonnen. Statt einer separaten Maus oder eines Touchpads wird der Bildschirm mit dem Stift direkt berührt. Die Eingabestiftspitze definiert dann jeweils die Position des Mauszeigers auf dem Bildschirm.

Abb. 4.5:   Moderner Tablet-PC mit Multitouchscreen und Eingabestift

4.1.4   Berührungsempfindliche Bildschirme

Man spricht hier abhängig davon, ob nur ein Stift oder Stift und Finger gleichzeitig eingesetzt werden können, von Touchscreen oder Multitouchscreen. Die Touchscreens sind schon seit einigen Jahren unsere täglichen Begleiter, denken wir nur an die Bank-, Geld- oder Ticketautomaten.

Multitouchscreens haben dagegen mit der Verbreitung von Smartphone und Tablet-PCs an Bedeutung gewonnen. Viele Computerhersteller bieten unterdessen berührungsempfindliche und rechnerintegrierte Bildschirme an, die als vollwertige Rechner gelten, aber komplett ohne Maus und Tastatur bedient werden können. Es gibt mehrere Funktionsweisen, wie die Berührungen des Touchscreens in die Computersprache übersetzt werden. Diese im Detail zu erläutern, würde den Rahmen dieses Kapitel sprengen. Es reicht zu wissen, dass vorhandene Spannungen und elektrische Felder auf der Haut- und Eingabeoberfläche dafür zuständig sind, die aktuelle Position(en) und die ausgeführte Bewegung(en) zu lesen und zu interpretieren. Daher auch der Begriff der kapazitiven Multitouch-Bildschirme.

Abb. 4.6:   Ein modernes 10-Zoll-Tablet

4.1.5   Für die Spieler wichtig: das Gamepad

Gamepads sind Kontrollgeräte für Spiele am Computer. Es gibt verschiedene solcher Kontrollgeräte, und früher hatte man häufiger noch Joysticks, zum Beispiel für den Flugsimulator oder Steuerräder für die Bedienung von Rennsimulatoren.

Das Gamepad hat sich mit den modernen Spielkonsolen wie PS3 oder Xbox durchgesetzt. Es wird mit beiden Händen gehalten und verfügt über verschiedene Tasten zur Navigation und Auslösung von Aktionen wie Springen, Abbiegen oder auch Schießen.

Abb. 4.7:   Links ein Joystick, daneben zwei Vertreter von Gamepads

4.1.6 Der Scanner

Scanner dienen dazu, Bildinformationen in den Computer einzulesen. Die eingelesenen Bilder oder Texte liegen als Bitmaps vor. Will man einen eingescannten Text bearbeiten, muss man erst eine Texterkennungs-Software zum Einsatz bringen, die das Bild in Text umwandelt (sogenannte OCR-Software). Dafür gibt es unterschiedliche Scanner, vom Aufsichtscanner für Fotos über Dokumentscanner mit automatischem Einzug bis hin zu den kombinierten Geräten, die Drucker und Scanner vereinen – Letztere werden im anschließenden Kapitel beschrieben.

Abb. 4.8: Aufsichtscanner und Dokumentscanner

Angeschlossen werden Scanner heute über eine USB-Schnittstelle. Damit ein Scanner Daten einlesen kann, benötigt er Sensoren, sogenannte CCDs (Couple Charged Device). Das sind elektrooptische Bauteile, welche den ankommenden Lichtstrom (vom Abtasten der Daten) in Form einer Ladung in einem Kondensator festhalten. Das heißt, der Scanner liest die Dokumente mit einer Leuchte ein und überträgt sie anschließend durch Umwandlung von Licht in digitale Signale auf den Computer. Alternativ können auch günstigere LED-Elemente namens CIS eingesetzt werden (Compact Image Sensor). Das Prinzip bleibt aber dasselbe, nur dass CIS qualitativ weniger hochwertige Ergebnisse liefert, dafür können diese sparsamen Scanner per USB mit Strom versorgt werden und sind daher günstiger.

Dabei sind zwei Werte des Scanners von besonderer Bedeutung für das Ergebnis:

Die Farbtiefe: Sie entscheidet darüber, wie viele Farben der Scanner umsetzt. Moderne Farbdrucker im PC-Bereich lösen bis zu 32 Bit Farbe auf, d.h. ein Scanner sollte über mindestens denselben Umfang verfügen. Durch die unterschiedlichen Farbräume, welche Drucker und Scanner benutzen, wird beim Scannen häufig ein größerer Farbraum eingelesen, als anschließend gedruckt werden kann.

Die Auflösung: Sie entscheidet darüber, mit welcher Dichte ein Bild aufgelöst wird. Hier kommt es stark auf den gewünschten Vergrößerungsfaktor und den Qualitätsfaktor des Druckers an. Zu unterscheiden ist zudem zwischen der echten (physikalischen) Auflösung und der sogenannten interpolierten Auflösung, welche viel höher sein kann, da hier der Scanner zu effektiv vorhandenen Punkten eigene hinzurechnet. Doch sind das dann eben berechnete und nicht wirklich gelesene Werte, weshalb die physikalische Auflösung wichtiger ist.

4.2 Ausgabegeräte: Die Drucker

Es gibt ganz unterschiedliche Verfahren, um Dokumente zu drucken. Wir betrachten an dieser Stelle:

- Nadeldrucker
- Thermodrucker
- Laserdrucker
- Tintenstrahldrucker

4.2.1 Nadeldrucker

Nadeldrucker übertragen die Daten, wie schon der Name sagt, über kleine Nadeln, welche auf das Papier »geschlagen« werden. Zu diesem Zweck schlagen die Nadeln durch ein Farbband, das zwischen den Druckkopf und das Papier gespannt wird. Ältere Drucker verfügen dazu über 9 Nadeln, neuere über 24 Nadeln. Wobei wir bei neuer immer noch von den 1990er-Jahren sprechen.

Abb. 4.9:   Nadeldrucker für Endlosformulare (Quelle: © Epson)

Der Nadeldrucker ist ein Zeilendrucker, d.h. der Druckkopf ist auf einer Schiene befestigt, fährt über die ganze Papierbreite hin und her und beschreibt dabei jeweils eine Zeile. Moderne Nadeldrucker verfügen dabei über die Möglichkeit, bidirektional zu drucken, also auf dem Hin- und dem Rückweg.

Zwei große Vorteile erhalten den Nadeldrucker zurzeit (und wohl noch lange) am Leben:

- Er kann direkt Durchschläge bedrucken.
- Er verarbeitet klaglos Endlospapier und Formulare.

Gerade Durchschlagformulare werden immer noch häufig mit Nadeldruckern ausgedruckt, da nur diese Technologie in der Lage ist, mittels der Kraft der Nadeln entsprechende Durchschläge zu produzieren.

4.2.2 Thermodrucker

Beim Thermodruckverfahren wird das Druckbild durch Hitze erzeugt. Dies geschieht durch eine präzise Erhitzung auf dem Druckbildträger, entweder einer speziellen Form von beschichtetem Papier (Direktdruck) oder einem Zwischenträger (Transferdruck).

Thermodirektdrucker sind heute noch als Faxgeräte, als Kassendrucker oder bei Etikettendruckern im Einsatz. Sie zeichnen sich durch eine relativ geringe Druckqualität aus, sind dafür schnell und problemlos in der Handhabung, da keine Farbbänder oder -kassetten eingesetzt werden müssen. Dafür muss das Papier speziell beschaffen sein, damit die Hitze des Thermokopfs entsprechende Zeichen auf dem Papier zurücklassen kann. Thermodirektdrucker sind Schwarz-Weiß-Drucker.

Abb. 4.10:   Thermodrucker für Etiketten

Beim Thermotransferdruck wird über dem Papier eine mit Farbe beschichtete Thermotransferfolie eingesetzt, und durch Hitze schmilzt die Farbe auf das Papier. Ihre glatte Oberfläche sorgt für einen exakten Farbaufdruck und erzielt eine hervorragende Druckqualität. Diese Art Druck ist leicht durch einen höheren Oberflächenglanz als bei den meisten anderen Druckverfahren erkennbar.

Das Druckmedium muss bei diesem Verfahren nicht zwingend Papier sein. Hier können auch Mausmatten oder Kaffeetassen bedruckt werden.

Ähnlich wird auch beim Thermosublimationsdruck verfahren. Der Unterschied liegt darin, dass Wachs verdampft wird und in ein Spezialpapier eindringt. Es entstehen brillante Farben, Nachteile sind jedoch die langsame Druckgeschwindigkeit bei hohen Kosten, denn je Druckvorgang kann immer nur eine Farbe aufgebracht werden.

Abb. 4.11:   Canon-Photodrucker mit Thermosublimationsverfahren

Die Druckergebnisse sind von höchster Qualität, und daher wird diese Technologie für sogenannte Fotodrucker, etwa von HP oder Canon, eingesetzt

4.2.3   Laserdrucker

Laserdrucker gehören zur Klasse der sogenannten Non-Impact-Drucker, d.h. die Übertragung geschieht nicht mit Druck auf das Papier.

Abb. 4.12: Links ein Schwarz-Weiß-Laserdrucker, rechts ein Farblaserdrucker

Der Laserdrucker funktioniert im Wesentlichen nach folgendem Prinzip:

Die Daten werden vom Rechner an den Drucker übermittelt. Dieser rechnet mit einem RIP (Raster Image Processor) die Daten, die er als Seite letztlich auf das Papier bringen möchte, in eine Bilddatei um. Im Inneren des Druckers werden diese Daten dann durch einen Laserstrahl als elektrische Ladung auf eine Bildtrommel aufgezeichnet. Die Trommel dreht sich dann weiter, nimmt dort, wo die elektrische Ladung es ermöglicht, Toner an sich und überträgt diesen Toner danach auf das Papier.

Da der Toner damit noch nicht haftet, wird das Papier jetzt durch eine Fixiereinheit geführt, welche die Tonerpartikel ins Papier einbrennt.

Beim Öffnen eines Laserdruckers ist daher insbesondere Vorsicht geboten, weil die Fixiereinheit wie erwähnt sehr heiß wird – das gilt auch, wenn Sie den Drucker nur kurz öffnen, um einen Papierstau zu beheben.

Laserdrucker gibt es in zwei Ausführen: als Schwarz-Weiß-Laserdrucker mit nur einer Farbe, nämlich schwarz, oder als Farblaserdrucker, die dann mit den vier Grundfarben Blau, Gelb, Magenta und Schwarz ausgestattet sind und folglich für den Farbdruck von Bürodokumenten oder auch Fotos geeignet sind.

4.2.4 Tintenstrahldrucker

Tintenstrahldrucker setzen, wie es der Name schon sagt, Tinte als Druckmaterial ein. Diese wird entweder durch Erhitzung auf das Papier übertragen (Bubble Jet) oder aber durch elektrische Spannung (Piezodruck). In beiden Fällen wird die Tinte in ganz kleinen Tropfen auf das Papier übertragen. Klein heißt hier: 1 bis 10 Picoliter pro Tropfen.

Die Tintenpatronen selber können sehr unterschiedliche Kapazitäten aufweisen: von wenigen Millilitern bis zu 70 oder gar 130 Milliliter für große Drucker (Plotter). Office-Drucker verfügen über kombinierte Tintenpatronen mit mehreren Farbkammern, Fotodrucker dagegen eher über getrennte Farbpatronen. Hochwertige Fotodrucker setzen dabei nicht nur vier Farben ein, sondern erweitern den druckbaren Farbraum mit verschiedenen zusätzlichen Grau- oder Schwarzpatronen oder mit weiteren Farben. Es gibt Fotodrucker mit bis zu 12 unterschiedlichen Patronen.

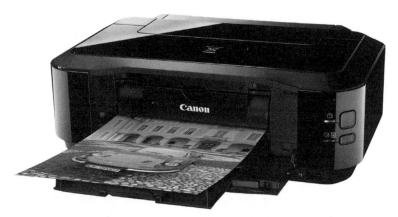

Abb. 4.13:   Farbtintenstrahldrucker

Damit die Druckqualität auch nach dem Wechsel der Patronen optimal ist, werden von vielen Druckern entweder Ausrichtungsprogramme zur Justierung gestartet oder eine Ausrichtungsseite gedruckt, mit deren Hilfe Sie das optimale Druckergebnis in der Systemsteuerung des Druckers eingeben können.

4.2.5   Alleskönner hören auf den Namen MFP

Unabhängig davon, ob es sich um einen Tintenstrahl- oder Laserdrucker handelt, werden diese Geräte heute oftmals mit weiteren Funktionen angereichert, namentlich mit einer Scan-Funktion und der Möglichkeit, am Gerät selber Kopien zu erstellen, möglicherweise auch noch mit einer Faxfunktion.

Demzufolge werden diese Drucker dann Multi Function Peripheral (MFP) genannt, im Small Office and Home User-Bereich (SOHO) auch einfach All-in-One-Gerät.

MFPs gibt es sowohl bei den Einsteigergeräten im Bereich von einigen Hundert Euro als auch als große Unternehmenslösungen, die dann als Stockwerk- oder Abteilungs-MFP eingesetzt werden können.

Abb. 4.14: Zwei sehr unterschiedliche Geräte mit denselben Grundfunktionen: Print, Copy, Scan

4.2.6 Plotter/Large Format Printer (LFP)

Plotter sind »übergroße« Drucker für Banner, Poster oder auch CAD-Zeichnungen. Man unterscheidet zwischen Tintenplottern, Festwachsplottern oder Schneidplottern, welche statt Farbe ein Messer führen, um aus einer Folie einen Text oder ein Bild auszuschneiden.

Abb. 4.15: Large Format Printer, auch Plotter genannt

Plotter gibt es in Druckgrößen von A3 bis A0 und darüber hinaus, das Papier wird dabei in der Regel auf einer Rolle zugeführt.

Ihre Stärke liegt beim Farbdruck mit bis zu zwölf unterschiedlichen Farbtanks. Wie bereits erwähnt, arbeiten Plotter mit deutlich größeren Tintentanks (daher auch der Name »Tank« statt Patrone). Zudem gibt es eine Reihe von Spezialprodukten in diesem Bereich, mit denen wetterfeste Plakate oder ganze Häuserbeschriftungen angefertigt werden können – das ist mittlerweile ein ganz eigenes Geschäftsfeld.

4.2.7 Wie schließe ich Drucker an?

Lange Zeit wurden Drucker über die parallele Schnittstelle angeschlossen. Diese ermöglichte beim Centronics-IEEE-1284-Standard Kabellängen von bis zu zehn Metern, war aber aus heutiger Sicht sehr langsam.

Mittlerweile werden die Drucker entweder über eine USB-Schnittstelle an das Computersystem angeschlossen oder direkt über eine Netzwerkschnittstelle mit dem Netzwerk verbunden, was insbesondere bei den oben erwähnten MFP im Vordergrund steht, sei es über einen RJ-45-Anschluss oder drahtlos. Wenn Sie einen Netzwerkanschluss einsetzen, hat dies den Vorteil, dass Sie den Drucker für mehrere Computersysteme nutzen können.

Neben dem physischen Anschluss benötigen Sie aber auch Software, um den Drukker in das Computersystem einzubinden. Diese Software umfasst mindestens einen Treiber für das installierte Betriebssystem, kann aber auch weitere Komponenten zur Überwachung oder Verwaltung des Druckers oder auch zur Wartung enthalten, z.B. zur Reinigung eines Tintensystems.

Wichtig: Die Treiber müssen immer genau zum Betriebssystem passen, nur dann ist ein reibungsloser Betrieb des Druckers möglich. Beachten Sie also bei Kauf und Installation die Herstellerangaben zum jeweiligen Gerät genau. Insbesondere wenn Sie nicht Windows einsetzen, gibt es nicht für jeden Drucker Treiber etwa für Apple-PCs oder Linux-Systeme, auch wenn die Problematik heute nicht mehr so ausgeprägt ist wie noch vor wenigen Jahren.

4.3 Monitore

Die Bilddarstellung hängt von zwei Faktoren ab: der Grafikkarte für die Grafikdatenverarbeitung und dem Monitor als Ausgabemedium. Schauen wir uns zuerst den Monitor an.

Auf dem Markt existieren zwei Monitortypen: der Röhrenmonitor, englisch Cathode Ray Tube (CRT), und das Flüssigkristall-Display Liquid Crystal Display

(LCD). Die Kathodenstrahlröhre, wie der CRT zu Deutsch auch genannt wird, ist dabei die ältere Technologie, die von den LCDs mittlerweile mehr oder weniger verdrängt worden ist.

Die Bildschirmoberfläche ist bei den heutigen Monitoren mit den drei Grundfarben Rot (Red), Grün (Green) und Blau (Blue) beschichtet. Daher stammt auch der Name RGB-Monitor.

Das Bild wird im Computer erzeugt oder berechnet, anschließend wird es entweder punktweise (LCD) oder zeilenweise (CRT) aufgebaut.

4.3.1 Wie das Bild auf den Schirm kommt

Beim Röhrenbildschirm (CRT) wird das Bild analog durch eine Bildröhre erzeugt und als Elektronenstrahl in den drei Grundfarben Rot, Grün und Blau auf dem Schirm zeilenweise aufgebaut. Dabei werden sehr hohe Spannungen erzeugt, weshalb die CRTs einen wesentlich höheren Stromverbrauch aufweisen als etwa LCD-Monitore.

Wie die Bezeichnung LCD verrät, besteht ein solches Display aus Flüssigkristallen. Diese Kristalle reagieren auf Spannung, haben jedoch keine eigene Leuchtkraft. Elektrische Spannung steuert die Ausrichtung der Flüssigkristalle, die dadurch ausgerichtet werden. Damit dadurch nicht nur Schwarz und Weiß dargestellt werden können, besitzt jeder Bildpunkt drei Subpixel: ein rotes, ein grünes und ein blaues. Jedes dieser Subpixel erhält eine unterschiedliche Menge Licht. Ist zum Beispiel das rote Subpixel komplett beleuchtet, das grüne in etwa zur Hälfte und das blaue gar nicht, erhält der Bildpunkt die Farbe Orange. Die Leuchtkraft wiederum entsteht dadurch, dass hinter der LCD-Fläche eine Leuchte verbaut ist.

Eine aktuelle Entwicklung ist der Wechsel der Hintergrundbeleuchtung auf LED. Bei der LED-Hintergrundbeleuchtung handelt es sich das Verfahren für die Ausleuchtung des Bildes, bei welchem anstelle von Leuchtstoffröhren lichtemittierende Dioden verwendet werden. Dabei werden zwei unterschiedliche Verfahren eingesetzt: Entweder werden die LED rund um den Bildschirm herum angeordnet oder als Gitter quer hinter dem ganzen Display. Während das Edge-Design dünnere Bildschirme ermöglicht, erlaubt das Vollflächendesign dafür eine gleichmäßigere Ausleuchtung.

Generell besteht der Vorteil der LED-Beleuchtung im wesentlich geringeren Stromverbrauch gegenüber herkömmlichen Display-Beleuchtungen.

Noch einmal etwas anderes sind dagegen die LED-Bildschirme, welche LED zur Ansteuerung der Bildpunkte nutzen. Hier ist die Technologie aber noch in der frühen Entwicklung. Als Organic LED (OLED) werden solche Displays für Kameras oder Handys aber bereits eingesetzt.

4.3.2 CRT und LCD im Vergleich

Da der CRT vom Markt verschwindet, muss der LCD viele positive Eigenschaften mitbringen, welche die Verdrängung rechtfertigt. In der folgenden Tabelle sind die Vor- und Nachteile beider Technologien einander gegenübergestellt. Dabei ist schnell ersichtlich, dass neben den offensichtlichen Unterschieden in der Handlichkeit auch andere Kriterien zu dieser Veränderung geführt haben.

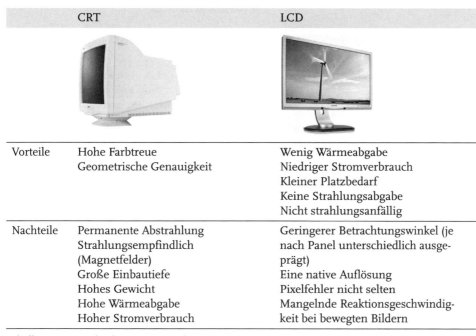

	CRT	LCD
Vorteile	Hohe Farbtreue Geometrische Genauigkeit	Wenig Wärmeabgabe Niedriger Stromverbrauch Kleiner Platzbedarf Keine Strahlungsabgabe Nicht strahlungsanfällig
Nachteile	Permanente Abstrahlung Strahlungsempfindlich (Magnetfelder) Große Einbautiefe Hohes Gewicht Hohe Wärmeabgabe Hoher Stromverbrauch	Geringerer Betrachtungswinkel (je nach Panel unterschiedlich ausgeprägt) Eine native Auflösung Pixelfehler nicht selten Mangelnde Reaktionsgeschwindigkeit bei bewegten Bildern

Tabelle 4.1: Vergleich von CRT und LCD

Das bedeuten die technischen Angaben eines Monitors am Beispiel eines 22"-LCD-Monitors:

Eigenschaft	Angabe	Erklärung
Bildschirm-dia-gonale	22 Zoll (56 cm)	1 Zoll = 2,54 cm
Auflösung	1.680 × 1.050 Pixel	Stellt 1.680 Pixel in der Breite und 1.050 Pixel in der Höhe dar.
Farbtiefe	24 Bit (16,7 Mio. Farben)	1 Bit = 2 Farben (schwarz/weiß) 8 Bit = 256 Möglichkeiten 16 Bit = 2^{16} = 65.536 24 Bit = 16,7 Mio.

Tabelle 4.2: Was die Bildschirmeigenschaften bedeuten

Eigenschaft	Angabe	Erklärung
Glare Screen	Nein	Mit einer speziellen Beschichtung wurde erreicht, dass die Oberfläche matt ist und nicht spiegelt.
Reaktionszeit	5 ms	Die Zeit, welche ein Bildpunkt benötigt, um seinen Zustand zu ändern. Je kürzer die Reaktionszeit, desto besser wechselt das Bild, ohne Schlieren zu ziehen.
Helligkeit	250cd/m^2	Candela pro Quadratmeter. Definition für die Leuchtkraft.
Kontrast dynamisch	25.000:1	Zur Errechnung des nativen Kontrastes werden der hellste und der dunkelste Bildpunkt gemessen. Durch das Verstärken und Absenken der Hintergrundbeleuchtung kann man den Kontrast weiter erhöhen (dynamisch). Wenn in dunklen Szenen die Hintergrundbeleuchtung fast ausgeschaltet ist, ergibt sich ein sehr großer Kontrastumfang, was bei bewegten Bildern hilfreich ist
Kontrast nativ	1000:1	

Tabelle 4.2:   Was die Bildschirmeigenschaften bedeuten (Forts.)

Bei jedem Monitor können Sie unabhängig von seiner Bauart verschiedene Einstellungen vornehmen. Dazu gehören der Kontrast, die Helligkeit und die Auflösung.

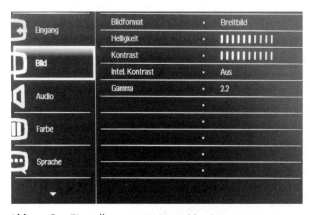

Abb. 4.16:   Einstellungen an einem Monitor

4.3.3 Native Auflösungen

Die Auflösung beschreibt, wie viele Pixel in der Breite und wie viele in der Höhe angezeigt werden. Dabei kommen unterschiedliche Bildformate zum Einsatz, vom klassischen Büromonitor (von der Röhre her stammend) der 4:3-Monitor, für Breitbild der 16:10 und für Multimedia und am Filmformat orientiert immer häufiger auch die 16:9-Bildschirme. Und wenn Sie sich jetzt fragen, was diese Zahlen bedeuten: Es zeigt an, in welchem Verhältnis sich die Bildschirmbreite zur Höhe befindet. Stark vereinfacht gesagt: ein Monitor im Verhältnis von 4:3 hat bei einer Seitenlänge von 36 cm eine Höhe von 27 cm. Auf einen grundsätzlich »gleich« großen Monitor von 19 Zoll Diagonale (Monitore werden häufig in Zoll angegeben, mal 2,54 = 48,25 cm) sieht dieses Spiel mit dem Verhältnis wie folgt aus:

Abb. 4.17: 19-Zoll-Monitore in unterschiedlichen Seitenverhältnissen

Ein LCD-Monitor kann im Unterschied zu einem CRT-Monitor genau *eine* Auflösung optimal anzeigen. Wird eine andere Auflösung als die native ausgewählt, muss der Monitor interpolieren, und das Bild wird unscharf dargestellt. Die native Auflösung eines LCD ist zugleich auch die höchste Auflösung, welche dargestellt werden kann. Typische Auflösungen für Monitor sind:

Verhältnis		4:3		16:10		16:9
	VGA	640 × 480	WVGA	720 × 400		
	SVGA	800 × 600	WSVGA	1024 × 600		
	XGA	1024 × 768	WXGA	1280 × 800	HD	1280 × 720
	SXGA+	1400 × 1050	WSXGA+	1680 × 1050	Full HD	1920 × 1080
	UXGA	1600 × 1200	WUXGA	1920 × 1200	4k	4000 × 2000

Tabelle 4.3: Seitenverhältnis und Auflösung

Bei kleinen Monitoren bedeutet eine hohe Auflösung, dass zwar mehr Bildpunkte angezeigt werden können als mit einer tiefen Auflösung, dafür werden die Bildpunkte selber wesentlich kleiner. Ein 17"-Monitor mit 1280 × 800 Punkten zeigt

daher die gleichen Informationen an wie ein 19"-Monitor mit der gleichen Auflösung, aber die einzelnen Icons und Schriften sind kleiner –für die einen willkommen, für die anderen schwierig zu lesen ... Insbesondere bei Notebook-Displays ist
daher eine hohe Auflösung nicht immer die beste Wahl.

4.3.4 Anschlüsse für Monitore

Die Grafikkarte in der folgenden Abbildung zeigt drei Anschlüsse für verschiedene externe Anzeigegeräte. Links sehen Sie den VGA-Anschluss, in der Mitte
einen HDMI-Ausgang und rechts einen DVI-Anschluss.

Der Vorteil von Grafikkarten mit mehreren Anschlüssen liegt neben der Kompatibilität mit möglichst vielen verschiedenen Endgeräten auch darin, mehrere
Displays anzusteuern. Sind mehrere Bildschirme angeschlossen, kann im Betriebssystem oder den Grafikkarteneinstellungen gewählt werden, wie die Anzeige erfolgen soll. Schließt man einen Beamer an ein Notebook an, wird das
Bild dupliziert. Möchte man mit zwei Monitoren arbeiten, schaltet man die
Bilderweiterung ein. So können zwei Programmfenster nebeneinander angezeigt werden.

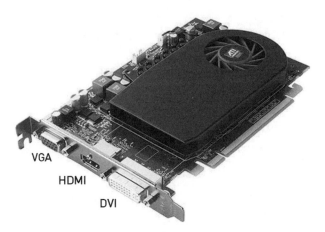

Abb. 4.18: Grafikkarte mit verschiedenen Anschlussmöglichkeiten

VGA

VGA (Video Graphics Array) überträgt die Daten analog von der Grafikkarte zum
Endgerät. Die Standardauflösung, die sich ebenfalls VGA nennt, beträgt
640 × 480 Pixel. Die blauen VGA-Verbindungsstecker besitzen 15 Pins. Aufgrund
der analogen Signalübertragung ist dieser Anschluss heute nur noch zweite Wahl,
vor allem bei Auflösungen über 1280 × 1024 Punkten. Es ist aber der einzige
Anschluss, der noch immer in Betrieb ist, wenn es um Röhrenbildschirme geht.

DVI

DVI (Digital Visual Interface) ist eine serielle Schnittstelle zur Videodatenübertragung. Dabei kann sie je nach Standard analoge, digitale oder auch gleichzeitig digitale und analoge Bilddaten übertragen. Mit DVI-A werden lediglich analoge Daten übertragen (seltene Bauart), DVI-D überträgt nur digitale Daten, und am meisten verbreitet ist DVI-I, der sowohl analog als auch digital überträgt.

Abhängig von der benötigten Bandbreite gibt es Single Link- und Dual Link-Stecker. Single Link ist dabei für Auflösungen bis etwa 1920 × 1200 geeignet (bei 60 Hz). Darüber hinaus wird ein Dual Link-Anschluss benötigt.

Am häufigsten treffen Sie auf den Standard DVI-I mit entweder 18+5 oder 24+5 Anschlüssen (Single/Dual). DVI-D-Kabel besitzen demgegenüber nur 18+1 respektive 24+1 Anschlüsse.

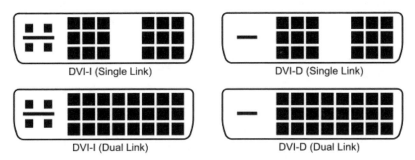

Abb. 4.19: DVI-I- und DVI-D-Anschlüsse (Quelle: Wikipedia)

DisplayPort

Der DisplayPort ist eine von der VESA genormte Schnittstelle für die Übertragung von Video- und Audiodaten und wird VGA und DVI möglicherweise ablösen. Er ist weder zu HDMI noch zu DVI direkt kompatibel. Die aktuelle Version ist DisplayPort 1.2 und konkurriert direkt mit dem HDMI-Anschluss.

HDMI

Das High Definition Multimedia Interface (HDMI) überträgt Bild- und Tondaten gleichzeitig und wurde zuerst in der Unterhaltungselektronik eingeführt. Ein weiterer Vorteil neben der Übertragung von Bild und Ton ist die Kabellänge, die bis 15 m betragen kann. HDMI ist abwärtskompatibel zu DVI-D. Das heißt, Sie können ein Kabel einsetzen mit einem DVI-Stecker auf der einen Seite und einem HDMI-Adapter auf der anderen Seite. Das Bild (nur das Bild) wird dann trotzdem einwandfrei an einer DVI-Schnittstelle angezeigt.

HDMI wird jeweils den aktuellen Bild- und Tonstandards entsprechend weiterentwickelt, HDMI 1.0 oder 1.1 bieten daher nicht die gleichen Möglichkeiten wie HDM 1.2 oder jetzt HDMI 1.3. Das betrifft beispielsweise die Farbtiefe, die seit HDMI 1.3 bis 48 Bit betragen kann, bis HDMI 1.2 waren es nur 24 Bit. Auch die Tonqualität hat sich geändert: So überträgt HDMI 1.3 auch Dolby Digital Plus oder True Dolby HD mit bis zu acht Tonkanälen. Achten Sie also darauf, welchen Standard Controller und Geräte jeweils aufweisen.

Der aktuellste Standard ist übrigens HDMI 1.4a, der auch 4k überträgt, dem Nachfolger von Full HD mit einer Auflösung von 4096 × 2216 Bildpunkten sowie 3D-Fernsehen.

S-Video

Separate-Video (S-Video) wird häufig für Videorekorder oder DVD-Abspielgeräte als Anschluss verwendet und wird auch bei Videokarten in PCs eingesetzt. Dabei handelt es sich um einen 4-poligen Mini-DIN-Stecker. Farben und Helligkeit werden bei diesem Verfahren separat übertragen. In Europa ist S-Video aufgrund der SCART-Anschlüsse (RGB-Übertragung) für Videogeräte nicht so verbreitet wie in den USA oder Japan.

HDCP

High-Bandwidth Digital Content Protection (HDCP) ist kein Anschluss, sondern ein Verschlüsselungsverfahren zur Signalübertragung, sprich ein Kopierschutz. Mit diesem Schutz soll das Auslesen von Video- und Audiomaterial zwischen Sender und Empfänger verhindert werden. Falls also das abspielende Gerät (z.B. ein DVD-Player) HDCP anfordert, muss auch der Empfänger (Monitor, TV) dies unterstützen, um das einwandfreie Abspielen des Signals zu gewährleisten. Entwickelt wurde dieser Standard von Intel.

4.3.5 TCO und TÜV

Sowohl Flachbildschirme als auch Röhrenmonitore sollten immer eine gleichmäßige Helligkeitsverteilung über den gesamten Schirm besitzen, sonst sieht das Bild fleckig oder verwaschen aus.

Das Gros der heute erhältlichen Monitore (LCD und CRT) weist Prüfzeichen wie MPR, TCO, Nutek, Energy Star, TÜV usw. auf. Für diese Zertifizierungen werden die Bildschirme auf maximale Emissionen von elektromagnetischen und -statischen Feldern überprüft, auf die Unterstützung von Energiesparschaltungen getestet sowie definierte Ergonomie- und Umweltschutzkriterien abgefragt.

TFT-Displays spielen bei der Strahlungsemission einen ihrer Trümpfe aus: Da sie ohne magnetische Ablenkeinheiten auskommen (die Bildpunkte werden von

Transistoren angesteuert), sind sie gegen magnetische Einflüsse aus der Umwelt resistent.

Röhrenmonitore haben prinzipielle Probleme mit verzerrungsfreien, scharfen Abbildungen in den Bildschirmecken. Deshalb sollte man Einfluss auf Geometrie, Konvergenz und Schärfe nehmen können. Wie gut sich ein CRT hier verhält, kann man anhand eines einzigen Testbildes relativ schnell erkennen.

4.3.6 Grafikkarten

Ein wichtiger Bestandteil einer raschen und qualitativ hochwertigen Bilddarstellung ist die Grafikkarte.

Die Grafikkarte erledigt zwei Funktionen: Sie rechnet das digitale Grafiksignal des PC in ein analoges Signal für den Monitor um (bei VGA-Anschluss) und stellt die Farbauflösung für Anwendungen zur Verfügung. Zudem besitzt die Grafikkarte einen leistungsfähigen Prozessor, um Bewegungen, Filme oder 3D-Effekte zu berechnen und darzustellen. Hier liegen dann auch die großen Preisunterschiede von verschiedenen Grafikkarten, je nachdem welchen Prozessor und wie viel Arbeitsspeicher für die Berechnung (Video RAM, VRAM) die Grafikkarte zur Verfügung hat.

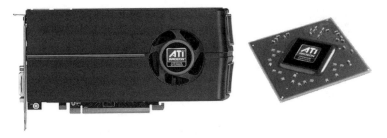

Abb. 4.20: AMD ATI Radeon HD-Grafikkarte und ein HD 4830-Grafikchip

Office-PCs und viele Notebooks verwenden im Übrigen keine eigenständige Grafikkarte, sondern nutzen die Grafikchips, welche mit den aktuellen Prozessoren verbaut sind, namentlich Intel Core i3/i5 und AMD Fusion. Das nennt sich dann »OnBoard-Grafik«. Außer für komplexe Spiele sind diese Grafikleistungen heute meist mehr als nur ausreichend.

Heutige Betriebssysteme kennen die Möglichkeit, die verschiedenen Auflösungsmodi auszunutzen, welche durch die Grafikkarten bereitgestellt werden. Doch je höher die Anforderungen an die Auflösung der Darstellung werden, desto höher wird auch der Bedarf an Grafikspeicher.

	Auflösung:	1024 × 768	1280 × 1024	1600 × 1200	1920 × 1200
256 Farben	Mindest-größe	1 MByte	2 MByte	2 MByte	4 MByte
TrueColor	Mindest-größe	4 MByte	4 MByte	8 MByte	8 MByte

Tabelle 4.4: Auflösung und Speicherbedarf

4.4 Web- und Digitalkameras

Webcams sind eine relativ junge Erscheinung. Es handelt sich um Kameras, welche direkt an den PC angeschlossen werden können. Bei Notebooks sind sie oft auch bereits fest am oberen Rand des Displays eingebaut.

Webcams werden meist zur Aufzeichnung von Personen eingesetzt. Das kann für Videotelefonie sein oder auch zur Überwachung von Räumen. Webcams für die Überwachung werden meistens mittels Netzwerkanschluss eingebunden, die PC-Webcams für die Videotelefonie meist über USB.

Abb. 4.21: Unterschiedliche Modelle von Webcams

Die Digitalkameras wiederum sind eine ganz andere Angelegenheit. Sie werden dazu eingesetzt, Bilder (und heute auch Filme) aufzunehmen. Der Computer ist danach lediglich das Instrument, mit dem man die Bilder bearbeiten kann, sie auf Internetseiten hochladen oder für ein digitales Fotobuch verwenden kann.

Abb. 4.22: Von links: Kompaktkamera, Bridgekamera, digitale Spiegelreflexkamera

Digitalkameras gibt es in allen möglichen Ausführungen. Die Kameras für unterwegs nennen sich Kompaktkameras, sie verfügen über ein leichtes Gewicht und dafür meist über weniger Objektivbrennweite.

Die Bridgekameras sind dann doch etwas größer. Sie verfügen über deutlich größere Objektbrennweiten, sind aber auch größer. Aber sie haben keine Wechseloptik. Das ist den digitalen Spiegelreflexkameras vorbehalten (DSLR). Diese Kameraklasse gibt es bereits für wenige Hundert Euro für den Einsteiger und Hobbyfotografen. Genauso gut kann eine DSLR aber auch mehrere Tausend Euro kosten und wird dann von Fotografen oder Reportern eingesetzt.

4.5 Audiosysteme

Die meisten Computer verfügen über einen Audioausgang. An diesem können Sie Lautsprecher oder Kopfhörer, aber auch Mikrofon oder musikalische Abspielgeräte anschließen, etwa einen MP3-Player.

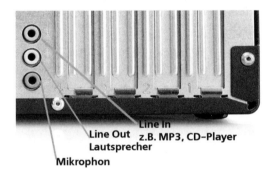

Abb. 4.23: Audioanschlüsse an einem PC

4.5.1 Videoschnitt- und Soundkarten

Videoschnittkarten sind leistungsfähige Grafikkarten, die für Videoschnitt optimiert sind: Sie enthalten neben mehreren verschiedenen Videoanschlüssen auch Audioanschlussmöglichkeiten. Die Karten sind für den Import und Export von analogen und digitalen Videodaten mit Ton optimiert.

Die Soundkarte (auch Audiokarte genannt) verarbeitet analoge und digitale Audiosignale vom und zum Rechner. Um Töne und Musik zu hören, wurde ab den 1990er-Jahren mit Aufkommen des CD-ROM-Laufwerks (und daher der Möglichkeit, Audio-CDs über den Computer abzuspielen) die Soundfähigkeit direkt auf der Platine verbaut. Dies war jedoch meist auf analoge Audiosignale (AC 97) beschränkt. Um digitale Audioein- und -ausgänge zu erhalten, kommt man nicht an einer internen oder externen Soundkarte vorbei. Diese kann direkt im Computer verbaut (PCI-Anschlüsse) oder über USB, PCMCIA, ExpressCard oder teilweise auch FireWire angehängt werden. Rechner neueren Datums haben oft auch direkt einen HDMI-Port verbaut, der neben den Videosignalen (siehe Abschnitt 8.6) zusätzlich digitale Audiosignale vom Computer an ein externes Gerät leitet (TV, Projektor/Beamer, Home Cinema, Multimediageräte etc.), das einen entsprechenden Eingang und Audiowiedergabe unterstützt. Zudem ermöglichen diese Karten den Einsatz eines Tuners.

Integrierte Audiokarten werden meistens vom Betriebssystem erkannt und eingebunden. Bei externen Geräten müssen die benötigten Treiber gegebenenfalls separat installiert werden.

4.6 Exkurs: Die Sache mit den Schnittstellen

Interne und externe Geräte werden über Kabel und Stecker angeschlossen. Dazu gibt es unterschiedliche Anschlüsse und Kabel, aber jedes Kabel passt nur zu seinem eigenen Anschluss, der dafür passenden Schnittstelle. Bevor wir uns dem Ausbau »von außen« widmen, möchte ich Sie zuerst mit den gebräuchlichsten Systemen, die es dazu gibt, vertraut machen.

Am bekanntesten sind in diesem Bereich die folgenden Schnittstellendefinitionen:

- SATA und eSATA
- SCSI
- PC Card und CardExpress
- USB
- FireWire IEEE1394
- Parallele und serielle Schnittstelle

4.6.1 SATA und eSATA

Den Begriff SATA haben wir in Zusammenhang mit den Festplatten in diesem Kapitel auch schon erwähnt. Er ist die Weiterentwicklung des alten ATA- oder EIDE-Standards, der bereits Ende 1980er-Jahre für den Anschluss von Festplatten und später auch CD-Laufwerken eingesetzt wurde.

SATA bedeutet denn auch Serial ATA (Advanced Technology Attachment), und jeder SATA-Anschluss kann für sich ein einzelnes Gerät ansteuern.

Nebst der deutlich höheren Geschwindigkeit brachte SATA vor allem kleinere Stekker und dünnere Kabel. Das ist gut für die Luftzirkulation im PC und hilft gegen Wärmestau.

EIDE auch PATA genannt

SATA

Abb. 4.24: Der neue SATA-Anschluss im Vergleich zum alten PATA-Kabel

Von SATA gibt es mittlerweile drei Versionen, umgangssprachlich als SATA-I, SATA-II und SATA-III bezeichnet. Die korrekten Bezeichnungen gemäß SATA-Gremium lauten jedoch wie folgt:

Generation	Bezeichnung	Geschwindigkeit
SATA 1,5 Gbit/s	SATA Revision 1	150 MBytes/s pro Richtung
SATA 3 Gbit/s	SATA Revision 2	3,0 Gbit/s pro Richtung
SATA 6 Gbit/s	SATA Revision 3	6,0 Gbit/s pro Richtung

Tabelle 4.5: SATA-Generationen

Der neueste SATA 6 Gbit/s-Standard kommt hauptsächlich den SSD-Platten zugute, da diese von den höheren Durchsatzraten vollumfänglich profitieren können. Herkömmliche Festplatten werden diese Geschwindigkeit dagegen kaum nutzen können, da sie mechanisch nicht schnell sind.

Die maximale Kabellänge bei diesem Standard beträgt 1m. SATA unterstützt Geräte wie z.B. Festplatten, CD-ROM, DVD usw.

Abb. 4.25: Vier SATA-Anschlüsse auf einem Mainboard

Die Stecker sind so gebaut, dass keine Falschpolung möglich ist. Die anzuschließenden Geräte können im eingeschalteten Zustand des Rechners angeschlossen und installiert werden (Hot Plug).

eSATA

SATA wurde zuerst nur für interne Geräte entwickelt. Daher verfügen die Kabel und Stecker nicht über die notwendige Abschirmung gegen elektromagnetische Störungen und auch nicht über die nötigen mechanischen Eigenschaften für den Betrieb außerhalb eines (abgeschirmten) Gehäuses. Um externe Geräte wie beispielsweise Festplatten über SATA anschließen zu können, wurde daher zusammen mit SATA 3 Gbit/s im Jahre 2005 auch eSATA verabschiedet, der einen Anschluss über eSATA-Kabel und Adapter erlaubt.

eSATA spezifiziert abgeschirmte Kabel mit maximal zwei Metern Länge und neue Stecker und Buchsen mit folgenden Eigenschaften:

■ Eigene Stecker und Buchsen, welche nicht mit internen Steckern und Buchsen verwechselt werden können (keine L-Form)

■ Erhöhte Robustheit für häufiges Ein- und Ausstecken

■ Gefederte Anschlüsse, die ein versehentliches Abziehen verhindern sollen

Eine Stromversorgung des externen Geräts über das eSATA-Kabel ist jedoch nicht möglich. Dies bedeutet beispielsweise, dass keine Kleingeräte wie USB-Sticks über eSATA eingesetzt werden können. Eine Entwicklung, welche zurzeit im Gang ist und dieses Problem beheben soll, nennt sich eSATAp, Power-over-eSATA. Die Standardisierung ist aber noch nicht abgeschlossen.

4.6.2 SCSI

Das Small Computer System Interface (SCSI) wurde ursprünglich für Workstations und IBM-Großrechner entwickelt. Die SCSI-Schnittstelle ist eine Geräteschnittstelle, an welcher sich verschiedene Endgeräte wie Bandlaufwerke oder Festplatten an einem sogenannten Hostadapter betreiben lassen. Die Laufwerke werden über den SCSI-Bus verbunden und durch den Hostadapter gesteuert. Sie können diesen Standard immer noch antreffen, er befindet sich aber sehr stark im Rückzug, weil andere Schnittstellen schneller und einfach in der Einrichtung sind.

SCSI beruht auf einem parallelen Bussystem, d.h. alle Geräte sind durch einen 50- bzw. 68-poligen parallelen Leitungsstrang verbunden. Dieser Strang hat zwei Enden, die jeweils mit einem Abschlusswiderstand (Terminator) versehen werden müssen. Da sich die Standards sukzessive weiterentwickelt haben, gibt es für diesen Bus unterschiedliche Kabel und Stecker.

SCSI hat in Bezug auf die Gesamtlänge der Kabel sehr strenge Regeln. Ein Fast-oder Wide-SCSI-Bus darf maximal drei Meter lang sein, Ultra-SCSI erlaubt ebenfalls drei Meter, solange nicht mehr als vier Geräte angeschlossen sind. Hängen mehr ein Hostadapter und vier Geräte am Bus, so muss man sich mit 1,5 Metern begnügen.

Prinzipiell ist es daher immer sinnvoll, die Kabel so kurz wie möglich zu halten, wobei sich die Gesamtlänge stets aus der Summe aller internen und externen Kabel ergibt. Allerdings darf man dabei nicht den Mindestabstand von 10 cm zwischen zwei SCSI-Geräten unterschreiten (also den Abstand zwischen zwei Steckern auf dem Kabel), weil dann auch wieder Störungen drohen.

Abhängig vom Standard gibt es verschiedene interne und externe Stecker für SCSI-Geräte. Bevor Sie also ein Gerät an das Kabel anschließen müssen, überprüfen Sie die Steckverbindung

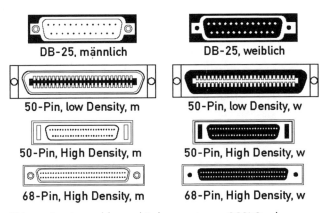

Abb. 4.26: Auswahl verschiedener externer SCSI-Stecker

Die beiden physikalischen Enden des Busses sind zu terminieren, und das sind die Enden des *Kabels*. Der Bus endet folglich nicht am letzten Stecker, an dem ein Gerät angeschlossen wurde, sondern am letzten Stecker des Kabels. Kann man aus einem Grund dort kein Gerät anschließen, so muss man dennoch dieses Ende terminieren – etwa mit einem aufsteckbaren Terminator. Denn bereits wenige Zentimeter Kabel, die hinter der SCSI-Festplatte oder dem Bandlaufwerk lose herumhängen, sorgen für Reflexionen, die den SCSI-Bus lähmen.

In einer typischen SCSI-Konfiguration bildet der Hostadapter das eine Ende des SCSI-Busses, am anderen sitzt idealerweise ein Gerät mit aktiver Terminierung. Die Terminierung an allen dazwischenliegenden Geräten muss man per Jumper oder durch Entfernen der Widerstandsklammern abschalten. Sind neben internen auch externe Geräte angeschlossen, so sitzt der Hostadapter in der Mitte und darf den Bus folglich nicht mehr terminieren. Diese Aufgabe übernimmt jetzt das externe Gerät.

Ältere externe SCSI-Geräte verfügen über zwei SCSI-Buchsen am Gehäuse: Die eine dient zur Verbindung mit dem Hostadapter, über die andere kann mittels eines weiteren Kabels das nächste externe Gerät angeschlossen werden (dabei sollte man möglichst kurze Kabel verwenden, denn jedes einzelne Kabel geht in die Gesamtlänge des Busses ein).

Moderne Geräte und Adapter erkennen heute automatisch, ob ihre Terminierung benötigt wird oder nicht, und stellen sie entsprechend ein.

SCSI kann je nach Schnittstellenstandard 4, 8 oder 16 Geräte ansteuern. Um jedes Gerät gezielt ansprechen zu können, gibt es die sogenannte SCSI-ID. Dabei wird auf dem Gerät selber die ID definiert, damit der Hostadapter es eindeutig adressieren kann. Im Folgenden finden Sie deshalb eine kleine Tabelle mit den wichtigsten Standards und der Anzahl unterstützter Geräte:

Standard	Geräte	Standard	Geräte
SCSI 1	8		
SCSI 2	8	Wide SCSI2	16
SCSI 3 (Ultra SCSI)	8	Ultra Wide SCSI	16

Tabelle 4.6: SCSI-Standards

Die Zählung der ID beginnt bei 0, also entweder von 0 bis 7 oder von 0 bis 15. Diese Zählung ist durch die Busbreite von 8 respektive 16 Bit bedingt. Spätere Entwicklungen lassen bis ID31 zu, entsprechend dem verwendeten 32-Bit-Bus.

Der Hostadapter beginnt beim Initialisieren mit der Gerätesuche immer zuunterst, also bei ID 0. Entsprechend werden z.B. bootfähige Datenträger, etwa die Festplatte mit dem Betriebssystem, mit der ID 0 eingestellt. Der Hostadapter selber hat standardmäßig die ID 7, welche als ID mit der höchsten Priorität implementiert ist. Dies ist wichtig, damit bei mehreren zeitgleichen Anfragen entschieden werden kann, welches Gerät an der Reihe ist – und zuerst ist dies immer der Controller!

Für die korrekte, also konfliktfreie ID-Zuordnung war lange Zeit in der Regel der Anwender zuständig; er musste dafür Sorge tragen, dass nicht zwei (oder noch mehr) Geräte dieselbe ID benutzen. Je nach Gerät geschieht das per Software oder im BIOS (etwa beim Hostadapter), per Jumper oder per DIP- bzw. Dreheinsteller (bei externen Geräten).

4.6.3 Wachablösung: SAS

So wie EIDE durch SATA abgelöst worden ist, wurde auch SCSI durch einen seriellen Nachfolger ersetzt. Hier nennt er sich Serial Attached SCSI (SAS).

SAS geht von ähnlichen Überlegungen aus wie SATA. Mit der Serialisierung der parallelen SCSI-Datenübertragung können höhere Datenübertragungskapazitäten erreicht werden. Allerdings gelten SAS-Platten als höherwertiger als SATA-Platten. Von daher werden SATA-Platten eher in PC-Systemen oder Speicher-Arrays eingesetzt, SAS-Platten eher in Mid- und High-End-Workstations und -Servern.

4.6.4 PCMCIA, PC Card und ExpressCard

Die Begriffe PCMCIA, PC Card und ExpressCard beschreiben Standards für Erweiterungskarten für mobile Computer. Derzeit werden Modems, Netzwerkkarten und andere Anwendungen mit diesen Karten realisiert.

Die erste Generation dieser Karten hieß denn PCMCIA-Karte, die nächste Generation wurde als PC Card bekannt. Der PCMCIA-Standard hat bis heute drei konkrete Standardgruppen verabschiedet:

PCMCIA-Card: 8- und 16-Bit-Datenbus, entsprechend ISA-Steckkarten. Sie können mit 5 Volt oder mit 3,3 Volt betrieben werden.

Cardbus: 32-Bit-Datenbus. Gegenüber der PCMCIA-Card-16 besitzen sie einen zusätzlichen, meist goldenen Kontaktstreifen auf der Oberseite. Das Protokoll von Cardbus-Karten ist an PCI angelehnt, das gilt auch für deren Übertragungsrate von rund 132 MBytes/s. Sie werden mit 3,3 Volt betrieben.

CardBay: Erweiterung von 2001, nicht mehr umgesetzt wegen der Konkurrenz durch ExpressCard, ein Standard desselben Gremiums. ExpressCard ist aber kein PCMCIA-Standard mehr in dieser Aufzählung, sondern eine eigenständige Standardfamilie, was sich auch dadurch zeigt, dass ExpressCard ein offener Standard ist.

Alle PCMCIA-Standards sowie der ExpressCard-Standard arbeiten stromsparend und unterstützen Plug & Play, sind also im laufenden Betrieb wechselbar. Es gibt drei verschiedene Typen (TYP I, TYP II und TYP III), die sich im Wesentlichen durch ihre Höhe unterscheiden. Alle Typen haben eine Grundfläche im Scheckkartenformat und sind damit sehr kompakt und leicht zu transportieren. Typ III war vor allem für mobile Festplatten vorgesehen und wurde aufgrund seiner Bauhöhe nur noch selten in Notebooks eingebaut.

Der untenstehende Vergleich zeigt Ihnen links eine CardBus PC Card und rechts die neueren ExpressCard-Modelle.

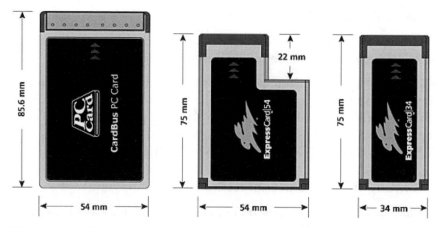

Abb. 4.27: Die alten und neuen Steckkarten (Quelle: © ExpressCard Org)

Parameter	CardBus	ExpressCard
Schnittstelle	68 Pins	34 oder 54 Pins
Takt maximal	synchron: 33 MHz	asynchron: 2.5 GHz
Datenbandbreite	132 Mbyte/s	ca. 500 MB/s
Datenbusbreite	32 Bit	64 Bit
Spannung	3,3 V	3,3/1,5 V

Tabelle 4.7: PCMCIA-Standards

4.6.5 USB

USB steht als Abkürzung für Universal Serial Bus. Dieser Standard wurde entwickelt, um den Anschluss von Peripheriegeräten an einen PC zu vereinfachen. Als Ersatz für serielle, parallele und ähnliche Schnittstellen soll er Geräten wie Mäusen, Tastaturen, Scannern und Druckern zur Datenübertragung dienen. Es gibt ihn mittlerweile in verschiedenen Definitionen von USB 1.0 über Hi-Speed-USB und Wireless-USB bis hin zu USB 3.0.

Abb. 4.28: Die unterschiedlichen offiziellen USB-Logos für die verschiedenen Standards

USB 1.0 hatte eine Grundgeschwindigkeit von 12 Mbps und 1,5 Mbps. USB 1.1 korrigierte einige Fehler aus USB 1.0, änderte aber nicht die Geschwindigkeiten. Erst USB 2.0 brachte dann mit der zusätzlichen Geschwindigkeit von 480 Mbps mehr

Tempo, daher auch der Ausdruck Hi-Speed. Mit dem neuen USB 3.0-Standard wird diese Grenze nun erneut erhöht, und zwar auf 5 Gbps.

Die Identifikation jedes Geräts geschieht automatisch durch den USB-Hostadapter. Er ist auch für die Grundkonfiguration des USB-Geräts verantwortlich.

Der USB-Basistreiber informiert das Betriebssystem über neu hinzugekommene Geräte und veranlasst das Laden gerätespezifischer Treiber. In der Regel wird der Anwender damit nicht behelligt. Windows sowie MacOS sind prinzipiell in der Lage, eingesteckte Geräte zu erkennen, direkt den passenden Treiber zu installieren und die Geräte dann ohne Neustart in Betrieb zu nehmen (Plug & Play). Die Geräte können also im laufenden Betrieb eingesteckt und abgezogen werden.

Auch kennt USB keine besonderen Einstellungen, für die der Anwender zuständig ist. Dieser muss also weder selbst – wie etwa bei SCSI – Geräte-IDs vergeben oder für korrekte Terminierung sorgen noch muss er sich mit Master-Slave-Jumpern wie bei PATA-Platten herumärgern. Ebenso wenig muss er sich selbst um Protokoll- oder Handshake-Einstellungen wie bei der seriellen Schnittstelle kümmern.

Ein USB-Hostadapter kann bis zu 127 Geräte ansteuern, deren Datenaufkommen zwischen wenigen KBit/s und 5 Gbps (USB 3.0) betragen kann. Jedes Gerät kann entweder nur eine oder aber mehrere Funktionen besitzen; eine Tastatur mit integriertem Hub etwa ermöglicht den Anschluss eines weiteren USB-Geräts, dessen Kabel dann mit dem zusätzlichen Anschluss in der Tastatur verbunden wird.

Das Anschlusskabel darf dabei nicht länger als fünf Meter sein. Beim USB wird eine Spannungsdifferenz von etwa einem Volt zur Signaldarstellung verwendet. Daher reagiert USB entsprechend sensibel bei zu langen Kabeln, weil die Differenz durch Dämpfung zu klein wird, um das Signal zu interpretieren. Das kann sich in Verbindungsunterbrüchen äußern oder z.B. darin, dass ein USB-Drucker nur manchmal ausdruckt und dann wieder als offline gemeldet wird.

Wenn mehrere Geräte angeschlossen werden, kann dies dann über Hubs erfolgen. Allerdings können maximal 5 Hubs angeschlossen werden, und somit kann die gesamte Kabellänge 30 Meter nicht übersteigen.

USB 1.1 ist längst veraltet. Aktuell werden mehr oder weniger nur noch Geräte nach dem Standard 2.0 verkauft, wobei die Datenrate auf bis zu 480 MBit/s gesteigert worden ist. Achten Sie insbesondere beim Kauf von Hubs oder Kabeln darauf, ob diese wirklich USB 2.0 Hi-Speed-tauglich sind oder nicht. Viele Hersteller begnügen sich mit der Angabe »USB 2.0-kompatibel«, dies bedeutet aber lediglich, dass moderne Geräte angeschlossen werden können, nicht aber, dass sie mit der verfügbaren Geschwindigkeit von 480 MBit/s betrieben werden können. Der Unterschied bei den Kabeln liegt darin begründet, dass USB 2.0-Kabel eine zusätzliche Schirmung benötigen, um den Datentransfer bewältigen zu können. Hi-Speed-Geräte benötigen in der Regel ein geschirmtes Kabel, Low-Speed-Geräte ein ungeschirmtes und verdrilltes. Ältere USB 1.x-Kabel haben diese Schirmung nicht. Sie können diese zwar ebenso an USB 2.0-Geräten verwenden, erreichen aber aufgrund der elektrischen Eigenschaften nicht den gleich guten Datendurchsatz.

Im Jahre 2010 wurde auch USB 2.0 zu einem historischen Standard. Seither ist USB 3.0 der aktuellste, wenn auch erst im Jahre 2012 wirklich in den Mainboards verbaute Standard. USB 3.0 ist zu Version 2.0 kompatibel. Das heißt, wer USB 3.0-Geräte baut, muss die Spezifikationen für USB 2.0 ebenfalls alle einhalten. Dabei war den Entwicklern wichtig, dass die bisherige USB-Infrastruktur weiter genutzt werden kann. Zugleich werden aber die Geschwindigkeiten bis 5 Gbps erhöht, der Stromverbrauch intelligenter verwaltet und zusätzliche Leitungen für USB-Superspeed zur Verfügung gestellt.

Der Superspeed-Bus ist als paralleler Bus neben dem Hi-Speed-Bus angelegt. Ein USB 3.0-Gerät verfügt also über einen Controller, der die Kommunikation sowohl mit Superspeed (5 Gbps) als auch mit Hi-Speed (480 Mbps), Full Speed (12 Mbps) und Low Speed (1,5 Mbps) ermöglicht.

Die Interoperationalität geht sogar so weit, dass nicht nur USB 2.0-Geräte an USB 3.0-Controllern betrieben werden können (abwärtskompatibel), sondern auch USB 3.0-Geräte im Hi-Speed-Modus an USB 2.0-Controllern (aufwärtskompatibel). Dies etwa im Unterschied zu den unterschiedlichen FireWire-Standards.

USB 3.0-Kabel verfügen über acht Leitungen, drei verdrillte Adernpaare zur Datenübertragung sowie ein unverdrilltes Kabelpaar für die Stromversorgung. Zusätzlich zum Kabelpaar bei USB 2.0 für Datenübertragung kommen also je ein Paar für das Senden und das Empfangen von Daten dazu.

USB verwendet sogenannte A-Stecker für die meisten Geräte, B-Stecker für Drucker und Scanner, und Digitalkameras sind zumeist mit einem Mini-USB-Stecker ausgerüstet. Während die A-Stecker in beide Richtungen kompatibel sind, sind USB 3.0-B-Stecker nicht abwärtskompatibel zu USB 2.0-Upstream-Anschluss-buchsen. USB 3.0-Kabel und Stecker können Sie an einer blauen Einfassung erkennen. Auch bei Mainboard-Anschlüssen werden die USB 2.0- von den USB 3.0-Steckern so farblich unterschieden.

USB 2.0
A-Stecker   B-Stecker

USB 3.0
A-Stecker   B-Stecker

Abb. 4.29:   USB 2.0- und USB 3.0-Anschlusskabel

4.6.6 FireWire

FireWire ist eine von Apple eingeführte Bezeichnung für eine serielle Schnittstelle nach dem IEEE 1394-Standard.

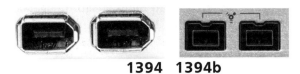

1394 1394b

Abb. 4.30: Links zwei 1394-Anschlussbuchsen (auch 1394a), rechts zwei für 1394b

Diese Schnittstelle wurde geschaffen, um den Anschluss von Geräten, die eine große Datenübertragungsrate benötigen, an ein Computersystem zu vereinfachen. Im Gegensatz zu SCSI, das bis dahin für den Anschluss entsprechender externer Geräte verwendet wird und Kabel mit teilweise mehr als 100 Einzeladern benötigt, bot FireWire schon zu Beginn mit nur 4 Datenleitungen Datenübertragungsraten von 100 bis maximal 400 MBit/s. Bei Bündelung zweier Anschlüsse (1394b) können maximal 800 MBit/s erreicht werden. An jedem Anschluss können mehrere Geräte betrieben werden, die an einem Strang hintereinander hängen (sogenannte Daisy Chain). Auch die Kabellänge ist großzügig bemessen: Zwischen den einzelnen Geräten darf das Kabel bis zu 4,5 m lang sein, insgesamt also bis zu 72 m. Theoretisch können 63*1024 Geräte betrieben werden, mit den gegenwärtigen Spezifikationen sind es aber maximal 63 Geräte. Apple nennt die entsprechenden Anschlüsse FW-400 und FW-800 entsprechend ihrer maximalen Datenübertragungsgeschwindigkeit. Geräte dürfen im laufenden Betrieb angesteckt und abgezogen werden (Hot Plugging), weitere Einstellungen sind nicht erforderlich (Plug & Play).

Derzeit wird FireWire vor allem für digitalen Videoschnitt verwendet, da viele Camcorder (Videokameras) bereits serienmäßig mit einer entsprechenden Schnittstelle ausgestattet sind (bei Sony mit i.link bezeichnet), aber in zunehmendem Maße werden auch Festplatten sowie DVD-Laufwerke für externen Betrieb mit dieser Schnittstelle ausgestattet.

Seit einiger Zeit steht die neue FireWire-Spezifikation 1394-2008 (Gigabit 1394) zur Verfügung. 1394-2008 beschreibt alle bisherigen FireWire-Standards und bietet in der Ausführung »S3200« Datenraten von bis zu 3,2 GBit/s halbduplex und eine maximale Leitungslänge von bis zu 100 Metern bei optischer Übertragung. Der neue 1394-Standard arbeitet mit den gleichen Steckverbindern wie FireWire 800.

4.6.7 Die Klassiker: parallele und serielle Schnittstelle

Die parallele Schnittstelle überträgt die Daten parallel, und zwar auf 8 verschiedenen Leitungen 8 Bit gleichzeitig. Mit einer kleinen zeitlichen Versetzung erfolgt dann die Übertragung der nächsten 8 Bit. Da die 8 Bit bei der Übertragung in den Kabeln auf unterschiedlichen Widerstand stoßen, treffen die 8 zusammengehörenden Bit unterschiedlich schnell beim Empfänger ein. Damit nicht plötzlich ein Datenwirrwarr auftreten kann, ist deshalb die Länge der parallelen Datenübertragung begrenzt.

Die Norm IEEE 1284 regelt die Verdrahtung, die Stecker und die verwendeten Protokolle für paralleles Drucken. Die Firma Centronics definierte diese Schnittstellen für Drucker vor mehr als 30 Jahren.

Das Centronics-Kabel weist druckerseitig einen Stecker mit 36 Kontakten auf, PC-seitig 25 Stifte. 18 Adern dienen als Masseleitungen, um eine gute Abschirmung zu erreichen. Für die Datenübertragung werden die anderen 18 Adern benötigt.

Bei Verwendung von sogenannten AB-Kabeln (mit D-Sub-25- und Centronics-Stekkern) ist die Länge gemäß Standard IEEE 1284 auf 6 Meter begrenzt, bei Verwendung der neueren CC-Kabel (mit Mini-Centronics-Anschlüssen) ist die Länge auf 10 Meter begrenzt.

Abb. 4.31: A-Connector: D-Sub 25 Pin (w), B-Connector: 36 Pin Centronics (m)

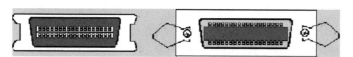

Abb. 4.32: C-Connector 36 Pin Mini Centronics (m, w)

Bei der seriellen Datenübertragung werden die Daten bitweise übertragen. Dazu werden die einzelnen Datenbytes in Datenbits zerlegt und die notwendigen Start-, Stopp- und Paritätsbits angefügt. Vereinfacht erläutert erfolgt die effektive Datenübertragung über lediglich zwei Adern. Der Nachteil der seriellen Datenübertragung liegt in der wesentlich niedrigeren Übertragungsrate als die parallele Übertragung. Dafür ist man mit der Übertragungsdistanz nicht so eng begrenzt wie bei der parallelen Datenübertragung. Die Übertragungsdistanz beträgt bis zu 50 Meter. Die serielle Schnittstelle weist 9 oder 25 Pins auf. Der seriellen Schnittstelle wird vielfach auch die Bezeichnung RS-232 zugeordnet.

Abb. 4.33: Serielle Schnittstelle mit 25 Pin und 9 Pin

Für die Datenübertragung mit der seriellen Schnittstelle sind eigentlich nur zwei Adern notwendig, nämlich Pin 2 und Pin 3 für die Datenübertragung vom Sender zum Empfänger und umgekehrt. Die anderen Pins sind »nur« für Steuersignale.

Zum Abschluss dieses Abschnitts wollen wir uns an dieser Stelle noch einen Überblick über die verschiedenen Datendurchsatzraten der einzelnen Standards verschaffen. Damit Sie wirklich einen Vergleich haben, sind alle Durchsatzraten auf MB/s, also auf Megabyte pro Sekunde, berechnet bzw. umgerechnet.

Schnittstelle	Standard	Durchsatz in MByte/s		Anschlussstecker
EIDE	ATA-133	133		40 Pins
FireWire	IEEE 1394	50	(400 Mbit/s)	4 oder 6 Pins
FireWire	IEEE 1394b	100	(800 Mbit/s)	9 Pins
FireWire	IEEE S3200	400	(3.2 Gbit/s)	9 Pins
Parallel	SPP/EPP/ECP	1–2		36 Pins
SAS		600		7 Pins
SATA	SATA 1,5 Gbit/s	150	(1.5 Gbit/s)	7 Pins
SATA	SATA 3,0 Gbit/s	300	(3.0 Gbit/s)	7 Pins
SATA	SATA 6,0 Gbit/s	600	(6,0 Gbit/s)	7 Pins
SCSI-3	Ultra SCSI	20		68 Pins
SCSI-LVD	U320	320		68 Pins
Seriell	RS-232	0,4		9 oder 25 Pins
USB	Version 1.1	1,5	(12 Mbit/s)	4 Pins
USB	Version 2.0	60	(480 Mbit/s)	4 Pins
USB	Version 3.0	500	(5.0 Gbit/s)	9 Pins

Tabelle 4.8: Unterschiedliche Leistungen verschiedener Bussysteme

4.7 Fragen zu diesem Kapitel

1. Welche Anschlüsse sind geeignet, um eine Maus anzuschließen? Wählen Sie alle aus, die dafür geeignet sind.

   A   USB

   B   DB-25

   C   PS/2

   D   S-ATA

2. Welcher Anschlusstyp kann sowohl Bild- als auch Toninformationen über dieselbe Schnittstelle übertragen?

   A   HDMI

   B   VGA

   C   DVI

   D   S-Video

3. Monitore können eine sehr hohe Spannung enthalten, sogar wenn sie abgeschaltet sind. Richtig oder falsch?

   A   Richtig

   B   Falsch

   C   Nur richtig, wenn es TFT-Monitore sind

   D   Nur richtig, wenn es CRT-Monitore sind

4. Eine Anwenderin hat eine ganz neue und sehr leistungsfähige Grafikkarte in ihr System eingebaut. Seither stellt sie wiederholt auftretende Störungen bei der Bildanzeige fest, die mit der Grafikkarte zu tun haben. Was sollte die Anwenderin nun als Erstes tun?

   A   Die Grafikkarte durch ein älteres und stabiles Modell ersetzen.

   B   Die Grafiktreiber erneut ab der mitgelieferten CD installieren.

   C   Die Grafiktreiber deinstallieren und den Standard-Videotreiber verwenden.

   D   Die Grafiktreiber in der aktuellsten Version von der Website des Herstellers herunterladen und neu installieren.

5. Welche Aussage zu USB ist richtig?

   A USB unterstützt das Ein- und Ausstecken im laufenden Betrieb.

   B USB ist ein paralleles Bussystem.

   C USB ist maximal 300 Megabit pro Sekunde schnell.

   D USB benötigt immer eine zusätzliche Stromversorgung.

6. Was wird am besten schriftlich festgehalten, wenn Sie die Bildwiederholfrequenz eines Monitors ändern?

   A Die vorherige sowie die neue Wiederholfrequenz

   B Die Farbauflösung und die neue Wiederholfrequenz

   C Alle getesteten Bildwiederholfrequenzen

   D Die vom Benutzer gewünschten neuen Einstellungen

7. Welche der folgenden Geräte sind auch als Eingabegeräte bekannt?

   A Maus, Scanner

   B Tastatur, Drucker

   C Netzwerkkarte, Monitor

   D Floppy, Festplatte

8. Welchen der folgenden Monitoranschlüsse nutzen Sie am ehesten für den Anschluss eines LCD-Monitors an einen PC? Wählen Sie alle zutreffenden Anschlüsse aus.

   A USB

   B DVI

   C CGA

   D VGA

   E HDMI

9. Wenn Ihr Drucker keine Farbpatronen benötigt, aber dennoch perfekte Fotos druckt, handelt es sich sehr wahrscheinlich um welchen Druckertyp?

   A Laserdrucker

   B Thermodirektdrucker

   C Nadeldrucker

   D Thermosublimationsdrucker

10. Welches ist die maximale Auflösung, wenn der Bildschirm den UXGA-Standard unterstützt?

A   2560 × 1600 Pixel

B   1600 × 1200 Pixel

C   800 × 600 Pixel

D   640 × 480 Pixel

Kapitel 5

Speicher braucht das Land

In diesem Kapitel behandeln wir Speichergeräte, welche an internen oder externen Schnittstellen angeschlossen werden können. Das Wesentliche an diesen Speichergeräten ist der Umstand, dass sie Informationen dauerhaft speichern können. Wobei wir hier anmerken: Dauerhaft heißt nicht »ewig«.

Speichergeräte sind ein interessantes Phänomen, denn sie werden immer kleiner und haben immer mehr Platz. Disketten wie auf der Abbildung finden Sie heute keine mehr, dafür zentimeterkleine USB-Sticks mit 64 Gigabyte Speicher

Abb. 5.1:   Alles Speicher: Acht Zoll Speicherdisk und aktueller USB-Stick

5.1   Diskettenlaufwerk

Eines der ältesten Speichermedien ist das Diskettenlaufwerk, englisch Floppy Disc Drive oder auch nur Floppy genannt. Disketten können bis zu 1,4 MB Daten speichern – also aus heutiger Sicht so gut wie gar nichts. Sie waren lange Zeit das Standardspeichermedium, aber heute treffen Sie diese Spezies höchstens noch als externe USB-Floppys an – fest eingebaut im Computer sind sie kaum mehr anzutreffen. Andere Medien wie CDs oder die einfach zu transportierenden USB-Sticks haben der Karriere der Floppys ein absehbares Ende bereitet.

Abb. 5.2: Acht Zoll optische Speicherdisk

Wenn man den effektiven Datenträger der Diskette, die dunkelbraune Scheibe, betrachtet, erkennt man lediglich eine glatte Oberfläche. Die Disketten sind aber physikalisch in Sektoren und Spuren unterteilt. Dabei wird die Diskette von außen nach innen gelesen.

Der Befehl Formatieren macht die Diskette beschreibbar und richtet sie für das Ablegen von Daten ein. Dasselbe gilt später in diesem Kapitel auch für USB-Sticks oder Speicherkarten – und natürlich auch für Festplatten.

Doch aufgepasst: Mit dem Formatieren werden nicht nur neue Datenträger eingerichtet, sondern auch eventuell bestehende Daten gelöscht. Seien Sie also vorsichtig beim Einsatz dieser Funktion.

5.2 Mechanische Festplatten

In den Festplattenlaufwerken (englisch Hard Disk Drive, HDD) werden die Daten, ähnlich wie bei den Diskettenlaufwerken, magnetisch codiert auf den Datenträger geschrieben. Allerdings bestehen die einzelnen Platten nicht aus Kunststoff, sondern aus Metall. Dazu braucht man im Weiteren einen beweglichen Schreib- und Lesekopf, der die Daten auf die Platten schreibt oder eben liest. Über eine Schnittstelle wird das Laufwerk dann mit dem Computersystem verbunden.

5.2.1 Aufbau mechanischer Festplatten

Die heutigen Festplattenlaufwerke sind dabei wahre High-Tech-Instrumente. Die ganze Mechanik ist äußerst präzise gefertigt. Die Scheiben, die effektiven Datenträger, sind aus Aluminium und werden mit einer hauchdünnen Schicht (1-2 µm) Kobalt oder Ferrit beschichtet. Die Scheiben drehen mit einer Geschwindigkeit von 3.600 rpm bis zu 15.000 rpm (Umdrehungen pro Minute). Die Abstände der Schreib-/Leseköpfe von der Festplatte betragen je nach Art des Schreib-/Lesekopfes zwischen 0,2 µm und 1 µm. Das ist in etwa 100 Mal weniger als ein menschliches Haar Dicke aufweist und immer noch 10 Mal weniger als der Durchmesser eines Rauchpartikels.

Abb. 5.3: Innenansicht einer mechanischen Festplatte mit Dünnfilm-Schreib-/Lesekopf

Festplatten gibt es in drei Größen. Die 3,5 Zoll-Festplatten sind die »normalen« Platten, sie werden in Desktops und Workstations verbaut. Sie benötigen am meisten Platz, weisen dafür aber auch den größten Speicherraum auf.

Etwas kleiner sind dagegen die 2,5-Zoll-Platten. Sie werden in Notebooks verbaut und sind zudem meistens in den als externe Platten verkauften Laufwerken mit USB- oder FireWire-Anschluss eingebaut.

Abb. 5.4: Externe 2.5"-Festplatte mit einem USB-Anschluss

Davon abgeleitet gibt es für die Tablets (wenn sie denn eine Festplatte haben) und die Netbooks noch die kleineren 1,8-Zoll-Festplatten.

Die Zoll-Angaben beruhen übrigens nicht auf der Gehäusegröße, sondern auf dem Durchmesser der verbauten Speicherscheiben (siehe obige Grafik).

Festplatten müssen immer stabil eingebaut und festgemacht werden, da sie sich durch die hohe Rotation der Scheiben mit bis zu 7200 Umdrehungen pro Minute bewegen und sonst zu vibrieren beginnen. Externe Laufwerke sollten aus diesem Grund während dem Betrieb auch immer ruhig und auf einer ebenen Fläche liegen. Sie verfügen dafür über ein Gehäuse, das die Vibrationen aufnehmen kann.

5.2.2   Datenorganisation

Der Aufbau der Datenstruktur auf der Festplatte entspricht demjenigen der Diskette, nur mit dem Unterschied, dass die Datendichte wesentlich höher ist und die Festplatte in sogenannte Partitionen unterteilt werden kann. Die *primäre* Partition einer Festplatte ist in die folgenden Bereiche unterteilt:

- Bootsektor
- Dateizuordnungstabelle (File Allocation Table)
- Stammverzeichnis
- Dateibereich

Durch das Formatieren werden diese Bereiche eingerichtet, und anschließend kann die Festplatte eingesetzt werden.

5.2.3   Lokale Speicher oder Netzwerkspeicher

Damit mehrere Benutzer auf eine solchermaßen eingerichtete Festplatte zugreifen können, kann man den Dateibereich in Ordner einteilen und diese für andere Benutzer freigeben. Dies wird im Betriebssystem vorgenommen.

Wenn man bestimmte Ordner und Daten für mehrere Benutzer unterschiedlicher Computer einrichten und freigeben möchte, kann man auch externe Festplatten mit einem Netzwerkanschluss anstelle von eSATA oder USB einsetzen. Diese externen Geräte verfügen dann über ein eigenes kleines Betriebssystem (meistens Linux) und nennen sich Network Attached Storage, im Netzwerk eingebundene Speicher, kurz NAS. In diesem Zusammenhang lesen Sie oft auch, dass diese Freigaben mit dem englischen Begriff ausgeschrieben werden, als »Shares« und nicht als Freigaben.

5.3   Solid State Drives

Die Solid State Festplatte (SSD für Solid State Drive oder Solid State Disk) wurde bereits 1995 vorgestellt. SSD arbeitet nach dem Flash-Speicherprinzip, wie dies bereits bei USB-Stick, MP3-Player oder SD-Card für digitale Fotografie zum Einsatz kommt. Dabei werden die Daten nicht wie bei herkömmlichen Festplatten auf magnetische Platten gespeichert, sondern auf Halbleiterspeicherbausteinen. Ein Halbleiterspeicher speichert die Daten in Form von binären elektronischen Schaltzuständen. Wegen ihrer geringeren Kapazität bei gleichzeitig wesentlich höheren Preisen gegenüber herkömmlichen mechanischen Festplatten wurde den SDD aber bis 2008 kaum Beachtung geschenkt. Erst ein deutlicher Preisverfall und Dimensionen von 128, 256 oder gar 512 GB brachten hier die Wende.

Durch die komplette Absenz von mechanischen und beweglichen Teilen und den Vorteilen die sich daraus ergeben – höhere Stoßresistenz, geringere Abwärme, lautloser Betrieb, schnellere Zugriffszeiten und geringerer Stromverbrauch – ist der Einsatz von SSD heute vor allem bei Net- und Notebooks interessant.

Wie jede Speicherkarte auf Flash-Basis verfügt auch eine SSD über einen eigenen Controller, der die Datenströme verwaltet und die Informationen zwischen Flash-Baustein und Mainboard verwaltet. Damit der Controller nicht zum Flaschenhals wird, werden viele SSDs heute bereits mit Cache-Bausteinen von 64 oder 128 MB ausgestattet.

Abb. 5.5: Vergleich einer Solid State Disk und einer mechanischen HDD

SSDs kommunizieren über einen normalen Festplattenanschluss und können daher problemlos in aktuelle Computersysteme verbaut werden. Das heißt, sie verfügen über einen S-ATA-Anschluss. Zudem bieten einige Hersteller bereits SSDs an, die als Steckkarte in den PC eingebaut werden können.

Wie die Festplatten werden auch die SSDs in Zollgrößen angegeben. Am meisten werden dabei die 2.5"-SSDs hergestellt, aber auch 3,5"-SSDs und für die Tablets die 1,8"-SSDs sind auf dem Markt erhältlich.

5.4 Flash-Speichermedien

In den letzten Jahren haben aufgrund der immer größeren Kapazitäten und fallender Preise die Flash-Speichermedien enorm an Bedeutung gewonnen. Dazu gehören nebst den bereits erwähnten SSDs auch die USB-Sticks und die Speicherkarten wie Compact Flash- oder SD-Karten.

5.4.1 Speicherkarten

Es gibt unterschiedliche Speicherkartenformate, die von den Herstellern auf den Markt gebracht worden sind.

Am bekanntesten sind aktuell die Compact Flash-Karten (CF) und die Secure Digital Cards (SD). Von dieser wiederum sind die kleineren SDHC-Karten abgeleitet, die etwa in Smartphones eingebaut werden können.

Daneben gab und gibt es aber auch eine Reihe weiterer Formate wie Memory Stick, Memory Stick Pro, Smartmedia oder xD-Picture Cards (xD).

 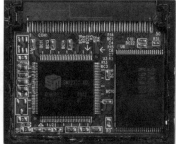

Abb. 5.6:   Compact Flash-Karte mit 8 GB Speicher

Abb. 5.7:   SD-Karten-Adapter und Micro-SDHC-Karte

Damit diese Speicherkarten gelesen werden können, gibt es sogenannte Kartenleser. Die meisten Kartenleser sind heute multiformatfähig, damit man nicht beim Wechsel eines Speicherkartenformats auch den Kartenleser austauschen muss.

Angeschlossen werden diese Kartenleser entweder extern oder intern jeweils über eine USB-Schnittstelle. Notebooks und Netbooks verfügen zudem häufig bereits über einen eingebauten Cardreader-Slot, allerdings meist beschränkt auf SD-Karten, da diese zurzeit die größte Verbreitung haben.

Abb. 5.8:   Kartenleser mit USB-Anschluss für unterschiedliche Speichermedien

5.4.2   USB-Datenträger

Was früher die Kernkompetenz der Diskette war, ist heute Aufgabe des USB-Sticks: der Datentransport von A nach B. USB-Datenträger, kurz »Sticks« genannt, gibt es in Kapazitäten von einigen Hundert Megabyte bis mittlerweile 32 oder 64 GB. Damit lassen sie sich nicht nur für Transporte, sondern auch als Datentank oder Sicherungsmedium einsetzen.

Im Unterschied zu SSD setzen USB-Sticks allerdings ausschließlich auf die MLC-Technologie. Man sollte angesichts der Tatsache, dass sie als Transportdatenträger häufig beschrieben und gelöscht werden, nicht vergessen, dass die Abnutzung schon nach rund 10.000 Lese- und Schreibvorgängen einsetzt – USB-Sticks sind nicht für die Ewigkeit gebaut!

Abb. 5.9:   USB-Stick mit USB 2.0-Anschluss und 32 GB Kapazität

5.5 Die Silberscheiben

5.5.1 Am Anfang war die CD

Eine CD besteht aus einer Polycarbonatschicht, einer Trägerschicht und einer Schutzlackschicht. Die Trägerschicht besteht aus Polycarbonat (PET). In dieser Schicht werden die physikalischen Daten abgelegt. Sie werden in Pits (»Vertiefungen«) und Lands (»Erhöhungen«) gebildet. Diese Vertiefungen werden dann beim Lesen als 0 und 1 interpretiert.

Diese Informationsschicht wird von einer sehr dünnen (50-100 nm) Metallschicht bedeckt (Aluminium, Silber oder Gold). Auf diese metallisierte Informationsebene wird der Laserstrahl fokussiert. Zum Schluss wird das Label der CD aufgebracht.

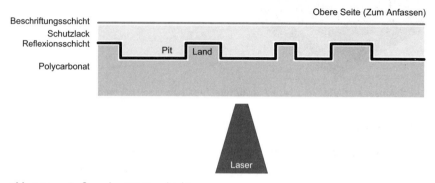

Abb. 5.10: Aufbau der CD-Beschichtung

Die fabrikgepresste CD wird, wie es die Bezeichnung sagt, gepresst. Und zwar werden die Informationen hierbei entsprechend der obigen Darstellung direkt in die Polycarbonatschicht geprägt. Daneben gibt es aber auch die CD-R, welche Sie mit Ihrem CD-Brenner selber beschreiben können. CDs, die mehrmals neu beschrieben werden können, nennen sich dagegen CD-RW.

Auf einer gewöhnlichen CD sind bis ca. 650 MB Dateien speicherbar, das entspricht bei einer Audio-CD 74 Minuten Daten (Audio oder Video). Allerdings gibt es auch CDs mit 700 MB Speicherplatz.

CD-Laufwerke lassen sich über verschiedene Anschlüsse in ein System einfügen. Früher waren preisgünstige Produkte vielmals über eine spezielle Adapterkarte eingebunden (Mitsumi, Panasonic). Später wurde dann der EIDE-Anschluss vorherrschend, heute gibt es fast nur noch CD-Laufwerke mit SATA-Anschlüssen.

Externe CD-Laufwerke werden demgegenüber via USB angeschlossen.

5.5.2 Auf CD folgt DVD

Der nächste Standard bei den Scheiben heißt Digital Video Disc (DVD), später wurde diese dann umbenannt in Digital Versatile Disc (DVD). Die erste Bezeichnung zeigt an, dass es sich hierbei in erster Linie um eine Entwicklung für die Filmindustrie handelte. Lange reichte die Speicherdichte auf CD-ROMs für die meisten Anwendungen aus. Doch die Bestrebungen, Filme im Originalformat auf eine Scheibe zu bekommen, verlangten nach einem neuen Standard.

Die beiden Firmen Sony und Matsushita haben zuerst einzeln, dann gemeinsam den Standard der DVD entwickelt.

Abb. 5.11:   Das Logo des DVD-Forums

Die DVD hat mit 1,2 mm dieselbe Dicke wie eine CD, sie besteht aber grundsätzlich aus zwei jeweils 0,6 mm dicken Teilen, die Rücken an Rücken miteinander verklebt werden. Das erhöht die Verwindungssteifheit und damit die Abtastpräzision.

Die DVD-Technik besitzt einen veränderten Laserstrahl, der in der Lage ist, seine Optik zu verändern. So ist das Abtasten verschiedener Tiefen möglich. Je nach Typ befindet sich ein Laser an der Ober- und einer an der Unterfläche. Durch die Veränderbarkeit des Laserstrahls stehen zwei Schichten und durch die Positionierung der Schichten zwei Seiten (Layer genannt) zur Verfügung. Es stehen somit maximal vier unterschiedliche, beschreibbare Schichten zur Verfügung.

Aktuell bestehen folgende Standards für DVDs:

Standard	Kapazität in GB	Bemerkung
DVD5	4,7	Einseitige, einlagige Beschichtung
DVD9	8,5	Einseitige, zweilagige Beschichtung Die Schichten liegen 0,04 mm auseinander. Die DVD ist nur einseitig lesbar, und somit ist nur ein Lesekopf notwendig.
DVD10	2x 4,7 GB	Zweiseitig einschichtig beschrieben – muss gewendet werden
DVD18	2x 8,5 GB	Zweiseitig zweischichtig beschrieben – muss gewendet werden

Tabelle 5.1:   DVDn-Standards

Es gibt unterschiedliche Medienformate: zum einen die DVD-R, welche nur einmal beschreibbar ist, aber auch die DVD-RW, welche mehrfach beschrieben werden kann. Für beide Medienformate bestehen zudem unterschiedliche Beschreibungstechnologien, die »+« und »-« genannt werden. Sie können eine DVD-RW oder eine DVD-+RW erwerben.

Die drei DVD-Formate (DVD-R, DVD-RW, DVD-RAM), die vom DVD-Forum stammen, werden auch als *Minus-Standard* bezeichnet. Entsprechend werden die zwei DVD-Formate (DVD+R, DVD+RW) von der DVD+RW-Allianz mit einem »+« auch als *Plus-Standard* bezeichnet.

Damit sich die Kunden nicht entscheiden müssen, welches Format sie jetzt einsetzen möchten, haben sich die Hersteller von Brennlaufwerken längst dahingehend entschieden, Multiformatbrenner zu verkaufen. Das heißt, faktisch kann es Ihnen eigentlich egal sein (ich weiß, das ist jetzt etwas untechnisch ...).

Abb. 5.12: Die unterschiedlichen Logos des DVD-Forums und der RW+-Allianz für RW-Discs

Für den Einsatz von DVDs gilt zudem ein System von Regionalcodes, mit denen die Filmindustrie dann unterschiedliche Filmversionen zu unterschiedlichen Preisen auf dem Weltmarkt verkaufen kann, ohne dass die Käufer in der Lage sind, diese dann auf einem anderen Kontinent wesentlich günstiger einzukaufen. Und es kann auch verhindert werden, dass ein Film, der in den USA auf DVD erscheint, in Europa schon gekauft wird, noch bevor er dort im Kino läuft.

Diese Regionalcodes, Regional Playback Control (RPC) genannt, werden in den Abspielgeräten hinterlegt, sodass sie nur Filme mit entsprechendem Regionalcode abspielen können. Diese Regionalcodes für DVDs stehen für folgende Regionen zur Verfügung (Auszug, vollständige Liste siehe DVD-Forum):

- Code 1 USA, Kanada
- Code 2 West- und Mitteleuropa, Naher Osten
- Code 3 Südostasien, Südkorea, Taiwan
- Code 4 Australien, Neuseeland, Zentral- und Südamerika
- Code 5 Osteuropa, ehemalige UdSSR, Indien, Afrika
- Code 6 China
- Code 7 ungenutzt

■ Code 8   Flugzeuge, Schiffe oder Gebäude in internationalem Territorium

Der Vollständigkeit halber sei aber auch erwähnt, dass es verschiedene Möglichkeiten gibt, um ein solches Abspielgerät »code free« zu machen, auch wenn das nicht den Vorstellungen der Erfinder entspricht und in verschiedenen Ländern auch als illegal eingestuft wird.

Ein ähnliches System gibt es übrigens bei der nachfolgenden Blu-ray Disc, allerdings wurde es deutlich reduziert und kann nicht direkt verglichen werden.

5.5.3   Bietet noch mehr Platz: Die Blu-ray

Die Entwicklung blieb nicht bei der DVD stehen, die Auseinandersetzung um die Formatvorherrschaft allerdings auch nicht. Aus der DVD wurde die HD-DVD weiterentwickelt. Sie wurde von Toshiba entwickelt und vertrieben, aber auch Microsoft beschritt mit der X-Box diesen Weg. Auf der anderen Seite stand ein Konsortium rund um Sony, welches die Blu-ray Disc (BD) entwickelt hat. Diese weist mit bis zu 50 GB eine deutlich höhere Speicherdichte auf, ist aber zum bestehenden Standard von DVDs inkompatibel. Im Frühling 2006 kamen die ersten Abspielgeräte auf den Markt, parallel dazu die ersten Filme.

Doch der Kampf um das vorherrschende Format verhinderte eine rasche Marktdurchdringung der neuen Technologien, und die Verkaufszahlen beider Systeme blieben weit unter den Erwartungen. Im Februar 2008 hat sich Toshiba mit seinem HD-DVD-Konzept vom Markt zurückgezogen. Damit ist Blu-ray die einzig verbliebene Alternative.

Der Name Blu-ray stammt vom blau-violetten Laserstrahl, der zum Lesen der Disc benutzt wird. Durch die Verwendung eines gegenüber der DVD kürzeren Laserstrahls wird eine höhere Speicherdichte auf der Scheibe ermöglicht.

Abb. 5.13:   Das offizielle Blu-ray-Logo

Die Standard-Disk hat 12 cm Durchmesser und kann als Single Layer oder Dual Layer Disc erworben werden. Die Kapazität der Single Layer Disc beträgt 25 GB, die Kapazität der Dual Layer Disc 50 GB. Als Mini-Disc hat die Blu-ray Disc einen Durchmesser von 8 cm und kann bis 7,8 (Single Layer) bzw. 15,6 GB (Dual Layer) Daten speichern.

Zudem wurde bei der Blu-ray-Entwicklung darauf geachtet, dass die Oberfläche kratzresistent ist, ein großer Vorteil gegenüber der normalen DVD.

Für den Einsatz als Filmabspielgerät wurde (wie bei der DVD) eine weltweite Regionalisierung eingeführt, die aber nicht den Regionalcodes der DVDs entsprechen, sondern in Region A, Region B und Region C eingeteilt werden. Europa liegt dabei in der Region B (zusammen mit Afrika, Naher Osten und Ozeanien), die USA dagegen in Region A (inklusive Kanada, Süd- und Mittelamerika sowie Teilen Südostasiens), Region C beinhaltet Zentralasien (mit Russland, Indien und China). Anders als der DVD-Regionalcode wird der Blu-ray-Regionalcode auf Computern aber nur von der Abspielsoftware und nicht vom Laufwerk oder dem Betriebssystem überprüft.

Obwohl nicht fest im Standard vorgeschrieben, empfiehlt die BDA (Blu-ray Disc Association), die Abwärtskompatibilität zu CD und DVD im Blu-ray-Player zu gewährleisten.

5.6 Fragen zu diesem Kapitel

1. Welches Medium verfügt über die höchste Speicherkapazität?

    A   DVD-DL

    B   CD-RW

    C   CD-R

    D   DVD-R

2. Blu-ray Discs haben folgende Kapazität:

    A   4,7 GB

    B   9 GB

    C   25 GB

    D   85 GB

3. Was wird als optisches Medium bezeichnet?

    A   Floppy

    B   Blu-ray

    C   SSD

    D   Bandlaufwerk

4. Welche Größe haben Festplatten für den Einbau in einen Desktop-PC für gewöhnlich?

A   2, 5 Zoll

B   3, 5 Zoll

C   5, 25 Zoll

D   Acht Zoll

5. Welche Wechselmedien haben die mehrfache Kapazität einer DVD?

A   Desktop-Festplatte

B   CD-RW

C   Blu-ray

D   Keine der obigen

6. Ein Kunde von Ihnen hat zu Hause einen PC umgebaut. Die LED des neu eingebauten Kartenlesegerätes leuchtet ab Startbeginn und bleibt konstant während des ganzen Startvorgangs und im Betrieb leuchtend. Was ist dafür die wahrscheinlichste Ursache?

A   Das Kartenlesegerät zeigt an, dass es falsch angeschlossen ist.

B   Das Kartenlesegerät zeigt an, dass es funktionstüchtig ist.

C   Das Kartenlesegerät zeigt einen Defekt an.

D   Das Kartenlesegerät zeigt an, dass es Strom hat.

Kapitel 6

Unterhalt und Aufrüstung von Computern

Wenn ein Computer einmal fertig installiert ist, verrichtet er zuverlässig seinen Dienst. Doch das bleibt nicht ohne weiteres auf Dauer so. Zum einen benötigen diese Systeme eine gewisse Pflege und Unterhalt, zum anderen können neue Programme oder Wünsche auch dazu führen, dass Sie am bestehenden System etwas verändern möchten.

In diesem Kapitel befassen wir uns daher zum Ersten mit den richtigen Maßnahmen zum Unterhalt, und anschließend widmen wir uns den Möglichkeiten des Um- und Ausbaus von Computern, soweit wie Sie dies selber vornehmen können.

6.1 Vorbereitung und Sicherheit

Unabhängig davon, ob Sie den Computer reinigen oder ihn umbauen möchten – bereiten Sie sich immer entsprechend sorgfältig vor. Lesen Sie die Installationshandbücher und Bedienungsanleitungen durch. Fehlen diese Unterlagen, besorgen Sie sich die entsprechenden Dokumente. Viele Hersteller bieten dazu Hilfe auf ihren Internetseiten, wo Handbücher und Anleitungen zur Verfügung stehen.

Sind Sie bei einem Thema zu Beginn unsicher, gibt es auch Trainingsunterlagen zu vielen Themen, z.B. Videokurse oder Bücher. Nutzen Sie die Chance, sich zuerst weiterzubilden und zu informieren – nach einem missglückten Umbau ist es dafür zu spät!

Sie besorgen sich zudem alle verfügbaren Dokumentationen zur aktuell vorhandenen Konfiguration inklusive einer Inventarliste, aus welcher ersichtlich ist, was genau in diesem System alles vorhanden ist.

Komponenten, welche Sie einbauen möchten, müssen inklusive Dokumentation, Treiber und sämtlicher Kabel und Anschlüsse vollständig vorhanden sein. Nur so ist überhaupt ein professioneller Umbau vorzunehmen. Bereiten Sie alles immer vor, sodass Sie während der Arbeit keine Unordnung erzeugen.

Sorgen Sie bei einem Umbau von Hardware dafür, dass Sie über einen eingerichteten Arbeitsplatz und das notwendige Werkzeug verfügen. Ein Techniker repariert keinen PC mit Taschenmesser und Klebeband! Stattdessen haben Sie für elektronische Arbeiten geeignete Schraubendreher, Pinzette, Kleinzange und möglicherweise einen magnetischen Verlängerungsstab zur Hand, um Schrauben oder metallische Kleinteile aus dem Gehäuse zu entfernen.

Elektronische Bauteile wie Arbeitsspeicher, Festplattenlaufwerke oder DVD-Laufwerke müssen zur Aufrechterhaltung der Antistatik in entsprechenden Beuteln und Behältern aufbewahrt werden.

Bewahren Sie Schrauben und Zubehörteile während einer Umrüstung oder Reparatur in separaten Behältnissen auf. Machen Sie auf diesen Behältnissen Notizen, damit Sie sicher wieder alles korrekt montieren können. Achten Sie zudem immer auf eine sachgerechte Montage und Demontage – Gewalt ist selten der richtige Ansatz.

6.1.1 ESD

Statische Aufladung ist ein großes Problem im Umgang mit elektrischen Bauteilen. Die Spannung wird durch Isolation in einem Körper erzeugt, d.h. der Körper baut Spannung auf, kann sie aber nicht ableiten. Diese Spannung kann entsprechend sehr hoch werden, auch wenn sie nur eine geringe Strommenge erzeugt.

Für den Menschen ist die Entladung solch statischer Spannung zwar unter Umständen unangenehm, aber ungefährlich.

Die statische Aufladung am Menschen kommt vor allem durch synthetische Teppiche, Kleidung und Schuhe zustande (z.B. Nylon, Polyesterfasern). Einen großen Einfluss spielen zudem Faktoren wie Luftfeuchtigkeit und Wärme. Am heikelsten sind dabei warme, trockene Umgebungen mit geringer Luftfeuchtigkeit, sprich z.B. Büros.

Sobald jetzt der »geladene« Mensch mit leitfähigen Materialien in Kontakt kommt, entlädt er sich »schlagartig« wieder.

Nehmen wir auf der anderen Seite jetzt unsere elektrischen PC-Komponenten zur Hand, sehen wir, dass diese aus feinen, leitfähigen Materialien bestehen oder damit beschichtet sind. Die statische Aufladung eines solchen Bauteils durch den Menschen führt zu einer kurzzeitigen heftigen Erhitzung und damit zu einem Kurzschluss der betroffenen Teile. Je nach Intensität des Kurzschlusses führt dies sofort oder auch schleichend zum Ausfall, weil die Beschädigung erst mit der Zeit wirksam wird.

Besonders anfällig für statische Aufladung sind Arbeitsspeichermodule oder Steckkarten für den Einbau – aber auch andere Bauteile wie Festplatten verfügen über Platinen und schätzen die statische Aufladung nicht wirklich!

Das heißt: Bevor Sie an einem Computer arbeiten, schützen Sie sich vor statischer Aufladung. Sie können dies tun, indem Sie entweder ein antistatisches Band mit Erdung tragen (ESD-Strip) und/oder auf einer antistatischen Matte arbeiten.

Manche der Erdungsbänder verfügen auch über eine Krokodilklemme, damit man sich am metallischen Gehäuse des Rechners erden kann. Der Einsatz von Erdungssteckern ist aber sicherer.

Zum Schluss noch eine wichtige Warnung

Arbeitsbereiche für Hochspannungswartung, in denen Röhrenmonitore oder Netzteile repariert werden, enthalten keine leitfähigen Antistatikhilfen. Aufgrund der in diesen Geräten vorliegenden Hochspannung wäre jede Form von persönlicher Erdung sehr gefährlich. Hochspannungswartungsbereiche sind so konzipiert, dass das Wartungspersonal stets vollständig isoliert ist. Solche Geräte dürfen niemals außerhalb solcher Arbeitsbereiche oder gar von ungeschultem Personal repariert werden.

6.1.2 Umgang mit Kabeln

Die Positionierung von elektronischen Geräten und die Verlegung der Kabel sollte gut überlegt werden. Der Durchgang und mögliche Fluchtwege müssen gewährleistet sein. Die Verlegung der Kabel sollte den normalen Arbeitsablauf nicht stören oder gar behindern (z.B. Stolperfalle durch herumliegende Kabel), aber auch mögliche Lüftungsöffnungen nicht bedecken, um die Kühlung nicht zu beeinträchtigen.

6.1.3 Umgang mit heißen Komponenten

Jedes elektronische Gerät produziert im Betrieb Wärme. Es ist wichtig, dass Sie sich dessen bewusst sind, wenn Sie ein PC-System aufstellen. Ein PC muss genügend Zugang zu Frischluft haben, damit er effektiv kühlen kann. Wenn die Gehäuselüfter zugedeckt werden, z.B. von Schrankwänden oder zu kleinen Einschubfächern in Schreibtischen, kann dies zur Überhitzung des Systems führen.

Bei Notebooks wiederum ist es wichtig, dass beim Aufstellen die Ventilatoren nicht abgedeckt werden. Das gilt sowohl beim Arbeiten auf einem Schreibtisch als auch beim mobilen Arbeiten unterwegs.

Wenn Sie Umbauarbeiten vornehmen möchten, müssen Sie speziell auf Bauteile achten, die sich erhitzen können, z.B. Laufwerke, Prozessoren oder auch Drucker. Lassen Sie solchen Teilen immer genügend Zeit zur Abkühlung, bevor Sie daran arbeiten, damit Sie sich nicht verbrennen.

6.1.4 Heben und Tragen

Die Körperhaltung, die beim Heben und Tragen eingenommen wird, spielt für die Wirbelsäule eine große Rolle. Denn oftmals schadet nicht die Belastung an sich dem Rücken, sondern eine falsche Ausführung der Bewegung. Insbesondere im Umgang mit älteren Röhrenmonitoren und Servern können große Gewichte zu heben sein.

Was Sie beim Heben und Tragen beachten sollten:

- Können Sie die Last alleine tragen? Überschätzen Sie sich nicht, sondern holen Sie ggf. jemanden zu Hilfe. Achten Sie auf Gewichtsangaben auf Verpackungen, die bei Gewichten von über 20 kg immer Hinweise enthalten.

- Gehen Sie zum Anheben in die Hocke und halten Sie den Rücken dabei gerade. Beugen Sie die Hüfte, bis die Last gefasst ist. Die Kraft soll aus den Beinen, nicht aus dem Rücken kommen. Heben Sie die Last so nah wie möglich am Körper an.

- Vermeiden Sie beim Heben jegliche Drehbewegungen.

- Tragen Sie Lasten möglichst eng an Ihrem Körper und verteilen sie diese auf beide Arme.

Beim Absetzen der Last ist ebenso Vorsicht geboten: Ein Gegenstand sollte nie mit gekrümmtem Rücken und gleichzeitigem Drehen der Wirbelsäule abgestellt werden.

Beachten Sie auch die Angaben, die bei schweren Geräten oft am Gerät selber oder an der Verpackung angebracht sind.

Abb. 6.1:   Gewichtsangabe auf einem Servergehäuse

6.2 Reinigung und Pflege

Der beste Schutz vor unerwarteten Fehlern ist eine regelmäßige Pflege. Dazu gehört, dass Sie sich Gedanken über den Ort der Aufstellung machen (Hitze, Staub, Feuchtigkeit) und das Gerät auch regelmäßig warten, indem Sie dafür sorgen, dass die Lüftungen nicht verstopfen und die Geräte nicht verdrecken.

Wenn Sie den Computer von außen reinigen möchten, verwenden Sie dazu bitte keine lösungsmittelhaltigen Mittel. Insbesondere Ammoniak oder Benzol, die als flüchtige Stoffe in diesen Mitteln vorkommen, können Gehäuse oder eine Tastatur nachhaltig beschädigen.

Nehmen Sie stattdessen ein weiches, fusselfreies und entweder feuchtes oder trockenes Tuch zur Reinigung oder befolgen Sie die Hinweise, welche Ihnen die Hersteller zur Pflege mitgeben.

Für die Befreiung von Staub im Inneren des Geräts können Sie auch speziell dafür geeignete fettfreie Druckluft einsetzen, die im Handel für diesen Zweck erhältlich ist. Dies kann nützlich sein, wenn etwa Lüfter verstaubt sind. Zur Reinigung von Kontakten von RAM oder Steckkarten dürfen Sie auch Isopropanol oder reinen Alkohol auf ein Tuch auftragen und so die Kontakte reinigen. Vermeiden Sie in diesem Zusammenhang aber, dass Sie die Kontakte mit den Fingern berühren, da sie sonst wieder verunreinigt werden.

Für die Reinigung von Monitoren gilt grundsätzlich Ähnliches. Vermeiden Sie vor allem den Einsatz von Glasreiniger, dieser kann die Oberfläche eines LCD-Monitors beschädigen. Falls Sie wegen starker Verschmutzung nebst dem Tuch ein Reinigungsmittel benötigen, halten Sie sich an die speziell dafür vorgesehenen Produkte und setzen Sie auch diese zurückhaltend ein. Wenn z.B. Reinigungsflüssigkeit unter die Bildschirmeinfassung fließen kann, ist die Elektronik schnell einmal defekt – auch wenn das Reinigungsmittel dem Bildschirm selber nicht schaden kann.

6.3 Aufrüstungen im Inneren des Geräts

Das Erweitern von Computern ist am naheliegendsten bei den PC-Gehäusen, denn diese bieten in der Regel dafür genügend Raum. Weitaus eingeschränkter sind Sie da schon bei den Notebooks, wo meistens außer etwas Arbeitsspeicher nichts verändert werden kann. Bei Tablets und Smartphones ist das Thema »im Inneren« dann meist ganz erledigt. Bei diesen Geräten dürfen Sie das Gehäuse nicht öffnen, meist verlieren Sie damit sogar den Garantieanspruch.

Widmen wir uns also als Erstes den PC-Geräten. Deren Gehäuse werden entweder durch das Lösen von Schrauben oder das Betätigen einer Lösevorrichtung geöffnet.

Hier ist besondere Vorsicht geboten, denn Sie müssen dazu das Gehäuse sachgerecht öffnen und vorsichtig damit umgehen.

Anschließend haben Sie den PC offen vor sich und sehen eine Menge Kabel, das Mainboard und die Laufwerke wie Festplatten und DVD-Laufwerk.

Gut zugänglich sind in der Regel die Teile, welche Sie selber auswechseln können. Hersteller wie Fujitsu, Dell oder HP kennzeichnen diese Teile sogar farbig, damit Sie erkennen können, welche Bauteile für einen solchen Handgriff vorgesehen

sind. Auf der nächsten Grafik können Sie beispielsweise an der geöffneten Metall-
türe die farbigen Schienen sehen, welche zum Festplattenausbau bewegt werden
müssen.

Abb. 6.2:   Geöffnetes Gehäuse eines PC

6.3.1 Speicheraufrüstung

Eine weit verbreitete Aufrüstung betrifft den Arbeitsspeicher. Auch gilt es, sorgfältig zu planen und zuerst alle Informationen bereitzuhalten, damit ein Erfolg überhaupt möglich ist. Achten Sie insbesondere darauf, wie viele Steckplätze vorhanden
sind.

Achten Sie bei einem Ausbau darauf, dass die Speicherriegel wirklich geeignet
sind.

- Bauform:
    - 168 Pin (DIMM SD-RAM)
    - 184 Pin (DIMM DDR-SDRAM)
    - 240 Pin (DIMM DDR2- und DDR3-SDRAM)
    - 200 Pin (SO-DIMM DDR2-SD-RAM für mobilen Einsatz)
    - 204 Pin (SO-DIMM DDR3-SD-RAM für mobilen Einsatz)

- Taktfrequenz (muss vom Mainboard bzw. FSB unterstützt werden)

- Spannung (2,5 Volt, 1,8 Volt oder 1,5 Volt)

Zudem lehnen viele Hersteller jede Funktionsgarantie ab, wenn nicht originaler Speicher verwendet wird. Dies liegt insbesondere daran, dass einige PC-Hersteller eigene Steuerelektroniken auf den Speicherchips verwenden.

Bei der Aufrüstung ist darauf zu achten, dass während des Einbaus keine statische Entladung am Baustein auftritt und dass der Baustein mit allen Kontakten sauber im Steckplatz montiert ist. Bei modernen Bausteinen mit 184 oder 240 Pins ist hierbei besonders auf die Kerbe zu achten, welche es an sich unmöglich machen sollte, Arbeitsspeicher verkehrt einzubauen.

Kerbe

Abb. 6.3:   Kerbe beim Einsetzen von RAM

6.3.2   Festplatten

Auch Festplatten lassen sich in der Regel recht einfach einbauen. Achten Sie hierbei darauf, ob Sie noch einen vorgesehenen Platz im Gehäuse haben. Sie dürfen die Laufwerke nicht einfach ins Gehäuse legen, sondern sie an den vorgesehenen Stellen einbauen, damit sie vibrationsfrei und gut gesichert arbeiten können. Zudem werden Festplatten rasch warm. Ein falscher Einbau kann zu rascher Überhitzung führen, und die Platte ist schnell defekt.

Achten Sie zudem darauf, ob Sie auf dem Mainboard noch freie Anschlüsse für ein weiteres S-ATA-Gerät vorfinden.

Nicht zuletzt sollten Sie sich vergewissern, dass die Plattengröße von Ihrem System akzeptiert wird. So gibt es immer noch viele Geräte mit einem System-BIOS. Dieses akzeptiert nur Platten bis maximal 2 Terabyte. Neuere und größere Platten bedürfen eines Systems mit System-UEFI, sonst wird das Laufwerk nach dem Einbau nicht erkannt.

Auch das Betriebssystem sollte mit der gewünschten Größe umgehen können. Windows XP arbeitet nicht mit so großen Platten, auch einige Linux-Versionen noch nicht.

Zwei klassische Probleme seien zudem hier erwähnt:

- Festplatten werden nach dem Starten nicht erkannt.
  - Kabel sitzt nicht richtig oder der Anschluss ist im System nicht aktiviert.
- Kapazität wird nicht korrekt angezeigt.
  - Kapazität zu groß oder falsches Dateisystem

6.3.3 Erweiterungskarten

Nebst Arbeitsspeicher und Festplatten betrifft ein weiterer häufiger Grund die Erweiterungskarten. Das Mainboard verfügt ja über eine Anzahl freier Schnittstellen, in welche Sie zusätzliche Komponenten einstecken können.

Erweiterungskarten sind ein sehr weites Gebiet, gibt es doch für verschiedenste Gebiete mittlerweile entsprechende Produkte, angefangen von Grafikkarten über Soundkarten, Schnittstellenkarten bis hin zu FireWire-Anschlüssen, Fernseh- und Videoschnittkarten.

Bei alledem das Wichtigste ist immer, genau die Dokumentation zu studieren, um zu prüfen, ob ein Einbau überhaupt systemverträglich ist.

Bevor Sie eine neue Steckkarte in einen Rechner einbauen, sollten Sie sich über folgende Punkte informiert haben:

- Ist die Erweiterungskarte für den Steckplatz geeignet (PCI, PCIe etc.)?
- Bietet der PC noch freie Steckplätze für die Karte?
- Welche Art Bussystem benötige ich: PCI oder PCI-Express?
- Behindern eventuell die CPU oder andere Geräte den Einbau?
- Behindert die Karte einen benachbarten Steckplatz, weil sie besonders breit ist?
- Benötigt die einzubauende Karte einen zusätzlichen Stromanschluss oder eine stärkere Stromversorgung?

Sie sollten also vor dem Kauf einer Sound-, Grafik-, Modem- Netzwerk- oder SCSI-Karte den Rechner aufschrauben und sich die Konfiguration auf dem Motherboard ansehen. Dieser Aufwand lohnt sich, um im Supportbereich Zeitverlust und Kosten zu verhindern.

Anschließend vergewissern Sie sich, dass Sie über die notwendigen Treiber für das installierte Betriebssystem verfügen und der Computer die Systemanforderungen für die Karte erfüllt.

Ein Beispiel zeigt Ihnen an dieser Stelle die mögliche Problematik auf. In Ihrem PC gibt es einen freien Steckplatz, der sich »PCIe-16« nennt: PCI Express-Schnittstelle für Grafikkarten. Alte Grafikkarten weisen demgegenüber noch eine AGP-Schnittstelle auf (wirklich alt).

Abb. 6.4: PCI-Express 16x-Schnittstelle

Nun lesen Sie bei einem Hersteller, dass es dafür eine Grafikkarte gibt:

- Sapphire Radeon HD7950 OC, 3 GB GDDR5
  - Radeon HD7950 GPU mit 950 MHz Taktfrequenz
  - PCI-Express 16x Steckplatz
  - Unterstützt AMD CrossFireX und AMD Eyefinity 2.0
  - DirectX 11, OpenGL 4.1, Shader Model 5.1

Passt also diese Karte einfach in Ihren PC? Nein, wie folgende Abbildung Ihnen zeigt:

Abb. 6.5: Leistungsfähig und -hungrig: Grafikkarte (Quelle © Sapphire 2012)

Die Karte benötigt also zwei Steckplätze, weil sie aufgrund ihrer Leistung einen entsprechend großen Lüfter benötigt. Zudem steht bei den Systemanforderungen folgender Text:

- *»Benötigt zum PCIe zusätzlich 2x 6-Pin PCI-Express-Stromanschluss«*
- *»Für diese Grafikkarte empfehlen wir ein 500-Watt-Netzteil (oder höher).«*

Die meisten Standard-PCs verfügen aber über keine solchen Netzteile, sie sind für den Office-Gebrauch ausgelegt und verfügen über entsprechend weniger Leistung. Sie sehen, es braucht einige Überlegungen, damit eine solche Operation auch glükken kann.

6.4 Arbeiten an einem Notebook

In einem Notebook sind die Ausbaufähigkeiten meist sehr begrenzt. Die Platzverhältnisse sind sehr eng bemessen, und jeder Zentimeter Raum wird genutzt. Zusätzliche interne Steckplätze wie bei einem PC gibt es nicht.

An der Platine kann in der Regel auch kein Eingriff erfolgen: Die Grafikunterstützung ist fest verbaut – entweder direkt im Chipset oder einem dedizierten Grafikchip.

Abb. 6.6:   Blick auf ein offenes MacBook Pro

Bei den meisten Notebooks besteht die einfache Möglichkeit, den Arbeitsspeicher und die Festplatte zu ersetzen bzw. aufzurüsten (separate Abdeckungen an der Unterseite des Notebooks). Beim Öffnen der Hauptabdeckung eines Notebooks muss aber mit dem Verlust der Garantie gerechnet werden. Erweiterungsmöglichkeiten bestehen zudem über den PCMCIA-Slot oder die ExpressCard.

Am ehesten bieten Erweiterungen wie eine Dockingstation noch Möglichkeiten. Je nach Größe einer solchen Station können daran Peripheriegeräte wie externe Monitore, Drucker oder das Netzwerk angeschlossen werden. Größere Dockingstations bieten auch die Möglichkeit des Einbaus zusätzlicher Laufwerke wie DVD-Laufwerk oder zusätzliche Festplatte.

Kleinere Einheiten werden auch Port-Replicator genannt. Im Wesentlichen entsprechen diese »kleineren« Ausführungen den Dockingstations, sie bieten in der Regel keine das Notebook ganz aufnehmende Plattform an.

Abb. 6.7:   Port-Replicator für ein Notebook

6.5   Anschluss externer Geräte

Nach dem Einbau und Umrüsten im System selber sehen wir jetzt, wie man ein System mit externen Geräten aufrüsten kann.

Die gute Nachricht zuerst: Das Öffnen des Gehäuses entfällt! Jetzt sind dafür die Stecker gefragt, welche das Gerät mit sich bringt.

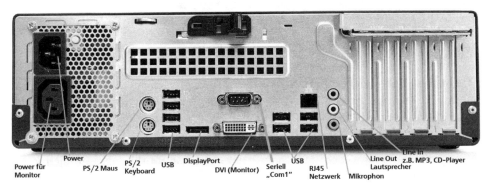

Abb. 6.8:   Anschlüsse für externe Geräte an einem PC

Sie können sehen, es gibt eine Menge anzuschließen. Aus den Ausführungen des vorherigen Kapitels ist aber auch zu entnehmen, dass Sie für jedes Gerät den korrekten Anschluss auswählen müssen.

Fangen wir einfach links an. Beim Stromanschluss müssen Sie das richtige Kaltgerätekabel anschließen. Falls Sie einen Monitor haben, der über einen entsprechenden Anschluss verfügt, können Sie diesen auch direkt an das Netzteil des PCs anschließen, und er benötigt keine eigene Stromversorgung mehr. Das gilt vor allem dann, wenn Sie einen LCD-Monitor haben. Die alten Röhren haben dazu meist einen zu hohen Stromverbrauch und würden das Netzteil überlasten.

Die nächsten beiden Anschlüsse lauten eigentlich sehr ähnlich: »PS/2«. Das in Anlehnung an ihre größte Verbreitung, das IBM PS/2-System (ist aber zwanzig Jahre her!). Das Gemeine ist: Beide Anschlüsse sehen gleich aus, beide Geräte, Maus und Tastatur, passen auf beides – aber wenn Sie es falsch machen, können Sie keins der beiden mehr bedienen ... Achten Sie daher auf die Farbcodierung, damit Sie die Stecker nicht verkehrt herum anschließen – oder nehmen Sie eine USB-Maus und USB-Tastatur, dann spielt es keine Rolle mehr.

Womit wir auch schon bei den USB-Anschlüssen sind. Alte Computer haben zwei dieser Anschlüsse, Notebooks leider auch nur 2 bis maximal 4, aber aktuelle Systeme wie das oben abgebildete haben acht (und übrigens noch zwei auf der Vorderseite) oder noch mehr. An sich ist es egal wo Sie was anstecken. Aber so ganz stimmt das im Jahr 2012 auch nicht mehr. Denn die »normalen« schwarzen USB-Anschlüsse unterscheiden sich dann eben doch von den »blauen«.

Abb. 6.9:   Links zwei USB 3.0-Anschlüsse, rechts die »klassischen« für USB 1.1/2.0

Die blauen USB-Stecker symbolisieren USB 3.0 – also Superspeed-Anschlüsse. Wenn Sie also eine externe Festplatte anschließen, welche USB 3.0-fähig ist, dann kann dieses Gerät die Geschwindigkeit nur ausnutzen, wenn Sie sie auch wirklich an einem entsprechenden Anschluss einstecken.

Ansonsten gilt aber: Jeder USB-Stecker ist »gleich gut«, Sie müssen sich keine Reihenfolge merken.

Falls Sie übrigens trotzdem zu wenige USB-Schnittstellen am System vorfinden, können Sie an einen der Anschlüsse einen USB-Hub anschließen.

Abb. 6.10: USB-Hub mit vier zusätzlichen Anschlüssen

Damit können Sie die Kapazität an USB-Schnittstellen erweitern – halten Sie sich einfach an die maximale Kabellänge und achten Sie darauf: Hubs gibt es mit und ohne Stromversorgung. Falls Sie Geräte wie Drucker oder Scanner anschließen möchten, empfehle ich Ihnen in jedem Fall Hubs mit eigener Stromversorgung, damit die Energie nicht aus dem USB-Kabel bezogen werden muss. Besonders langweilig wird Letzteres, wenn Sie den Hub an einem Notebook anschließen, da dann alle am Hub angeschlossenen Geräte auch noch vom Akku des Notebooks Energie beziehen.

Gehen wir weiter: Der Display-Port und der DVI-Anschluss dienen beide demselben Zweck: Sie können einen Monitor daran anschließen. Und bei modernen Computern und Betriebssystemen können Sie sogar beide Schnittstellen nutzen und folglich zwei Bildschirme anschließen.

Genauso arbeite ich auch hier, links das Buch, rechts andere wichtige Informationen – das ist sehr praktisch, glauben Sie mir, aber es braucht natürlich Platz.

Abb. 6.11: Arbeiten mit zwei Monitoren an einem PC-System

Wir kommen zu einer Schnittstelle, die zugegebenermaßen nur noch selten anzutreffen ist. Früher hat man an die serielle Schnittstelle noch Mäuse angeschlossen, später auch Modems für den Anschluss ans (analoge) Internet. Doch heute wurden sie meistens von USB abgelöst, sodass sie nur noch vereinzelt vorzufinden ist.

Ganz im Gegensatz zu der Schnittstelle, die sich meistens im »USB-Block« aufhält und für die Verbindung ins Netzwerk benötigt wird. Hier sei einfach erwähnt, dass Sie den Anschluss immer dann einsetzen, wenn Sie über ein Netzwerkkabel Anschluss benötigen.

Kommen wir zum Schluss zu den drei Audiobuchsen. Sie dienen dem Anschluss von externen Lautsprechern (oder Kopfhörern), für ein Mikrofon, z.B. um Texte aufzunehmen oder zum Telefonieren via PC. Der letzte Anschluss ist am wenigsten in Gebrauch, mit ihm können Sie ein externes Abspielgerät anschließen wie z.B. einen Mediaplayer und danach Musik auf dem PC hören oder aufzeichnen.

6.6 Fragen zu diesem Kapitel

1. Welche Anschlusstechnologie bedingt, dass das letzte Gerät in der Kette terminiert werden muss, damit alle Geräte ordnungsgemäß funktionieren?

   A   RS-232

   B   EIDE

   C   SATA

   D   SCSI

2. Sie möchten Ihren PC mit einer FireWire-Karte aufrüsten. Wie heißt der FireWire-Standard mit der korrekten Bezeichnung?

   A   IEEE 1194

   B   IFR 1254

   C   IEEE 1284

   D   IEEE 1394

3. Nachdem der Techniker eine neue SATA-6,0-GB/s-Platte installiert hat, bemerkt er, dass das Laufwerk sehr heiß wird und einen leichten Geruch verbreitet. Was sollte der Techniker an dieser Stelle tun?

   A   Sofort einen größeren Lüfter installieren, um das System zu kühlen.

   B   Das neue Laufwerk mit Druckluft reinigen und danach wieder verwenden.

   C   Das Laufwerk entfernen und ersetzen.

   D   Mehr Wärmeleitpaste auf das Laufwerk auftragen und es wieder einbauen

4. Was ist der beste Ort zur Aufbewahrung von Komponenten eines Computers, während er umgebaut wird?

    A   Eine Decke

    B   Ein Holzregal

    C   Auf dem Boden

    D   Eine antistatische Matte

5. Was ist der wichtigste Unterschied zwischen USB 3.0 und IEEE1394b?

    A   IEEE1394b ist schneller.

    B   USB 3.0 ist schneller.

    C   Das USB-Kabel ist wesentlich dicker.

    D   IEEE1394b ist »Hot Plug«-fähig.

    E   USB ist eine serielle Technik.

6. Die Technikerin ersetzt bei einem Kunden die bisherigen zwanzig 20"-CRT-Monitore mit neuen 19"-LCD-Bildschirmen. Der Aufbewahrungsraum für die alten Monitore befindet sich am anderen Ende des Gebäudes. Welche Sicherheitsmaßnahmen sollte die Technikerin vornehmen?

    A   Sie sollte beim Transport der CRT-Monitore eine Rückenstütze tragen.

    B   Sie sollte beim Aufstellen der neuen Bildschirme unbedingt ein ESD-Band tragen.

    C   Sie sollte die Kondensatoren aus den alten Monitoren entfernen und die Bildschirme danach der Entsorgung zuführen.

    D   Sie sollte zusätzliche Techniker/innen anfordern, um die CRT-Monitore gemeinsam ins Lager zu transportieren.

7. Sie möchten in Ihrem System mehr Arbeitsspeicher einsetzen. Auf dem bisherigen Speicher steht DDR2-800. Welchen Speicherriegel nehmen Sie zur Aufrüstung?

    A   PC3200

    B   PC2-6400

    C   PC3-6400

    D   PC2-8000

8. Was tun Sie in der Regel, nachdem Sie bei einem Tintenstrahldrucker eine neue Tintenpatrone eingesetzt haben?

A Den Computer neu starten

B Ein farbiges Bild drucken

C Das Ausrichtungsprogramm des Druckertreibers starten

D Den Druckertreiber neu installieren

9. Wenn Sie einen Laserdrucker wegen eines Papierstaus öffnen, was trifft in diesem Moment zu?

A Der Laser ist heiß.

B Der Druckerspooler verliert alle Aufträge.

C Die Fixiereinheit ist heiß.

D Die Tonerkassette kann verrutschen.

10. Sie haben eine neue Grafikkarte eingebaut, aber nachdem Sie den Rechner eingeschaltet haben, können Sie weder die Auflösung noch die Wiederholrate oder sonst etwas einstellen. Was ist vermutlich das Problem?

A Das Betriebssystem hat die Grafikkarte nicht erkannt

B Der Monitor ist nicht kompatibel zur Grafikkarte.

C Die Grafikkarte ist defekt.

D Die Grafikkarte hat nicht genug Leistung.

Kapitel 7

Wenn der PC einmal nicht funktioniert

Computer sind eine hilfreiche Erfindung für vielerlei Dinge – wenn sie funktionieren! Bisher haben wir uns mit dem Aufbau und der Aufrüstung der Computer befasst. Das folgende Kapitel dagegen soll Ihnen dann weiterhelfen, wenn Sie einen Fehler feststellen oder der Computer nicht mehr richtig arbeitet.

Dabei müssen wir uns auf beiden Seiten – als Autor wie als Leser – bewusst sein, dass die Fehlerbehebung ein sehr weites Feld ist. Vom Überprüfen der Steckverbindungen bis zum Einbau eines neuen Mainboards ist ein weiter Weg – und davon gehen wir in diesem Buch bewusst nur die ersten Schritte.

Was immer gleich bleibt, ist das Vorgehen bei einem Fehler:

1. Arbeiten Sie systematisch

2. Arbeiten Sie systematisch

3. Arbeiten Sie systematisch

Zur Illustration: Regelmäßig erhalte ich Telefonanrufe von Kunden, deren erste Aussage lautet dann jeweils in etwa: »Nichts geht mehr«. Nichts ist natürlich wenig, also frage ich zurück, um möglichst zuverlässig helfen zu können. Meine Frage lautet dann »Was genau geht nicht mehr?« Und dann bekomme ich im einen Fall zu hören »Der Computer reagiert nicht mehr auf das Einschalten«, im nächsten Fall heißt das »Der PC startet und zeigt ein Bild, aber beim Starten bleibt er stehen«, und beim dritten heißt es »Ich kann gar nicht mehr drucken«. Das alles und noch einiges mehr läuft unter dem Begriff »nichts geht mehr«.

Das ist nicht etwa ein Vorwurf an die Kunden, denn es zeigt lediglich an, dass das, was der Kunde in dem Moment benötigte, nicht mehr ging und damit das System nicht funktioniert. Und damit wir korrekt helfen können, sind daher die richtigen Fragen und ein systematisches Vorgehen von großer Bedeutung.

Wenn Sie also ein Problem mit Ihrem Computersystem haben, fragen Sie sich zu Beginn einmal:

■ Was genau stelle ich fest?

■ Wie weit startet der Computer noch?

- Seit wann stelle ich das Problem fest?

- Was waren die letzten Änderungen, die ich oder jemand anders an diesem System vorgenommen hat?

Gehen Sie zudem immer zuerst von der einfachsten möglichen Ursache aus. Wenn der PC nicht mehr startet, ist es sicher möglich, dass das Netzteil defekt ist – aber vorher überprüfen Sie, ob die Zuleitung angeschlossen ist, ob es an der Rückseite einen Schalter gibt, der versehentlich ausgeschaltet worden ist, oder ob der Versorgungsstecker nicht mehr richtig sitzt – und erst wenn diese Prüfungen nicht weiterhelfen, ist es Zeit für einen Supportfall.

Natürlich sind damit nicht alle Probleme gelöst, darum ist das Kapitel hier auch nicht fertig. Im Folgenden sehen wir uns einige häufige Fehler und Probleme an, die im Umgang mit PCs und Notebooks auftreten können und um die Sie sich auch selber kümmern können.

Wenn die Probleme schwerwiegender sind oder wenn Sie unsicher sind, ob Sie das Richtige tun, gilt aber immer: Ziehen Sie eine Fachperson hinzu. Denn bei unsachgemäßem Umgang können nicht nur das Gerät oder die Installation, sondern auch Sie selber Schaden nehmen, etwa beim Arbeiten am offenen Gehäuse. Beachten Sie dazu in jedem Fall die Angaben der Hersteller – und bleiben Sie vorsichtig!

Was beim Auf- und Umrüsten galt, ist natürlich auch beim Support richtig: Ohne die notwendigen Vorbereitungen und Dokumentationen haben Sie in der Regel keine Chance, korrekte Arbeiten zu verrichten.

Bei der Fehlerdiagnose ist dabei vor allem auf Folgendes zu achten:

- auf eine möglichst genaue Fehlerbeschreibung inklusive Beschreibung der Situation, in welcher der Fehler auftritt,

- auf die Wiederholbarkeit des Fehlers,

- auf die Dokumentation der betroffenen Komponenten.

Je besser diese Punkte erfüllt werden können, desto erfolgreicher wird eine Fehlerbehebung verlaufen können.

Neben der fachlichen Vorbereitung mit Treibern, Dokumentationen und Komponenten gehört auch die methodische Vorbereitung zum erfolgreichen Support dazu.

Dazu gehört in erster Linie die entsprechende Vorbereitung des Arbeitsplatzes. Sorgen Sie also für einen sauberen und gut organisierten Arbeitsplatz mit den geeigneten Werkzeugen. Achten Sie auf jeden Fall darauf, dass Sie die ESD-Schutzmaßnahmen einhalten und so jegliche statische Aufladung vermeiden – dies gilt auch für das einzusetzende Werkzeug. Am einfachsten arbeiten Sie mit einer geerdeten Arbeitsunterlage oder aber mit einem sogenannten ESD-Strip, einem antistatischen Armband. Legen Sie vorher alles benötigte Material bereit und halten Sie während der Umbau- und Reparaturarbeiten unbedingt Ordnung.

7.1 Probleme beim Rechnerstart

Das Übelste, was Ihnen passieren kann: wenn tatsächlich nichts mehr geht ☺. Das heißt, Sie schalten den Rechner zwar ein, aber er reagiert nicht. Schauen Sie dabei genau hin – »nichts geht« bedeutet hier wirklich: die Lüfter gehen nicht an, die verschiedenen Leuchten für Power oder Festplatte bleiben dunkel.

In diesem Fall liegen die Ursachen nach der Kontrolle der Verbindungen (Stecker, Schalter) möglicherweise in einem kürzlich erfolgten Umbau:

- Möglicherweise sind externe Stecker von Geräten falsch angeschlossen, was dazu führen kann, dass das Board (bzw. das BIOS) beim Starten des Gerätes blockiert oder Fehlermeldungen (Signaltöne) ausgibt.

- Unverträgliche Arbeitsspeicherkonfigurationen oder Bausteine, die nicht miteinander funktionieren. Dies stellt vor allem ein Problem bei sogenannten »Marken-PCs« dar, welche zum Teil herstellereigene Spezifikationen verfolgen. Wenn in ein solches Gerät Bausteine anderer Hersteller eingesetzt werden, führt dies unter Umständen zu Fehlfunktionen auf dem Board oder zur Verweigerung des Boot-Vorgangs, und das Gerät wirkt »tot«. Bauen Sie den Speicherbaustein wieder aus und wiederholen Sie den Systemstart.

Wenn Sie bis hier keine Besserung der Situation erzeugen können, ist die Chance hoch, dass entweder das Netzteil oder das Mainboard defekt sind. An diesem Punkt ist dann der externe Support gefragt, hier kommen Sie selber nicht mehr weiter.

Versuchen Sie NIE, das Netzteil selber zu öffnen oder Reparaturversuche vorzunehmen. Auch im abgeschalteten und vom Netz getrennten Zustand steht das Netzteil unter Spannung!

Eine weitere häufige Problemgruppe betrifft das Starten des Systems. Der Computer schaltet sich zwar ein, aber er kommt nicht bis zum Startbildschirm, weil er stehen bleibt (Einfrieren des Bildschirms) oder immer wieder neu startet.

Auch hier liegen oftmals hardwarebedingte Ursachen vor:

- Kurzschluss: Wenn das Gerät einen Kurzschluss hatte, kann dies dazu führen, dass der Boot-Vorgang nicht mehr ausgeführt werden kann, z.B. weil das Mainboard oder der Arbeitsspeicher beschädigt ist.

- Wenn der PC startet, aber alles dunkel bleibt: Überprüfen Sie den Helligkeits- und Kontrastregler am Monitor sowie alle externen Anschlüsse an PC und Monitor.

- Zu schwaches Netzteil: Wenn dieses Problem nach dem Einbau neuer Komponenten auftritt, deutet dies darauf hin, dass zuwenig Leistung vorhanden ist. Bauen Sie die neuen Komponenten wieder aus und testen Sie das Gerät erneut. Wenn der Fehler dadurch gefunden wird, bauen Sie ein stärkeres Netzteil ein. Hauptsächlich tritt dieser Fehler heute beim Einbau von leistungsstärkeren Grafikkarten auf.

Wenn der Rechner startet und obige Fehlerquellen ausgeschlossen sind, bleibt ein weiteres großes Kapitel die Suche nach defekten Komponenten. Wenn Sie selber Umbauten vorgenommen haben, können Sie diese Komponenten mit der gleichen Sorgfalt auch wieder ausbauen, um zu sehen, ob sich das Problem löst. Wenn Sie damit keine Erfahrung haben, empfehle ich Ihnen auch hier: Ziehen Sie eine ausgebildete Fachperson hinzu, damit das Gerät und Sie selber keinen Schaden nehmen.

Häufige Ursachen für solche Fehler sind übrigens der Arbeitsspeicher oder die Grafikkarten. Das erkennen Sie auch daran, dass der Rechner zwar startet, aber im BIOS stehen bleibt und »pfeift«. Einzelne Signale stehen dafür meist für Probleme mit der Grafikkarte, ein dauerndes Piepsignal dagegen für defekten Arbeitsspeicher.

Auch sonstige Fehlermeldungen werden häufig mit dem ersten Aufscheinen am Bildschirm vom BIOS angezeigt, da dieses die Funktionsfähigkeit vieler Komponenten überprüft, bevor es den Rechner an das Betriebssystem übergibt.

Ein weiterer häufiger Fehler tritt auf, wenn die CMOS-Batterie entleert ist. In diesem Fall fragt das System beim Starten jedes Mal nach Systemdatum und -zeit und stellt diese neu ein. Ersetzen Sie in diesem Fall umgehend die Batterie.

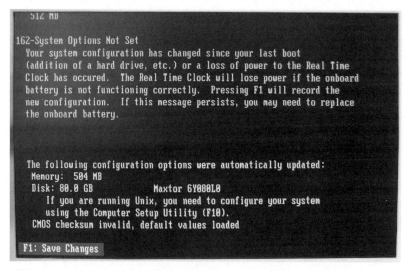

Abb. 7.1:   Typische Fehlermeldung bei einer leeren CMOS-Batterie

Nicht nur beim Starten, sondern auch im Betrieb können natürlich Probleme auftreten. Das können Treiber sein, die nicht mehr korrekt funktionieren, es können aber auch Druckprobleme vorkommen, sei es durch fehlende oder falsche Treiber oder dadurch, dass zum Beispiel zu wenig Speicherplatz auf der Festplatte frei ist, um den Druckauftrag zu verarbeiten.

Nach der Aktualisierung von Systemkomponenten oder Treibern kann es zudem sein, dass das System nicht mehr richtig startet. Das Stichwort (nicht nur) hierzu lautet »Blue Screen«.

Blue Screens werden meistens durch fehlerhafte Gerätetreiber oder defekte Hardware verursacht, seltener auch durch Fehler in Applikationen. Hier greifen verschiedene, bereits besprochene Methoden. Laden Sie nur originale Treiber von Herstellern, halten Sie Ihr System durch automatische Updates aktuell und prüfen Sie immer die Systemvoraussetzungen für Hardware und Applikationen, bevor Sie etwas installieren.

Sollte dennoch ein Fehler auftreten, schützt Windows das System, um irreversible Schäden an Hardware und Software oder sogar Datenverluste zu vermeiden, durch das Anhalten des Systems, und es wird Ihnen ein Blue Screen angezeigt. Nicht gespeicherte Dokumente sind jedoch verloren. Die Ursache, welche zu einem Blue Screen führen, wird durch Fehlercodes beschrieben. Bei Blue Screens ist in jedem Fall ein Neustart des Systems nötig.

7.2 Der Arbeitsspeicher

Beim Arbeitsspeicher besteht die Hauptproblematik in der bereits mehrfach angesprochenen Kompatibilität von Bausteinen. Das hängt an der Taktung, der Anzahl Chips, der Steuerung etc.

Abb. 7.2: Die Spezifikationen eines RAM-Riegels: DDR3-1066 MHz – finden Sie's?

Auf den meisten Speicherbausteinen finden Sie zahlreiche Informationen wie den Typ oder die Größe, aber auch die Stromversorgung. Dem obigen Beispiel entnehmen wir also, dass es sich um DDR3-1066-RAM handelt, das mit 1,5 Volt Spannung betrieben wird und 2 Gigabyte groß ist. Über die Artikelnummer KVR1066D3N7 können Sie sodann in der Herstellerdatenbank weitere Werte erfragen, zum Beispiel für welche Systeme dieser Arbeitsspeicher geeignet ist.

Nach dem Einbau von neuem Arbeitsspeicher kann es trotz korrektem Baustein zu einem akustischen Signal, dem sogenannten Peepcode kommen. In den meisten Fällen ist der Grund aber simpel: Der Baustein ist nicht komplett im Steckplatz eingerastet. Öffnen Sie das Gehäuse erneut und beheben Sie den Fehler.

7.3   Probleme mit Komponenten

7.3.1   Tastatur und Mäuse

Der häufigste Fehler liegt im Vertauschen der Stecker beim Anschluss an den PC. Zwar sind neuere Mainboards und Komponenten heute farblich getrennt, um die Verwechslungsgefahr zu minimieren, aber es bleiben eben doch zwei äußerlich gleiche Steckanschlüsse.

Sehr empfindlich reagiert die Tastatur auf Verschmutzung, weil dadurch Gegenstände zwischen die Tasten und den Druckpunkt gelangen können. Hier hilft nur regelmäßige Reinigung und der Vorsatz, nicht am PC zu essen.

Ältere mechanische Mäuse reagieren auf Staubaufnahme empfindlich, weil dadurch das Übertragen der Bewegungsdaten gestört wird. Das äußert sich in sprunghaftem Bewegen der Maus oder dadurch, dass die Maus an einer Stelle des Bildschirms »hängen bleibt«. Hier kann aber Abhilfe geschaffen werden, indem man die Maus von unten öffnet und die Bewegungsrollen vorsichtig vom Staub befreit.

Bei den neuen, optischen Mäusen besteht keine Eindringmöglichkeit mehr von Schmutz auf der Unterseite. Allerdings kann das Scroll-Rad, das unterdessen bei allen Mäusen Standard ist, durch stark verschmutzte Hände und Finger in Mitleidenschaft gezogen werden. Die Möglichkeit, das Scroll-Rad nicht nur zu drehen, sondern auch nach rechts und links zu kippen, fördert das Eindringen von Schmutz durch diese Öffnung.

Ältere optische Mäuse können zudem nicht auf stark spiegelnden Oberflächen oder Glastischen verwendet werden.

7.3.2   Monitor und Grafikkarte

Bei Monitoren sind die Eingriffsmöglichkeiten bei Problemen recht beschränkt. Zuerst gilt es, die folgenden Punkte zur überprüfen:

- Sind die Einstellungen am Monitor (Helligkeit/Kontrast) korrekt eingestellt?
- Sind die Kabel korrekt verbunden und eingesteckt?

- Ist das Anschlusskabel defekt?

- Haben Sie bei DVI das richtige Kabel eingesetzt (DVI-I, DVD-D, Single oder Dual)?

- Verwenden Sie bei HDMI den zum Gerät passenden Standard?

Wenn Sie diese Fragen geklärt haben, ist der einfachste nächste Schritt, den Monitor auszutauschen und erneut zu testen, denn Sie können weder einen Schaden an der Bildröhre (CRT) noch an der Hintergrundbeleuchtung oder am Inverterboard (LCD) einfach selber beheben.

Achtung: Im Inneren eines CRT-Monitors können an der Bildröhre Spannungen von bis zu 25.000 Volt liegen! Unterlassen Sie es, einen Bildschirm zu öffnen! Überlassen Sie solche Unternehmungen einer offiziellen Reparaturstelle oder ersetzen Sie das defekte Gerät.

Bei Grafikkarten können die Probleme vor allem nach Umbauten auftreten oder dann sind sie nicht hardwarebedingt, sondern durch einen falschen Treiber – doch dazu lernen Sie in diesem Buch später mehr.

Das Problem beim Umbau ist dies, dass neuere Grafikkarten einen hohen Strombedarf aufweisen können. Sie können die Karte dann zwar montieren und sie sitzt auch richtig, aber beim Starten treten Fehlermeldungen auf oder der Bildschirm bleibt dunkel. Achten Sie daher unbedingt auf die Systemvoraussetzungen vor dem Einbau, damit Sie nachher nicht Probleme bekommen.

7.3.3 Diskettenlaufwerke

Häufigste Fehlerursache bei Diskettenlaufwerken ist ein verkehrt eingestecktes Verbindungskabel. Dies können Sie leicht daran feststellen, dass während des Boot-Vorgangs die Aktivitätsleuchte am Laufwerk permanent leuchtet, anstatt nur beim Boot-Test, wo das BIOS auf das Laufwerk zugreift, um seine Anwesenheit zu testen.

Wenn Sie vermuten, dass das Laufwerk selber defekt ist, können Sie durch Einlegen anderer Disketten leicht einen Test durchführen. Auch das Austauschen des Laufwerks verschafft Ihnen entsprechend Klarheit.

7.3.4 Festplatten

Die meisten Fehlermeldungen wie:

- Insert Boot Disk

- Non System Disk

- Non-bootable device

deuten nicht auf Hardware-Fehler hin, sondern entstehen dadurch, dass das Betriebssystem die für den Start notwendigen Dateien nicht findet. In diesem Fall müssen Sie mit den entsprechenden Hilfsmitteln des Betriebssystems (z.B. Notfalldiskette, Installations-CD, Reparaturmodus) versuchen, das Problem zu lösen.

Eine weitere sehr häufige Möglichkeit besteht darin, dass sich noch eine Diskette im Laufwerk befindet oder ein nicht-startfähiger USB-Stick eingesteckt ist und darum nicht auf die eigentlichen Startdateien zugegriffen werden kann.

Anders sieht es aus mit folgenden Meldungen:

- C: Drive Error
- No Harddisk found
- HDC failure/Controller failure
- HDD failure/Harddisk failure
- No BIOS found (SCSI-Fehlermeldung)

Was können Sie tun, um diese Meldungen zu überprüfen?

- Zuerst wie immer: Kabel kontrollieren!

Bei SCSI-Systemen liegt die Sache etwas anders. Hier gibt es eine Reihe von Möglichkeiten. Ist die ID des Laufwerks korrekt? Ist die Boot-Reihenfolge im SCSI-BIOS korrekt eingegeben? Sind die Terminierungen korrekt?

Die Meldung »HDD failure« deutet tatsächlich auf eine defekte Festplatte hin. Auch hier gilt: Laufwerk austauschen und neu starten, um den Fehler zu lokalisieren. Zudem kann eine sogenannte Low-Level-Formatierung ebenfalls Abhilfe schaffen. Moderne Festplatten verfügen übrigens über integrierte Sensoren. Sie nennen sich S.M.A.R.T. und sind in alle SATA-Laufwerke eingebaut. Falls einer der Sensoren zum Beispiel zu viele Lesefehler oder Schreibfehler feststellt, gibt er diese Information an das BIOS weiter, und Sie werden beim nächsten Start des Systems darauf aufmerksam gemacht, dass die Platte den »S.M.A.R.T.-Test« nicht mehr bestanden hat und ausgetauscht werden sollte.

Ein weiterer Test besteht darin, dass Sie (jedenfalls bei geöffnetem Gehäuse) beim Starten gut auf die Festplatte hören. Beim Starten läuft die Platte hörbar an und surrt dann ganz leise – ein Zeichen, dass sie in Betrieb geht. Auch können Sie sich auf Ihre Ohren verlassen: Wenn Sie klickende Geräusche wahrnehmen, müssen Sie die Festplatte ersetzen. Sie können an dieser Stelle keine Reparatur vornehmen, die den Schaden beheben könnte. Sind sehr wertvolle Daten auf der Harddisk gespeichert sind, von welchen kein Backup existiert, können Sie die Festplatte von Spezialisten prüfen lassen. Damit ist nicht der Computerspezialist von nebenan gemeint, sondern eine Firma, die professionelle Datenrettungen anbietet und Festplatten in einem Reinraum öffnet, um möglichst viele Daten auslesen zu können.

Ein weiterer möglicher Test ist das Starten eines Betriebssystems von einer CD. Wenn man zum Beispiel mit Knoppix (diese Linux-Variante startet von DVD) oder mit einem anderen geeigneten Tool den Computer startet und anschließend keinen Zugriff auf die Festplatte erhält, ist das ein weiteres Indiz, dass die Festplatte definitiv defekt ist.

7.3.5 Wechselmedien

Auch bei Wechselmedien gilt das erste Augenmerk der Verbindung mit den Kabeln und anschließend den Fragen nach ID-(SCSI) oder Master-/Slave-Einstellungen. Darüber hinaus gibt es aber auch für diese Medien typische Fehlermeldungen.

Bei externen Geräten ist ein möglicher Fehler, dass entweder der SCSI-Controller nicht für externe Geräte aktiviert ist oder dass bei Parallel-Port-Geräten der Port im BIOS nicht im richtigen (meist ECP) Modus konfiguriert ist.

Auch das Fehlen oder falsche Einstellen von externen Terminatoren kann eine mögliche Fehlerursache bei externen SCSI-Geräten sein.

Wenn das Gerät im BIOS korrekt erkannt wird, nicht aber im Betriebssystem, so prüfen Sie zuerst die Treiber (sind sie korrekt installiert?) und danach die Laufwerkszuordnung. Möglicherweise blockiert eine fixe Laufwerkszuordnung anderer Geräte die Erkennung des Wechselmediums (z.B. bei Zuordnung zahlreicher Netzwerklaufwerke).

Lesefehler auf Wechselmedien rühren meist nicht vom Laufwerk her, sondern vom Medium selber, z.B. verkratzte CDs oder verschmutzte DVDs. Hier können Sie den Fehler leicht durch das Prüfen mit einem anderen Medium prüfen. In seltenen Fällen kann natürlich auch der Schreib-/Lesemechanismus oder der Laser defekt sein.

Bevor Sie hier das Laufwerk ersetzen, lohnt es sich, eine Reinigungs-CD zu verwenden, um die Linse zu reinigen.

Beachten Sie dabei, dass Sie ein geeignetes Tuch (fusselfrei, trocken oder nur ganz leicht feucht) nehmen und von innen nach außen in geraden Strecken reinigen, nicht etwa im Kreis herum.

Ein weiteres Problem tritt auf, wenn Sie eine DVD in ein CD-Laufwerk einlegen und entsprechend auch, wenn Sie versuchen, Blu-rays in DVD-Laufwerken zu laden. Das kann nicht funktionieren. Ältere CD-ROM-Laufwerke sind teilweise nicht in der Lage, CD-RW-Medien zu erkennen; aber auch CD-R-Medien neuerer Spezifikation können davon betroffen sein. Hier hilft nur der Ersatz des Laufwerks. Auch neuere DVD-DL-Rohlinge können von älteren DVD-Laufwerken unter Umständen nicht mehr gelesen werden.

Bei Kartenlesern ist das häufigste Problem, dass sie veraltet sein können und die aktuellen Standards mit den immer größer werdenden Kapazitäten noch nicht unterstützen. Wenn Sie also eine SDHC-Karte in Ihren Kartenleser einschieben, die 16 GB Kapazität hat, aber vom System nicht gelesen werden kann, ist es gut möglich, dass der Kartenleser diesen Standard noch nicht unterstützt und nur Karten bis 2 GB oder 4 GB liest. Hier hilft in der Regel der Kauf eines neueren Lesegerätes oder die Verwendung (alter) kleinerer Speicherkarten.

7.4 Externe Schnittstellen

7.4.1 Seriell/Parallel

Bei diesen Schnittstellen ist zuerst auf die korrekte Zuordnung der Adressen zu achten sowie auf die korrekte Verkabelung mit der Mainboard-Schnittstelle.

Bei den parallelen Schnittstellen ist zudem im BIOS einzustellen, in welchem Modus sie betrieben werden soll.

Bei der seriellen Schnittstelle ist darauf zu achten, dass die Übertragungsgeschwindigkeit und die Fehlerkontrolle korrekt eingestellt sind. Zumeist muss in der Steuerungssoftware eingestellt werden, an welchem COM-Port das externe Gerät angeschlossen wurde, ansonsten wird die Ansteuerung nicht funktionieren.

Ist eine parallele oder serielle Schnittstelle defekt, so muss sie zuerst im BIOS deaktiviert werden, da diese Schnittstellen heute alle auf dem Mainboard integriert sind.

Anschließend kann die Schnittstelle mittels einer externen Schnittstellenkarte ersetzt werden.

7.4.2 USB

Bei USB ist zu berücksichtigen:

- USB kann im BIOS aktiviert und deaktiviert werden.
- USB-Kabel dürfen ohne Repeater dazwischen nicht länger als fünf Meter sein, sonst kommt es zu Störungen in der Datenübertragung oder zu keiner stabilen Verbindung.

7.5 Drucker

Für alle Drucker gilt es, die folgenden Fehlerquellen zu überprüfen:

- Ist das Anschlusskabel richtig eingesteckt?
- Ist das Anschlusskabel defekt?

- Gibt das Druckgerät Fehlermeldungen aus? Lesen Sie immer zuerst die Dokumentation des Druckers durch, um diese richtig zu interpretieren!

- Ist das Papier ordnungsgemäß eingelegt oder gibt es einen bestehenden Papierstau im Gerät?

- Ist der Toner oder die Tinte oder das Farbband noch gebrauchsfähig? Bei Laserdruckern außerdem: Ist die Trommel bzw. die Fixiereinheit noch in Ordnung?

- Speziell bei Netzwerkdruckern: Wurden die IP-Adresseinstellungen verändert oder zurückgesetzt? Sind alle Einrichtungen für das Ansprechen des Druckers noch richtig gesetzt?

Auf die speziellen Fehlermöglichkeiten einzelner Druckertypen wird im Folgenden eingegangen.

7.5.1 Laserdrucker

Beim Laserdrucker können Fehler an folgenden Stellen lokalisiert werden:

- Leere Toner führen meist zum Anhalten des Druckers und zu einer Fehlermeldung im Display oder je nach Software auch in der Druckersteuerung im Betriebssystem.

- Ein falscher Druckertreiber führt zu unlesbarem Zeichensalat beim Ausdruck (z.B. Verwechslung von PostScript- und HP Laserjet PCL-Treiber ...).
  → Treiber richtig installieren, Testdruck

- Verunreinigungen (Geisterbilder, Linien, Verschmierungen) beim Ausdruck können auf einen verunreinigten Corona-Draht, eine verdreckte Reinigungsbürste oder eine unsaubere Trommel hinweisen. Hierbei können Sie entweder ein Reinigungsprogramm laufen lassen oder das Gerät selber reinigen, aber seien Sie dabei vorsichtig:
  → Coronadraht reinigen (typischerweise bei Längslinien im Druck)
  → Druckergehäuse reinigen, Tonerreste entfernen (bei Flecken)
  → Fixierrolle reinigen (bei regelmäßig wiederkehrenden Linien im Druck)
  → Reinigungsbürste ersetzen (bei Verschmutzungen)
  → Trommel ersetzen, kann nicht gereinigt werden (bei Längslinien oder auch bei Geisterbildern)

- Falsche Schriftarten werden gedruckt, entweder weil der Drucker eine falsche Übersetzungstabelle verwendet, die Schriftart nicht vorhanden ist oder eine Schriftartenkassette falsch eingesteckt oder defekt ist.
  → Testdruck ausführen zum Nachprüfen installierter Schriftarten
  → Ersetzungstabelle im Druckertreiber überprüfen

Abb. 7.3: Auch das Tonerwechseln will richtig gemacht sein.

Vor allem bei größeren Druckern kann es zudem hilfreich sein, einen speziellen Vakuumsauger zur Hand zu haben. Verwenden Sie keinen Hausstaubsauger, denn zum einen sind die Tonerpartikel zu fein und verstopfen dessen Filter, zum anderen sind diese Geräte nicht gegen die statische Entladung gesichert, sodass ein Kontakt des Saugers mit dem Drucker zu Schäden führen kann. Darum gibt es extra Sauggeräte für Drucker, welche die Bedingungen für eine sachgemäße Reinigung erfüllen.

Bei Laserdruckern muss zudem nach einer gewissen Zeit die Fixiereinheit ersetzt werden. Diese kann vom Hersteller erworben und nach Anleitung ersetzt werden. Ebenso gibt es Wartungskits, die zum Beispiel neue Rollen oder Reinigungsstäbe enthalten, mit denen der Drucker gewartet werden kann.

7.5.2 Tintenstrahldrucker

Auch bei Tintenstrahldruckern muss zuerst einmal auf die Fehleranzeigen am Drukker selber geachtet werden. Auch hier gilt: Bei leeren Tintentanks wird das Drucken angehalten, und es wird eine Meldung ausgegeben, sicher am Drucker selber, meistens auch über die Treibersteuerung auf dem Client-PC.

Bei Problemen mit Tintenstrahldruckern geht es in erster Linie darum, dass der Ausdruck nicht oder nur in einzelnen Farben erfolgt. Das ist jeweils auf eine verschmutzte oder leere Patrone zurückzuführen.

Drei Ursachen führen häufig zur Verstopfung des Druckkopfs:

- Unregelmäßige Benutzung des Druckers mit langen Standzeiten
- Verwendung von billigem Papier mit hohem Staubanteil oder von Umweltschutzpapier, welches generell einen höheren Staubanteil aufweist

- Verwendung von alten oder falschen Tintenpatronen; auch bei herstellerfremden Patronen können Probleme auftauchen.

Das Problem besteht jetzt hierin, dass die einen Drucker den Druckkopf direkt auf der Patrone besitzen. Ist der Ausdruck mangelhaft, kann mit dem Austausch der Patrone auch der Druckkopf ersetzt und dadurch das Problem in aller Regel gelöst werden (z.B. HP-Drucker).

Anders sieht es aus, wenn die Tintentanks separat vom Druckkopf eingesetzt werden. Hier kann nur mittels des eingebauten Reinigungsprogramms versucht werden, den Druckkopf zu reinigen. Gelingt dies nicht, muss entweder der Druckkopf ersetzt oder – wenn dies nicht selber möglich ist – der Drucker an den Hersteller zurückgesandt werden (z.B. Canon-Drucker).

Ein weiterer Grund für »unsauberen« oder unscharfen Ausdruck kann zudem die Abnutzung des Transportbands des Druckkopfs sein. Diese sind zumeist aus Kunststoff oder Gummi gefertigt und nützen sich entsprechend ab oder leiern aus, was zu einer unpräzisen Ausrichtung des Druckkopfs führt.

7.6 Die Stromversorgung

Nicht immer sind die Komponenten des Systems selber die Ursache für Probleme. Computer und ihre Peripheriegeräte sind abhängig von der Stromzufuhr. Stromstöße (Spikes), Spannungseinbrüche oder gar -ausfälle (Brownouts genannt) oder gar totale Stromausfälle können Computersystemen und Peripheriegeräten Schaden zufügen.

Dagegen hilft im Wesentlichen lediglich die Anschaffung von Überspannschutzgeräten oder einer unterbrechungsfreien Stromversorgung (USV).

Diese fängt sowohl Stromunterbrechungen ab und wirkt auch gegen Über- oder Unterspannung.

Abb. 7.4: Zwei Beispiele unterschiedlicher USV-Schutzanlagen

7.7 Typische Probleme mit mobiler Hardware

Neben den bereits erwähnten Problemen und Fehlern, die Sie auch bei Net- und Notebooks antreffen können, gibt es noch Hardware-Fehler, die speziell im mobilen Bereich auftreten können.

Einsatz von Akkus

Mobile Geräte zeichnen sich dadurch aus, dass sie auch ohne permanente Netzversorgung betrieben werden können. Dazu setzen diese Geräte Akkus ein. Aber Akkus sind ein Verschleißprodukt. Auch bei sehr sorgfältiger Akkupflege ist ein Umtausch nach 2–3 Jahren unumgänglich, da die Kapazität dann rapide abnimmt. Akkus sollten nur vom Gerätehersteller oder einer von diesem zertifizierten Stelle erworben, repariert und umgetauscht werden. Ein Akku kann im Betrieb eine beachtliche Temperatur erreichen. Sollte er aber so heiß werden, dass er von bloßen Händen nicht mehr berührt werden kann, ohne sich zu verbrennen, schalten Sie das System aus. Auf gar keinen Fall sollten Sie versuchen, den Akku zu öffnen oder sonstige Reparaturversuche vornehmen. Auch im abgeschalteten und vom Netz getrennten Zustand kann der Akku unter Spannung stehen! Vergessen Sie nicht: Akkus sind Sondermüll und müssen daher fachgerecht entsorgt werden.

Mobile Geräte mit Festplatten

Notebooks und Netbooks werden oft von einem Ort an den anderen umgestellt und eventuell auch nicht immer sehr sorgfältig behandelt. Obwohl die meisten aktuellen Net- und Notebooks eingebaute Sensoren haben, die vorübergehend Festplattenaktivitäten stoppen können, kann es vorkommen, dass Vibrationen vor allem während des Lese- und Schreibzugriffs den Lese-/Schreibkopf oder die Platte beschädigen.

Daher ist beim Umgang insbesondere mit Geräten im Betrieb größte Vorsicht geboten. Einen gewissen Ausweg bieten in diesem Zusammenhang die immer mehr aufkommenden Solid State Drives (SSD), welche gegen Erschütterungen wesentlich unempfindlicher sind. Sie besitzen weder rotierende noch bewegliche Teile und lassen sich meist direkt anstelle von SATA-Festplatten einsetzen und betreiben.

Touchpad

Probleme mit dem Touchpad sind meistens treiberbedingt. In seltenen Fällen kann auch eine verunreinigte Oberfläche die Funktionalität einschränken. Hier empfiehlt es sich, das Touchpad vorsichtig mit einem leicht angefeuchteten Tuch zu reinigen. Vermeiden Sie den Einsatz von Reinigungsmitteln, um eine Beschädigung der empfindlichen Oberfläche zu verhindern.

Bildschirm

Wenn das eingebaute Display kurz zu flackern beginnt und dann ganz dunkel bleibt, obwohl das System selber noch läuft, liegt der Fehler meist in der Hintergrundbeleuchtung. Kann man im Hintergrund noch ganz schwach ein Bild erkennen, ist womöglich das Inverterboard oder das Inverterkabel defekt. Dies ist einer der häufigsten Displayfehler und kann mit wenig Aufwand und Kosten ersetzt werden. Der Inverter liegt normalerweise am unteren Rand der Displayabdeckung. Um diesen zu ersetzen, schalten Sie das Gerät aus und trennen es vom Strom und entnehmen Sie den Akku. Anschließend kann die Abdeckung sachgerecht abgenommen werden, um den Inverter zu ersetzen.

Pixelfehler können mit der Zeit ebenfalls auftreten, diese lassen sich nur durch einen kompletten Austausch des Bildschirms beheben.

Gehäuse- und Wärmeproblematik

In einem Net- und Notebook sind die Hardware-Komponenten sehr dicht nebeneinander. Aus diesem Grund ist eine funktionierende Kühlung für den fehlerfreien Betrieb unumgänglich. Sollte das System zu heiß werden, kontrollieren Sie zuerst die Luftzufuhr und den korrekten Betrieb der Lüfter. Je nachdem lassen sich diese auch reinigen. Herstellerfremde Komponenten wie z.B. eine neue Festplatte kann unter Umständen auch zusätzliche Hitze entwickeln. Auch das Arbeiten auf den Knien kann die Luftzirkulation einschränken.

Durch unsachgemäße Behandlung können auch am Gehäuse selber leicht Defekte auftreten. Das kann von abbrechenden Gehäuseteilen bis zum defekten Display reichen. Durch Sturzschäden oder unvorsichtiges Aufklappen des Displaydeckels können aber auch Schäden an den Kontakten und elektrischen Verbindungen auftreten. Sollte die Displayanzeige während des Bewegens des Displaydeckels flackern, ist wahrscheinlich ein Kontakt defekt.

Externe Anschlüsse

Einige Net- und Notebookhersteller schränken die Energieversorgung von USB-Anschlüssen ein, falls der Akkustand niedrig ist oder das Gerät bereits im Reservemodus läuft. Es kann durchaus vorkommen, dass USB-Peripheriegeräte aus diesem Grund nicht mehr korrekt funktionieren. Die Lösung besteht darin, entweder das mobile Gerät an den Strom anzuschließen oder das externe Gerät über eine unabhängige Stromzufuhr zu speisen.

Entfernen Sie zudem nicht mehr benötigte Peripheriegeräte vom Notebook, um auch dessen Energiequelle zu schonen.

Mobile Geräte verfügen zudem über einen oder mehrere PCMCIA-Anschlüsse. Wie Sie bereits gelesen haben, gibt es dafür verschiedene Standards: vom ursprünglichen PCMCIA über PC Card bis zu PC-CardExpress. Diese Standards sind nur bedingt zueinander kompatibel, und daher müssen Sie genau überprüfen, welche Karte in welchem Anschluss betrieben werden kann. Das gilt auch, wenn Sie beispielsweise in einem Notebook den integrierten Drahtlosadapter durch einen externen Adapter mit höherer Geschwindigkeit ersetzen möchten.

7.8 Vollzug von Garantiebestimmungen

Das schweizerische wie auch das europäische Recht schreibt über die Gewährleistung beim Kauf, dass es vom Verkäufer eine Verpflichtung gegenüber dem Käufer von Waren gibt. Ein eigentliches Garantiegesetz gibt es in der Schweiz aber im Unterschied zur EU nicht.

Für den Kunden ist es nicht einfach, sich einen Überblick zu verschaffen, und die Hersteller sind im Laufe der Jahre dazu übergegangen, sich gegen alle Eventualitäten abzusichern, und wenn es manchmal auch nur um ganz kleine Details geht. So schreibt etwa die Firma bei ihren HP-Farbplottern im Kleingedruckten sinngemäß: »HP garantiert nicht, dass dieser Drucker für einen bestimmten Zweck geeignet ist.«

An dieser Stelle geht es spezifisch um die verschiedenen Garantieformen, welche im Informatikbereich verwendet werden, und was sie im Einzelnen bedeuten.

Wir betrachten dabei folgende Inhalte jeder Gewährleistungsform:

- Garantieumfang
- Garantieausschluss
- Garantieeinschränkungen
- Garantieleistungen

Der Garantieumfang beschreibt in der Regel, welches Gerät oder welcher Teil des Gerätes in welcher Dauer von der Garantie gedeckt ist.

Der Garantieausschluss nimmt im Minimum die Verschleißteile, die unsachgemäße Behandlung und Fremdsupport als Ausschlussgründe auf. Bei Druckern findet man hier immer auch den Hinweis »Bei Verwendung nicht vom Hersteller stammender Produkte wie Tinte oder Toner wird die Garantiehaftung beschränkt oder ausgeschlossen ...«, was aber rechtlich nicht unbedingt haltbar ist, wie Urteile zeigen.

Die Garantieeinschränkungen beziehen sich in der Regel auf nationale Gesetze und regeln spezielle Ansprüche. Hier kann auch stehen, dass bei Software-Fehlern außer dem Ersatz des Software-Datenträgers keine weiteren Haftungsansprüche möglich sind oder dass Aktualisierungen nicht Teil der Garantie sind.

Sodann werden die eigentlichen Garantieleistungen umschrieben. Hier steht, was alles in der Garantie eingeschlossen ist, welche Haftung der Hersteller übernimmt, welche Kosten er trägt, ob die Geräte ersetzt oder repariert werden und vieles mehr.

7.8.1 On Site-Garantie

Die sogenannte On Site-Garantie, zu Deutsch »Vor Ort«-Garantie, umfasst eine Leistung, bei welcher der Verkäufer, ein vom Hersteller benannter Zwischenhändler oder sogar der Hersteller selber das Gerät vor Ort beim Kunden repariert und wieder instand setzt.

Eine solche Garantie umfasst sowohl die Reisezeit des Technikers, seine Arbeitszeit und das Ersatzmaterial – allerdings mit Ausnahmen. Am bekanntesten ist jene, dass der Verkäufer anschließend trotz Garantie den Schaden in Rechnung stellen kann, wenn der Kunde der Maschine mutwillig Schaden zugefügt hat.

Wichtige Merkpunkte für die On Site-Garantie sind:

- Wie lange dauert die Garantie (12 Monate, 24 oder 36 Monate)?
- An wie vielen Tagen pro Woche ist die Reparatur gewährleistet?
- Wie schnell ist die Reaktionszeit (nächster Tag, 4 Stunden o.Ä.)?
- Was bedeutet »Reaktionszeit« gemäß Vertrag?

7.8.2 Bring In-/Send In-Garantie

Das Gegenteil der On Site-Garantie ist die Bring In- oder Send In-Garantie. Hierbei gehen Verkäufer bzw. Hersteller davon aus, dass Sie das Gerät im Garantiefall einsenden müssen. Dadurch verlängert sich natürlich die Reparaturzeit, und Sie haben in der Regel keine fixen Versprechen, wie lange es dauert, bis das Gerät wieder bei Ihnen ist. Sowohl Arbeitszeit als auch Ersatzteile sind darin inbegriffen.

Ein Variante dazu ist die sogenannte »Collect and Return«-Garantie. Sie wird auch »Pick up and Return« genannt. Sie ist vor allem im Notebook-Bereich verbreitet und bedeutet, dass das Gerät bei Ihnen abgeholt und nach Reparatur wieder zu Ihnen zurückgebracht wird – ohne Versandkosten zu Ihren Lasten.

Wichtige Merkpunkte für die Bring In-Garantie sind:

- Wie lange ist die Garantieleistung gültig (12 Monate, 24 oder 36 Monate ...)?
- Wohin geht der Versand (Inland, Ausland)?
- Gibt es Anhaltspunkte für die Reparaturdauer?
- Wie lange dauert es, bis das Gerät abgeholt wird (Pick up)?

7.8.3 Dead On Arrival

Von einer Dead On Arrival-Garantie (DOA) spricht man, wenn ein Gerät direkt nach dem Kauf gar nicht erst in Funktion tritt, d.h. es ist von Anfang an defekt.

In diesem Fall wird das Gerät bei Vorhandensein einer DOA-Garantie nicht repariert, sondern direkt durch ein neues ersetzt. Solche Garantien werden nur sehr kurzfristig abgegeben und richten sich meist nach den gesetzlichen Mindestvorschriften zum Umtausch von defekter Ware. In der Schweiz sind DOA-Garantien im Rahmen von 5 bis 10 Arbeitstagen üblich.

Wichtige Merkpunkte für die DOA-Garantie sind:

- Wie lange akzeptiert ein Hersteller diesen Fall (5 Tage, 8 Tage, 10 Tage)?
- Wie schnell ist die Reaktionszeit (nächster Tag, 4 Stunden o.Ä.)?
- Was funktioniert der Austausch und wie lange sind Sie ohne Gerät?

Bei allen Formen von Garantien gilt:

Sofern der Vertrag nicht gegen zwingendes Recht verstößt, gilt ausschließlich das schriftlich in den Garantiebestimmungen festgelegte Recht – das trifft auch für Einschränkungen hinsichtlich der Garantiedauer oder der Haftung zu.

In der Schweiz sind 12 Monate die vom Obligationenrecht vorgesehene Standardgarantiedauer (Artikel 210) – sie kann aber vom Verkäufer herab- oder heraufgesetzt werden. Mit Abschluss des Kaufs nehmen Sie solche Änderungen akzeptierend zur Kenntnis. In der EU und damit auch in Deutschland sind 24 Monate die Regel.

Datenverluste gehören *nie* in den Schadensanspruch einer Garantie. Das Wiederbeschaffen von Daten oder auch das Wiederinstallieren von Programmen ist Sache des Kunden, weshalb heute in vielen Garantiebestimmungen schon drin steht: »Datensicherung ist Sache des Kunden.«

Ein Hersteller schreibt dazu: »*Eine ordentliche Datensicherung ist Aufgabe des Computeranwenders. Der Hersteller haftet in keinem Fall für verlorene Daten, Programme etc. während einer Reparatur. Während der Reparatur kann es notwendig sein, dass der Hersteller die Daten auf der Festplatte löscht (Festplatte neu formatiert) und neu bespielt. Dabei gehen alle Kundeneinstellungen und Daten unwiderruflich verloren! Die Wiederherstellung der Kundeneinstellungen, Daten, Programme etc. ist Sache des Kunden. Der Hersteller empfiehlt, regelmäßige Sicherungen aller Daten anzufertigen.*« (Garantiebestimmungen für PC und Server, Stand Februar 2002, Maxdata Germany).

7.9   Fragen zu diesem Kapitel

1. Während einer Wartung an einem PC-System sieht die Technikerin, dass mehrere Schnittstellenabdeckungen an der Rückseite des PC nicht vorhanden sind und daher Lücken entstanden sind. Was ist die beste Begründung dafür, dass sie das Gehäuse öffnet und die Abdeckbleche wieder montiert?

   A   Dies hilft bei der Reduktion von RFI (Radio Frequence Interference) im Gehäuse.

   B   Dies verhindert die Verschmutzung im Gehäuse.

   C   Damit wird die Auswirkung von ESD (Electronic Discharge) im Gehäuse begrenzt.

   D   Es sorgt für die richtige Luftströmung zur Kühlung im Gehäuse.

2. Ein Benutzer ruft die Technikerin, weil er keine Dokumente auf dem Netzwerkdrucker ausgeben kann. Die Technikerin geht zum Drucker und kann erfolgreich eine Testseite ausdrucken. Wo sucht sie das Problem als Erstes?

   A   Ob es Papier im Drucker gibt.

   B   Die Tonerpatrone muss ersetzt werden.

   C   Ob das Netzwerkkabel beim Benutzer und beim Drucker richtig eingesteckt ist.

   D   Es wurden neue Treiber herausgegeben, die zuerst installiert werden müssen.

3. Sie erhalten beim Start die Fehlermeldung, dass das Betriebssystem nicht gefunden werden konnte. Was werden Sie als Erstes überprüfen?

   A   Ob ein USB-Stick eingesteckt ist oder eine Diskette im Laufwerk liegt

   B   Ob die Plug & Play-Funktionalität aktiviert ist

   C   Ob der Computer abgesichert gestartet werden kann

   D   Ob das BIOS aktuell ist

4. Ein Kunde beklagt sich über die mangelhafte Druckqualität seines Druckers. Vor Ort angekommen, zeigt der Kunde dem Techniker einige dieser fehlerhaften Ausdrucke. Was ist der nächste Schritt des Technikers?

   A   Er reinigt die Tonerzufuhr.

   B   Er wechselt das Papier im Magazin.

   C   Er ersetzt die Fixiereinheit.

   D   Er druckt eine Testseite.

5. Sie arbeiten seit längerer Zeit an diesem Tag an einer Workstation, die sich plötzlich herunterfährt. Was überprüfen Sie als Erstes?

   A   Ob die Lüfter blockiert sind

   B   Die Einstellungen für berechtigte Arbeitszeiten

   C   Die Anschlüsse des Flachbandkabel

   D   Den Sitz der CPU im Sockel

6. Sie überprüfen ein Netzteil und messen an einer Leitung eine Spannung mit 2,2 Volt anstelle der eigentlich normalen 5 Volt. Was tun Sie jetzt?

   A   Sie tauschen das Netzteil aus.

   B   Sie ändern die Spannungszuteilung im BIOS.

   C   Sie reparieren das Netzteil.

   D   Sie unternehmen nichts, denn dieser Wert ist innerhalb der Toleranz.

7. Nach dem Einsetzen einer neuen PCI-Soundkarte in den PCI-Steckplatz startet der PC nicht mehr. Was sollten Sie als Nächstes tun?

   A   Eine andere Soundkarte kaufen.

   B   Die Soundkarte überprüfen, ob sie richtig im Steckplatz sitzt.

   C   Die Soundkarte muss im BIOS aktiviert werden.

   D   Alle anderen vorhandenen Steckkarten aus dem PC ausbauen und sehen ob er dann startet.

8. Sie möchten wissen, ob Sie noch neue USB-Geräte anschließen können. Wie viele dieser Schnittstellen hat Ihr Computer an der Rückseite?

   A   2

   B   4

   C   8

   D   9

9. Sie haben einen PC gekauft, der leider nach einigen Wochen ernsthafte Probleme mit der Stromversorgung hat. Sie eröffnen einen Garantiefall und erfahren, dass jemand bei Ihnen vorbeikommen wird. Welche Art von Garantie haben Sie auf diesem Gerät?

A Send In

B Pick up and Return

C Dead on Arrival

D On Site

10. Sie möchten Ihre Computersysteme vor Stromausfällen und Unterspannung schützen. Was werden Sie sich anschaffen?

A Ein neues Netzteil auf Reserve

B Eine sichere Leitung

C Eine USV

D Sie setzen nur noch Notebooks ein, denn die haben eine Batterie.

Kapitel 8

Von Fenstern, Pinguinen und Löwen

Bisher haben wir nur von den Geräten selber gesprochen. Aber Hardware alleine verrichtet noch keine Arbeit. Dazu benötigen Sie in erster Linie ein Betriebssystem und dazu passende Anwendungen (Programme). Erst in diesem Komplettpaket erhalten Sie ein lauffähiges System.

Das Betriebssystem bildet dabei sozusagen die Schnittstelle zwischen der Hardware und den Anwendungen wie etwa Office oder einem Grafikprogramm.

Entsprechend muss das Betriebssystem zum einen zur Hardware passen, und die Anwendungen wiederum müssen dann für dieses Betriebssystem geschrieben werden.

Auch wenn das Betriebssystem Windows von Microsoft seit Jahren die größte Verbreitung hat, haben Sie durchaus die Wahl zwischen verschiedenen Betriebssystemen, etwa von Apple oder mit dem Aufkommen von Tablets sind auch Android oder iOS für viele Anwendungen die richtige Entscheidung.

Wir schauen uns diesem Kapitel die Aufgaben des Betriebssystems an und die wichtigsten Vertreter in der Welt der PCs, Notebooks und Tablets.

8.1 Aufgaben eines Betriebssystems

Früher hat man für jede Funktion auf einem Computer ein eigenes Programm geschrieben. Das war sehr aufwendig und führte dazu, dass man immer sehr aufpassen musste, ob sich die Programme untereinander nicht behindern.

Heute übernehmen Betriebssysteme viele dieser Funktionen, als da wären:

- Ansteuerung von internen und externen Geräten
- Dateien speichern und verwalten
- Benutzerverwaltung
- Drucken
- Bild- und Musikwiedergabe

Je nachdem, wie viele zusätzliche Dienste mit in das Betriebssystem verbaut werden, kann diese Liste fast beliebig verändert werden, allerdings sind das dann eher

Zusätze zum Betriebssystem, etwa ein Browser für das Surfen im Internet oder eine Anwendung für die einfache Textbearbeitung oder Spiele. Zudem verfügen alle Betriebssysteme über eigene Hilfsprogramme, etwa um die Festplatte aufzuräumen oder um Daten zu sichern (Time Machine, Windows Backup).

8.2   Einführung in die Fensterwelt

Microsoft hat seit der Einführung des Betriebssystems MS-DOS zusammen mit dem IBM-PC im Jahre 1981 die Entwicklung konstant vorangetrieben. Das ging von Windows 1.x in den 1980er Jahren über Windows 3 zum erstmals einer breiten Öffentlichkeit wirklich bekannten Windows 95 und weiter über Windows 2000 bis dem lange Jahre am meisten verbreitete Windows XP. Anschließend folgte das nicht sehr erfolgreiche Windows Vista, bald gefolgt von Windows 7. Heute stehen wir an der Schwelle von Windows 7 zu Windows 8 – und die Entwicklung wird hierbei sicherlich nicht stehenbleiben.

Bei aller Entwicklung bleiben doch die Aufgaben immer dieselben: dem Benutzer die Möglichkeiten zu bieten, um sich am System anzumelden, Dokumente zu verwalten und die Anwendungen zu unterstützen vom Speichern bis zum Drucken. Aber dank immer leistungsfähigerer Rechner sind die Systeme immer bunter und bewegter geworden, die Zusatzprogramme werden immer ausgefeilter und der Umfang immer größer. Konnten wir Windows 3.0 noch ab Disketten installieren, so benötigen wir für ein Windows 7 bereits eine ganze DVD.

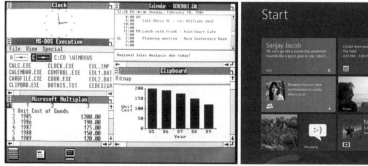

Abb. 8.1:   Von Windows 1 bis Windows 8

Das jetzt noch aktuellste Client-Betriebssystem von Microsoft nennt sich Windows 7 und wurde weltweit im Oktober 2009 lanciert. Wie die Versionsnummer aussagt (Version 6.1), handelt es sich dabei aber nicht um eine komplett neue Version, sondern um ein verbessertes Windows Vista – somit eigentlich nur ein Update, wenn auch ein wichtiges.

Bei Windows 7 wurde die Entwicklung der 64-Bit-Version konsequent voran getrieben, sodass sie heute eine ernsthafte Alternative zur bekannten 32-Bit-Version eines Betriebssystems darstellt und auch entsprechend große Verbreitung findet, was sich wiederum darin zeigt, dass immer mehr Gerätetreiber in 64 Bit verfügbar sind – und zunehmend auch Anwendungen, wie das jüngst erschienene Office 2010 in der 64-Bit-Version belegt.

Windows Aero: Windows Aero (Authentic, Energetic, Reflective, Open) nennt sich die grafische Umgebung von Windows 7 (eigentlich mit Windows Vista eingeführt). Sie beinhaltet ein neues Fensterdesign sowie die Unterstützung von 3D-Grafiken, Animationen und visuellen Spezialeffekten, z.B. die Transparenzeffekte. Dies erkennt man dadurch, dass durch die Fensterleisten eines Fensters im Vordergrund das Hintergrundbild oder ein dahinterliegendes offenes Fenster durchschimmern. Diese Standardeinstellung braucht allerdings viele Ressourcen und kann auch abgeschaltet werden (ANPASSUNG, KLASSISCHE EINSTELLUNGEN wählen).

Eine weitere Neuerung gegenüber den vorherigen Windows-Versionen ist die Live-Kleinbildansicht aller geöffneten Fenster eines Programms, wenn man auf der Taskleiste darüberfährt. Somit kann präzise das gewünschte Fenster ausgewählt werden. Neu kann man auch den Desktop kurz anzeigen, ohne dass man gleich alle geöffneten Fenster minimiert (rechts unten auf der Taskleiste).

Abb. 8.2: Symbolansicht für geöffnete Word-Dokumente

Zudem lassen sich geöffnete Fenster auch einfacher verkleinern und vergrößern, an den Bildschirm anpassen oder an den rechten oder linken Monitorrand verschieben. Dazu in der oberen Programmleiste die Maus gedrückt halten und dann entweder an den oberen Monitorrand (Vollbild), an den rechten (rechts halbseitig) oder linken Rand (links halbseitig) ziehen. Dies geht übrigens auch mit der Pfeil-Taste: Windows-Taste drücken und Pfeil nach oben (Vollbild), nach rechts (rechts halbseitig), nach links (links halbseitig) oder nach unten (Minimieren). Dieselbe Methode gilt unter Windows 7 immer noch.

Seit Windows 3.x gibt es in allen Windows-Versionen die Möglichkeit, mit ALT+TAB zwischen allen geöffneten Programmfenstern hin und her zu wechseln.

Seit Windows Vista gibt es eine zusätzliche Möglichkeit (Flip 3D genannt) mit Windows-Taste+TAB. Probieren Sie es aus.

Schnellsuche und Explorer: Die Schnellsuche von Windows 7 vereinfacht und beschleunigt das Finden von Dateien und Programmen. Dazu gibt es zwei Hauptmöglichkeiten: die systemweite Suche (Start-Schaltfläche und anschließend ins Feld *Programme/Dateien durchsuchen*) oder die ordner- und unterordnerspezifische Suche. Haben wir im Windows Explorer einen Ordner geöffnet, erscheint in der oberen rechten Ecke die Meldung *Ordner durchsuchen*. Wenn man nun anfängt zu tippen, sucht Windows im entsprechenden Ordner und deren Unterordner nach übereinstimmenden Dateien und Programmen.

Neben der bereits erwähnten Schnellsuche wartet der Windows Explorer noch mit ein paar anderen Features auf:

- Symbolgröße: Rechts oben haben Sie die Möglichkeit, unter *Weitere Optionen* die Ansicht der Symbole stufenlos anzupassen.

- Virtuelle Ordner: Der Explorer bietet neben der herkömmlichen Baumstruktur auch das Navigieren durch »virtuelle« Ordner. Dies sind themenbezogene Zusammenfassungen von Orten mit gleichem Inhalt (Suchordner).

- Dateivorschau: Mit einem Klick die Dateivorschau ein- und ausschalten. In der Dateivorschau lässt sich durch die meisten Dokumente scrollen, ohne das Programm zu öffnen.

- Anzeige Adressleiste: Wo unter Windows XP noch der Pfad angegeben wurde, wird neu Folgendes angezeigt

Abb. 8.3:   Adressleiste

Dies hat den Vorteil, dass man jederzeit z.B. auf Windows klicken kann und wieder im Ordner Windows ist. Wenn man mit der Maus einmal in das Feld klickt, wird die Pfadangabe `C:\Windows\System32\Setup` angezeigt (um beispielsweise den Pfad zu kopieren). Sobald Sie mit der Maus wieder außerhalb der Adressleiste ins aktuelle Fenster klicken, wird obiges Bild wieder angezeigt.

Diagnose: Neu wurde ein Tool mitgeliefert, das die Leistung des PCs bewerten kann. Dies soll helfen, mögliche »Flaschenhälse« (also Leistungsengpässe) des Computers zu erkennen und, wenn möglich, durch leistungsfähigere Hardware zu ersetzen. Diagnose-Tools, die bereits mit Windows 2000 und Windows XP eingeführt wurden, sind umfangreicher geworden und können nach Bedarf angepasst werden.

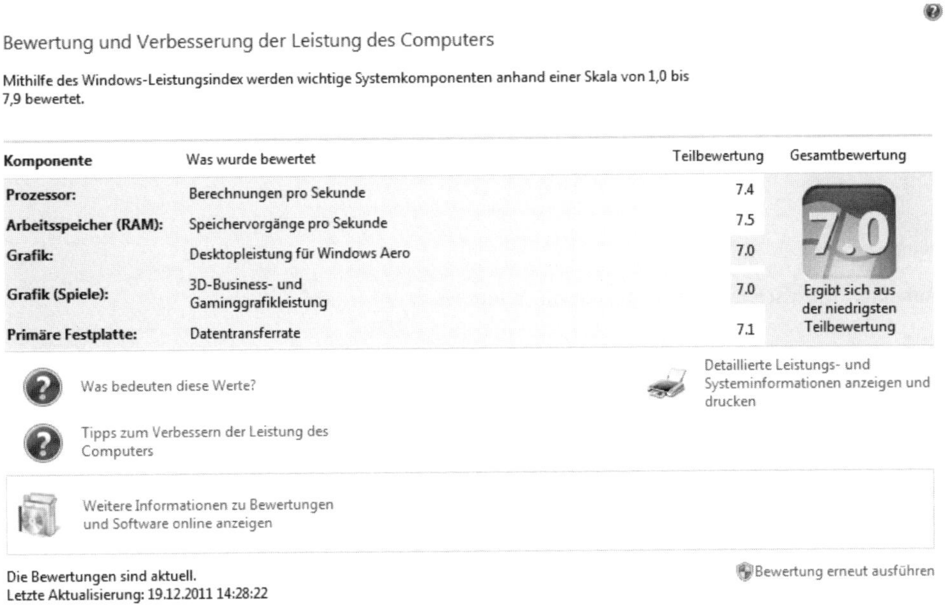

Bewertung und Verbesserung der Leistung des Computers

Mithilfe des Windows-Leistungsindex werden wichtige Systemkomponenten anhand einer Skala von 1,0 bis 7,9 bewertet.

Komponente	Was wurde bewertet	Teilbewertung	Gesamtbewertung
Prozessor:	Berechnungen pro Sekunde	7.4	
Arbeitsspeicher (RAM):	Speichervorgänge pro Sekunde	7.5	**7.0**
Grafik:	Desktopleistung für Windows Aero	7.0	
Grafik (Spiele):	3D-Business- und Gaminggrafikleistung	7.0	Ergibt sich aus der niedrigsten
Primäre Festplatte:	Datentransferrate	7.1	Teilbewertung

(?) Was bedeuten diese Werte?

(?) Tipps zum Verbessern der Leistung des Computers

Detaillierte Leistungs- und Systeminformationen anzeigen und drucken

Weitere Informationen zu Bewertungen und Software online anzeigen

Die Bewertungen sind aktuell.
Letzte Aktualisierung: 19.12.2011 14:28:22

Bewertung erneut ausführen

Abb. 8.4: Systemleistungsdiagnose

Sicherheit: Windows Defender wurde eingeführt und die Windows Firewall nochmals überarbeitet. Das Betriebssystem kann nur noch auf NTFS-formatierten Partitionen installiert werden. Die Benutzerkontenkontrolle zum Schutz vor unberechtigten Systemänderungen wurde eingeführt.

Unterstützung: Kernkomponenten wie Audio-, Druck-, Darstellungs- und Netzwerkfunktionalitäten (inklusive Wireless und IPv6) und deren Zugriffe auf den Prozessor wurden überarbeitet.

Weniger ist mehr: Windows 7 wurde im Umfang massiv kleiner, da nicht mehr standardmäßig alle Zusatzprogramme installiert werden. Ausgelassen bei der Standardinstallation werden folgende Programme: Movie Maker, Live Mail, Live Messenger, Live Writer und Photo Gallery. Diese können, falls erwünscht, problemlos über die Funktion Windows Update nachinstalliert werden.

Hardware-Anforderungen

Als minimaler Prozessor wird jetzt eine CPU mit 1 GHz verlangt, mindestens 1024 MB RAM (32 Bit) bzw. 2048 MB RAM (64 Bit) und 16 GB bzw. 20 GB freier Harddisk-Speicher (32 Bit/64 Bit), eine DirectX9-fähige Grafikkarte und ein DVD-ROM-Laufwerk oder eine Netzwerkkarte. Auch hier gilt: Dies sind die offiziellen Minimalanforderungen. Für ein System, das sich flott bewegt, sind Sie ab Dual Core mit 2 GHz und 2 GB Arbeitsspeicher auf der sicheren Seite. Zudem werden

Systeme, die unter Windows 7 betrieben werden können, von den Herstellern mit folgendem Logo ausgezeichnet:

Abb. 8.5:   Dieses System läuft auch mit Windows 7.

8.3   Löwen, Pinguine – und Sandwiches

Nicht nur Microsoft stellt Betriebssysteme her. Noch länger auf dem Markt befindet sich Apple mit seinen Computern und den eigenen Betriebssystemen. Seit einigen Jahren werden PCs und Notebooks von Apples OS X (X steht für 10) angetrieben. Die aktuelle Version ist 10.8 – Mountain Lion genannt.

Abb. 8.6:   Der Desktop von MacOS X 10.8 (Quelle: Apple Computer)

Das Betriebssystem sieht für die Bedienung etwas anders aus – die Funktionalität ist trotzdem dieselbe geblieben.

Ein weiterer bekannter Vertreter oder eigentlich eine ganze Gruppe von Vertretern bilden die Linux-Systeme. Linux selber bildet dabei nur den Kern des Systems, darüber wird (wie bei Apple übrigens auch) eine grafische Oberfläche gelegt und von diesen gibt es dann wieder verschiedene Ausführungen. Bekannt sind etwa die Linux-Version SuSe oder Ubuntu, aktuell auch Mint.

Abb. 8.7: So sieht der Desktop von Linux Mint aus (Quelle: Mint).

Das Symbol für Linux ist seit seiner Einführung 1991 ein Pinguin.

Das bekannteste Linux findet sich allerdings zurzeit nicht auf PCs oder Notebooks, sondern hielt mit den Tablets und Smartphones Einzug bei den Benutzern. Es hört auf den Namen Android. Die aktuelle Version ist die Version 4, genannt »Eiscream Sandwich«.

Womit zumindest die Stichworte im Titel klar erläutert sind.

8.4 Wichtig für Ihre Arbeit: Das Dateisystem

Ein Dateisystem ist die strukturierte Ablageorganisation von Daten auf einem Datenträger. Dies kann eine Festplatte, ein USB-Stick oder eine CD sein. Datenträger können zwar unterschiedliche Dateisysteme haben, aber in jedem Fall verfügen sie über ein Dateisystem, um das Speichern von Daten zu ermöglichen. Das Dateisystem stellt zu diesem Zweck Speichermöglichkeiten und auch Sicherheitsvorkehrungen zur Verfügung, mit denen man die Daten einerseits zuverlässig speichern und lesen, andererseits aber auch durch geeignete Mechanismen vor unbefugtem Zugriff schützen kann.

8.4.1 Von FAT bis NTFS

FAT (File Allocation Table, zu Deutsch Dateizuordnungstabelle) ist ein von Microsoft entwickeltes Dateisystem, das mit einer Festplattengröße von bis zu 2 GB zurechtkam. Dateieinträge werden in einer simplen Tabelle am Anfang der Festplatte gespeichert. Dieses Dateisystem war bei Microsoft bis Windows 95 Standard. Danach folgte die Weiterentwicklung FAT32.

Dieses Dateisystem unterstützt Dateien bis zu einer Größe von 4 GB – heute leider ein Problem, etwa bei Filmen. Außerdem werden im Dateinamen Leerzeichen erlaubt und Pfadlängen bis zu 255 Zeichen unterstützt (inklusive Dateiendung). Noch heute wird FAT32 im großen Stile eingesetzt: USB-Sticks, Flash-Cards und mobile externe Datenspeicher werden häufig in diesem Format formatiert, um den Datenaustausch zwischen verschiedenen Betriebssystemen zu gewährleisten.

Aber FAT32 kann zum Beispiel keine Dateien oder Ordner für bestimmte Benutzer mit unterschiedlichen Rechten versehen. Zudem ist FAT32 bei häufigen Veränderungen nicht ausgesprochen stabil und bietet wenige Möglichkeiten zur Dateireparatur. Die maximale Dateigröße ist auf 4 Gigabyte beschränkt, was für große Dateien wie Filme zu klein sein kann. Größere Dateien können einfach nicht gespeichert werden. Und nicht zuletzt: FAT32 kennt keine Komprimierung, Sie können Dateien und Ordner nicht komprimieren.

Die wichtigste Neuerung von NTFS ist die Unterstützung des Journaling, eine Art Logfunktion für Änderungen an Dateien, damit bei einem Absturz inmitten eines Vorgangs nicht die ganze Datei verloren ist und eine Wiederherstellung erfolgen kann. NTFS gibt es schon länger, allerdings nicht für den Heim-PC. Es wurde über die Jahre immer weiterentwickelt, womit wir heute (unter Windows 7) bei NTFS Version 6.x angelangt sind. NTFS erlaubt die Festlegung von Sicherheitsattributen, die Verschlüsselung von Dateien, die Setzung von Speicherkontingenten pro Benutzer, die Überwachung von Dateizugriffen und eingeschränkte Benutzer.

8.4.2 Jedes Betriebssystem hat sein Dateisystem

EXT (Extended File System) ist ein Dateisystem, das vor allem bei verschiedenen Linux-Derivaten wie Debian, SuSe oder RedHat eingesetzt wird. Entsprechend der Entwicklung gibt es die Versionen ext2, ext3 und ext4. Mit der Version ext3 wurde auch hier das Journaling eingeführt. Der Quellcode ist öffentlich zugänglich, und das Dateisystem wird nach wie vor weiterentwickelt.

HFS+ wiederum nennt sich das Dateisystem von Apple. Es ist eine hauseigene Weiterentwicklung und läuft auf allen heutigen Apple-Computersystemen.

Warum Sie sich das merken müssten? Ein Dateisystem verwaltet die Daten auf einem Datenträger wie einer Festplatte oder einem USB-Stick. Wenn Sie jetzt eine externe Festplatte auf Ihrem Windows-System unter NFTS einsetzen und Daten drauf kopieren – sieht Ihr Apple Computer nichts davon, denn die beiden Systeme sind nicht kompatibel.

Das ist auch der Grund warum sich das erwähnte FAT32 trotz seiner Nachteile so lange halten kann – Windows, Linux und Apple Computer können dieses Dateisystem lesen –, und daher ist es für den Austausch von Daten sehr gut geeignet.

8.5 Arbeiten in der Fensterwelt

Natürlich unterscheidet sich Windows von MacOS oder Android. Ihnen allen gemeinsam ist aber, dass sie grafisch und in sogenannten Fenstern arbeiten. Auch wenn es dabei in den Bezeichnungen Unterschiede gibt, werden Sie sich zurechtfinden, wenn Sie mit einem dieser Systeme arbeiten und dann auf ein anderes treffen. Das sieht man ja auch daran, dass häufig Windows auf den PCs installiert ist, dieselben Personen aber ein Android-Tablet für unterwegs benutzen und ein iPhone zum Telefonieren...

An dieser Stelle daher eine kurze Übersicht anhand von Windows, welche Fenster und Anordnungen Sie antreffen können.

8.5.1 Es gibt viele Fenster und alle haben einen Namen

Alle Programme, welche Sie starten, erscheinen in einem Anwendungsfenster. Wenn Sie also ein Programm aus dem Startmenü aufrufen, erscheint ein Anwendungsfenster. Die Grafik zeigt Microsoft Word 2010. Das Anwendungsfenster kann entweder nur einen Teil des Desktops ausfüllen oder auch den ganzen Bildschirm.

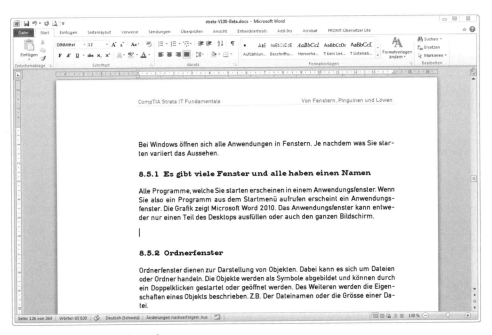

Abb. 8.8: Ein Anwendungsfenster

Ordnerfenster dienen zur Darstellung von einzelnen Objekten. Dabei kann es sich um Dateien oder Ordner handeln. Die Objekte werden als Symbole abgebildet und können durch ein Doppelklicken gestartet oder geöffnet werden. Des Weiteren werden die Eigenschaften eines Objekts beschrieben, z.B. der Dateiname oder die Größe einer Datei.

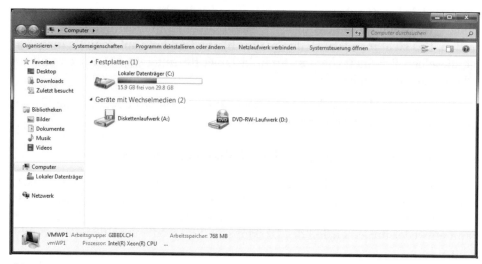

Abb. 8.9:   Ein Ordnerfenster

Das System tritt mit uns in den Dialog. Uns stehen eindeutige Antworten zur Verfügung, welche das System ausführen kann. Diese Fenster nennen sich entsprechend Dialogfenster und verlangen immer nach sorgfältiger Beachtung, weil sie von uns eine Antwort erwarten, z.B. wenn es um das Speichern oder das Verlassen einer Anwendung oder einen Druckbefehl geht.

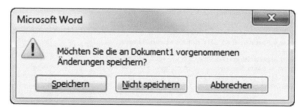

Abb. 8.10:   Ein Dialogfenster

8.5.2   Ein Ordnerfenster im Detail

Die folgende Abbildung bezeichnet die wichtigsten Elemente, welche ein Ordnerfenster aufweisen kann.

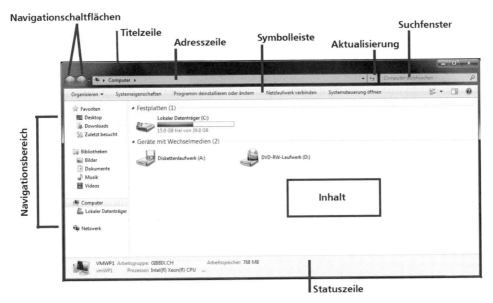

Abb. 8.11: Ein Ordnerfenster im Detail

Titelleiste	Im Ordnerfenster nicht beschriftet, dient zum Verschieben eines Fensters.
Steuerungsbuttons	ermöglichen es, einen Schritt vorwärts oder zurück zu gehen.
Adresszeile	zeigt die exakte Position in der Ordnerstruktur.
Die Symbolleiste	zeigt Schaltflächen zur Verwaltung.
Navigationsbereich	ermöglicht den Zugriff auf unterschiedliche Ressourcen wie lokale Bibliothek oder USB-Stick.
Inhaltsbereich	zeigt Ihnen den Inhalt des gerade geöffneten Objekts.

8.5.3 Arbeiten mit Fenstern

Die drei wichtigsten Symbole zum Verändern der Fenstergröße finden Sie am rechten äußeren Rand der Titelleiste.

Abb. 8.12: Symbole zur Fensterbedienung

Mithilfe des Symbols »Minimieren« (1) kann das Programmfenster ausgeblendet und auf der Taskleiste abgelegt werden. Durch das Minimieren des Fensters wird das Programm nicht beendet, sondern bleibt aktiv und kann jederzeit durch einen Klick auf die beschriftete Schaltfläche der Taskleiste geöffnet werden.

Durch das Symbol »Maximieren« (2) wird das Fenster eines Programms zwischen den beiden Zuständen Vollbild (Fenster nimmt die gesamte Größe des Bildschirms ein) und Normalbild (Fenster ist verkleinert) hin- und hergeschaltet. Das Symbol in der Titelleiste zeigt den jeweiligen Zustand an, der durch einen Klick erzielt werden kann.

Ein Quadrat bedeutet, dass Sie bei einem Klick auf dieses Symbol das Fenster in den Vollbildmodus schalten, während das Klicken auf das Symbol mit zwei Quadraten ein Umschalten in den Normalbildmodus zur Folge hat.

Über die rote Schaltfläche mit dem Kreuz (3) schließen Sie das Fenster.

Tipp

Das Umschalten zwischen Vollbild- und Fenstermodus erreichen Sie am einfachsten, indem Sie in der Titelleiste einen Doppelklick machen oder an der Titelleiste mit gedrückter linker Maustaste ziehen, bis der Bildschirmrand erreicht ist. Wenn Sie nun die Maustaste loslassen, wird das Fenster sofort im Vollbildmodus angezeigt. Genauso einfach ist es auch, ein Fenster zu schließen, d.h. das Programm zu beenden. Dazu müssen Sie lediglich links außen oben, noch innerhalb des Fensters doppelklicken.

Unter einem Task verstehen wir ein aktives, also laufendes Programm. Sie können unter Windows mehrere Programme starten, die alle aktiv bleiben. Für jedes Programm wird ein Programmfenster geöffnet. Auf der Taskleiste ist ersichtlich, welche Programme ausgeführt werden. Fenster des gleichen Typs werden dabei zusammengefasst. In der Grafik unten sehen Sie zwei verwandte Fenster, in diesem Fall Ordnerfenster, und die Vorschau, wenn Sie mit der Maus über das Taskleistensymbol fahren. Mit einem Klick können Sie das jeweils gewünschte Fenster öffnen.

Abb. 8.13: Vorschau auf geöffnete Fenster

Tipp

Zu den Windows Aero-Funktionen gehört Windows-Flip-3D. Drücken Sie auf der Tastatur die Windows-Taste und tippen Sie dann dazu die Tab-Taste an. Mit jedem Antippen der Tab-Taste rückt ein anderes Fenster in den Vordergrund. Wenn Sie nun beide Tasten loslassen, bleibt das gewählte Fenster im Vordergrund stehen. Ohne 3D-Effekt geht das auch über die Tastenkombination Alt + Tab. Das Prinzip bleibt das gleiche.

Abb. 8.14:   Offene Fenster rotieren mit Windows-Taste TAB.

Die meisten Fenster (außer Dialogfenster) lassen sich durch Ziehen der Fensterrahmen in der Größe ändern.

Ein Fenster in Vollbilddarstellung muss hierfür zuvor verkleinert werden. Sobald Sie mit dem Mauspfeil an den Rand des Fensters fahren, ändert sich der Mauszeiger in einen Doppelpfeil, durch Ziehen am Rahmen können Sie nun die Größe verändern.

Verschieben können Sie die Fenster frei, indem Sie an der Titelliste ziehen.

Spezifische Windows 7-Funktionen sind:

Snap   Fenster nebeneinander oder vergrößern. Ist ein Fenster verkleinert, ziehen Sie an der Titelleiste und schlagen es an den linken Bildschirmrand. Das Fenster wird auf der linken Bildhälfte angezeigt. Nun machen Sie das Gleiche mit einem zweiten Fenster. Fenster oben Packen, an den rechten Bildschirmrand schlagen (mit dem Mauszeiger natürlich ☺) und loslassen. Sie haben zwei Programme perfekt nebeneinander dargestellt. Ein verkleinertes Fenster packen Sie ebenfalls an der Titelleiste und ziehen es nach oben. Das Fenster wird im Vollbildmodus dargestellt.

Peek Die Röntgenblickfunktion. Ganz rechts unten auf der Taskleiste sehen Sie ein unscheinbares Rechteck. Wenn Sie mit der Maus darauf fahren, können Sie sehen, was sich auf dem Desktop befindet. Wenn Sie die Ecken anklicken, werden alle hochgeklappten Fenster in die Taskleiste minimiert.

Sneek Schüttle deine Fenster runter. Bei vielen geöffneten Fenstern kann der Überblick verloren gehen. Wenn Sie auf die Titelleiste eines Fensters klikken und die Maus gedrückt halten, können Sie mit einer Schüttelbewegung alle Fenster nach unten in die Taskleiste klappen. Wenn Sie den Vorgang wiederholen, werden die Fenster wieder hoch geschüttelt an ihre ursprüngliche geöffnete Position.

8.6 Arbeiten mit Ordnern und Dateien

8.6.1 Ordner

Ordner sind die wichtigste Ordnungseinheit bei der Datenorganisation auf dem PC. Nach wie vor gilt: Unter Windows ist `C:\` standardmäßig das Wurzelverzeichnis der ersten Festplatte. Dateien, die sinnvollerweise zusammengehören (z.B. alle Dateien eines Anwenderprogramms, alle von Ihnen erstellten Korrespondenzen, alle Dateien des Betriebssystems DOS etc.), werden in je einem Verzeichnis gesammelt und verwaltet. Bekannt sind etwa `c:\windows` für das Betriebssystem oder `c:\users` für die Daten der Benutzer.

Ordner können – neben Dateien – auch weitere Ordner enthalten. Analogie: die russische Puppe in der Puppe in der Puppe (Matroschka).

Früher nannte man übrigens diese Ordner häufiger »Verzeichnisse« – meint aber dabei das Gleiche.

8.6.2 Dateien

Dateien sind die eigentlichen Informationen des PCs. Daten werden in Dateien zusammengefasst. Unter Windows geben die Erweiterungen des Dateinamens Auskunft über die Eigenschaften einer Datei.

Die wichtigsten Erweiterungen

`.COM` ausführbarer Befehl (COMmand file)

`.EXE` ausführbares Programm (EXEcutable file)

Diese Erweiterungen werden vom Betriebssystem als ausführbare Befehle interpretiert. Die Suche und Ausführung von Befehlen erfolgt auch in der Reihenfolge der obigen Liste; d.h. wenn zwei Befehle `beispiel.com` und `beispiel.exe` im gleichen Verzeichnis existieren, dann wird `beispiel.com` zuerst gefunden und ausgeführt.

Andere Erweiterungen sind für Datendateien oder Hilfsdateien im weitesten Sinne verfügbar.

.SYS   Treiber oder Tabelle (SYStem file)

.BAK   Sicherheitskopie (BAcKup file)

.TMP   Temporäre Dateien (oft mit einer Tilde ˜ versehen)

.DLL   Programmbibliotheken

Die Liste der Erweiterungen mit speziellen Bedeutungen ließe sich beliebig fortsetzen. Viele Anwendungen vergeben typische Erweiterungen für ihre Anwenderdateien automatisch (z.B. .DOC für MS Word; .XLS für MS Excel etc.).

8.6.3   Ein Ausflug in die Kommandozeile

Auch wenn die Benutzeroberflächen mit jeder Windows-Version spektakulärer werden, die Kommandozeile stirbt nicht aus. Früher war die Kommandozeile sogar ein ausgewachsenes Betriebssystem. Es nannte sich DOS – Disk Operating System, was seinen Haupteinsatzzweck gut umschreibt: Man benötigte es hauptsächlich, um Dateien und Ordner anzulegen und zu verwalten.

Die Kommandozeile erreichen unter Windows über das Programm »Eingabeaufforderung«. Erschrecken Sie nicht – es öffnet einfach eine schwarze Box mit einer Zeile, in die Sie danach Ihre Befehle hineinschreiben können.

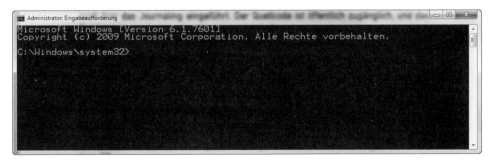

Abb. 8.15:   Die Eingabeaufforderung unter Windows

Hier können Sie beispielsweise mit dem Befehl `ver` die aktuelle Windows-Version abfragen oder mit dem Befehl `ipconfig` sehen, welche Netzwerkadresse Ihr Computer aktuell aufweist.

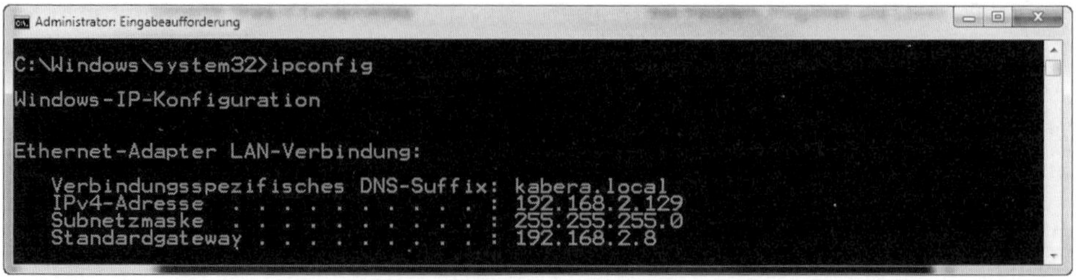

```
C:\Windows\system32>ipconfig

Windows-IP-Konfiguration

Ethernet-Adapter LAN-Verbindung:

   Verbindungsspezifisches DNS-Suffix: kabera.local
   IPv4-Adresse . . . . . . . . . . : 192.168.2.129
   Subnetzmaske . . . . . . . . . . : 255.255.255.0
   Standardgateway . . . . . . . . . : 192.168.2.8
```

Abb. 8.16:   Ein Eingabefehl, hier zur Anzeige der Netzwerkadresse

Mehr zu diesen Kommandos und Möglichkeiten lernen Sie auf Wunsch in den fortsetzenden Zertifizierungen CompTIA A+ und CompTIA Network+ – und ja, auch dazu habe ich entsprechende Bücher verfasst.

Bei der Arbeit mit Windows werden Sie immer wieder Dokumente, Präsentationen, Zeichnungen, Fotos, Musik und vieles mehr ablegen müssen. Doch wohin damit, wo und wie sollen all diese Dateien abgespeichert werden?

8.7   Dateiverwaltung unter Windows 7

Beim Aufrufen des Computers (Objektsymbol auf dem Desktop) sehen Sie die verschiedenen Laufwerke, die Ihnen zurzeit zur Verfügung stehen. Wenn Sie ein Objekt doppelklicken, können Sie dessen Inhalt sehen. Dabei zeigt Ihnen die Dateiverwaltung, die sich unter Windows Explorer nennt, die schon vorhandenen Standardordner mit Ihren Daten an. Den Explorer können Sie über das Startmenü auch direkt aufrufen. Sie finden ihn unter den Zubehörprogrammen als »Windows-Explorer«.

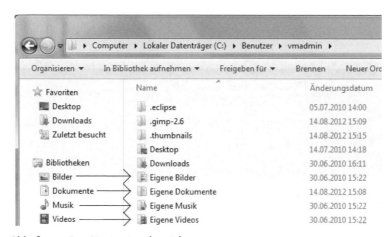

Abb. 8.17:   Der Navigationsbereich

Diese bereits vorhandenen Ordner helfen Ihnen, die Dateien in den entsprechenden Ordner einzusortieren. Musik zur Musik, Fotos zu den Bildern, Dokumente, sie ahnen es, zu den Dokumenten.

Und jetzt noch der Reihe nach: Windows 7 gruppiert die Speichergeräte nach Typ. Unterschieden werden Festplatten und Geräte mit Wechselmedien.

Abb. 8.18: Laufwerke im Explorer

1. Festplatte, hier ist das Betriebssystem zu finden und bei den meisten Systemen auch die Daten

2. Diskettenlaufwerk. Wechseldatenträger mit maximal 1,44 MB Speicher. Der Dinosaurier der IT unter den Wechseldatenträgern.

3. Anzeige des DVD-Laufwerks. In diesem Fall ein DVD-RW-Laufwerk, damit können DVDs nicht nur geschaut, sondern auch Rohlinge beschrieben werden.

4. USB-Stick mit Anzeige des gesamten Speicherplatzes und der Information bezüglich der bereits genutzten Kapazität.

8.7.1 Erstellen und Verwalten von Ordnern

Von jeder Position auf einem Datenträger aus, also zum Beispiel unter EIGENE DOKUMENTE, können Sie zusätzliche Ordner erstellen. Sie finden dazu im Explorer den entsprechenden Eintrag in der Symbolleiste oder unter dem Menü DATEI. Neue Ordner werden vom Explorer mit dem Namen NEUER ORDNER beschriftet. Diese Standardbezeichnung sollten Sie sinnvollerweise in einen aussagekräftigen Namen umbenennen. Sollten Sie das vergessen haben, können Sie den Ordner jederzeit mit der rechten Maustaste anklicken und im Kontextmenü umbenennen.

Wenn Sie auf der linken Seite im Navigationsbereich den Pfeil vor einem Datenträger anklicken, können Sie die auf einem Datenträger befindlichen Ordner sehen. Erst wenn Sie den Ordner und nicht den Pfeil anklicken, sehen Sie den Inhalt des jeweiligen Ordners im Inhaltsbereich des Fensters.

Mit dieser Ansicht der Ordner wird ein schneller Wechsel zwischen weit auseinanderliegenden Ordnern oder Laufwerken möglich, da Sie die ganze Ordnerstruktur so weit wie gewünscht öffnen und Dateien oder Ordner mit der Maus hin- und herschieben können. ACHTUNG: Diese Operationen sind immer definitiv und erfolgen ohne Rückfrage – seien Sie also vorsichtig im Umgang mit diesen Tätigkeiten.

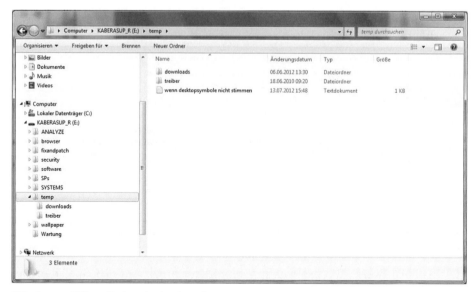

Abb. 8.19: Offene Ordner in der Ansicht

Im Folgenden sehen Sie alle wichtigen Bereiche eines Explorer-Fensters geöffnet und beschrieben:

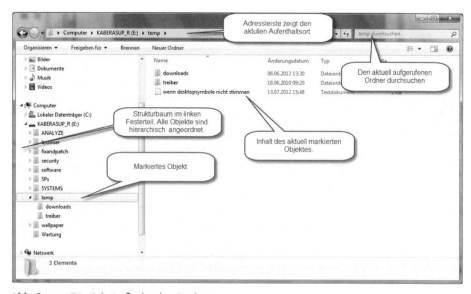

Abb. 8.20: Die Arbeitsfläche des Explorers

Im linken Fensterteil des Explorers wird die hierarchische Objektstruktur darge-stellt. Sämtliche Ressourcen des PCs – ob Diskette, Festplatte, Ordner, Netz-werklaufwerk usw. – werden in dieser Struktur festgehalten. Die wesentlichen Objekte, die im Explorer angezeigt werden, sind die Laufwerke und die Ordner. Dateien werden nur im rechten Teil des Explorer-Fensters angezeigt.

Ein Objekt der Struktur ist markiert und damit sozusagen Ihr aktuelles Objekt, für welches der dazugehörende Inhalt im rechten Fenster dargestellt wird. Über die Pfeile neben den Ordnern können darunterliegende Objektebenen ein- oder aus-geblendet werden.

Ein Klick auf eine bereits geöffnete Struktur schließt diese wieder.

8.7.2 Dateien kopieren, verschieben und löschen

Wie wir gesehen haben, reicht es aus, um die Struktur eines Datenträgers zu erfor-schen, auf den gewünschten Datenträger oder auf einen Pfeil neben dem Ordner zu klicken. Zu den wichtigsten Aufgaben des Explorers gehört es, Daten zu kopie-ren, zu verschieben, umzubenennen oder zu löschen.

Dem System bekannte Dateitypen wie Word-Dokumente oder Excel-Tabellen kön-nen Sie auch direkt aus dem Explorer heraus drucken, indem Sie über das Kon-textmenü direkt den Befehl DRUCKEN anwählen.

Das alles können Sie im Explorerfenster mit der Maus vornehmen. Verschieben Sie dabei nur Ordner, die Sie auch kennen. Es kann fatale Folgen haben, wenn Sie der Ansicht sind, dass der Ordner Programme in den Ordner Windows verscho-ben werden sollte, oder wenn Sie Unterordner im Betriebssystemordner C:\Win-dows verschieben, weil Sie diese nicht kennen.

Beschränken Sie daher Ihren »Ordnungssinn« auf die von Ihnen erstellten und gepflegten Datenordner.

> **Tipp**
>
> Beim Kopieren erstellen Sie Duplikate, beim Ausschneiden oder Verschieben werden die Daten an einem Ort gelöscht und erscheinen dann am neuen Ort, die Daten sind dann nur noch am neuen Ort vorhanden.

Um Dateien oder Ordner zu löschen, reicht es aus, diese zu markieren und die Taste DELETE (oder ENTF) zu drücken. Damit verschieben Sie die Daten vom ursprünglichen Speicherort in den Papierkorb.

Von dort kann man die Daten aber auch wieder holen. Wenn Sie das Symbol des Papierkorbs doppelklicken, sehen Sie, was aktuell alles enthalten ist. Wenn Sie die Dateien wirklich entfernen möchten, müssen Sie dazu den Papierkorb leeren. Das tun Sie, indem Sie den Papierkorb mit der rechten Maustaste anwählen und dann den Befehl PAPIERKORB LEEREN wählen. Jetzt sind die Daten gelöscht.

Ein Hinweis zum Schluss: Diese Papierkorb-Geschichte funktioniert so nur bei lokalen Laufwerken. Wenn Sie Dateien im Netzwerk gespeichert haben und löschen, werden sie nicht in Ihren Papierkorb abgelegt!

8.8 Fragen zu diesem Kapitel

1. Welches Dateisystem wird bei der Standardinstallation von Windows 7 verwendet?

    A   FAT16

    B   FAT32

    C   NTFS

    D   EXT3

2. Welche Betriebssysteme können Sie mit einer Maus bedienen? Wählen Sie alle aus, die dafür in Frage kommen.

    A   Windows 8

    B   DOS 3.3

    C   MacOS 10

    D   Android 4

3. Sie haben mehrere Ordner gelöscht und merken, dass Sie dabei versehentlich auch wichtige Dateien gelöscht haben. Was können Sie tun?

    A   Das ist Pech, Sie müssen die Dateien neu erstellen.

    B   Sie starten den Rechner neu auf, dann sind die Daten wieder da, da Sie die Daten mit »Delete« gelöscht haben.

    C   Sie leeren den Papierkorb dann kommen die Daten zurück.

    D   Sie öffnen den Papierkorb und stellen die benötigten Daten wieder her.

4. Wie groß können FAT32-Dateien maximal sein?

    A   2 MB

    B   4 MB

    C   2 GB

    D   4 GB

5. Welches Symbol schließt ein offenes Fenster?

A   1

B   2

C   3

D   1 und 3

Kapitel 9

Windows einrichten und unterhalten

Wenn ein Betriebssystem wie Windows so viele Möglichkeiten mit sich bringt, benötigt es auch einen gewissen Aufwand, bis Sie es genauso eingerichtet haben, wie Sie damit arbeiten möchten.

Der Vorteil moderner Systeme wie Windows 7, MacOS X oder auch Android besteht dabei darin, dass sie schnell einsatzfähig sind – und Sie können sich nach und nach in die Einstellungen vorarbeiten.

9.1   Desktop und Taskleiste

Nach dem Start von Windows sehen Sie einen Desktop vor sich, auf dem verschiedene Symbole angeordnet werden. Zudem finden Sie unten am Bildschirm eine Zeile mit Symbolen, die sich Taskleiste nennt.

Nach dem Starten des Betriebssystems und einer Benutzerabfrage (hoffentlich) mit Passwort erscheint der Windows Desktop, auch Arbeitsplatz, Arbeitsfläche oder Benutzeroberfläche genannt.

Abb. 9.1:   Der Windows-7-Desktop mit dem Start-Knopf unten links

Der Desktop enthält verschiedene Links und Symbole, die sich zudem über die Systemsteuerung, die Taskleiste oder direkt auf dem Desktop anpassen lassen.

Am unteren Rand des Desktop befindet sich standardmäßig die Taskleiste. Hier findet sich die Start-Schaltfläche, auch Start-Knopf genannt. Schauen Sie sich den Knopf noch einmal gut an: Ab Windows 8 wird er nämlich verschwunden sein – nach über 17 Jahren treuen Diensten in rechteckiger oder runder Form von Windows 3 bis Windows 7.

Auf der rechten unteren Seite befindet sich der Infobereich (Systray): Hier werden verschiedene Symbole für Programme und Hintergrunddienste angezeigt, die beim Systemstart gestartet wurden (wie etwa Antivirenprogramme oder Schaltflächen für die Einstellung der Lautstärke). Ebenfalls an diesem Ort werden über USB /eSATA angeschlossene Wechseldatenträger angezeigt. Über die Anzeige dieses Symbols können die entsprechenden Datenträger dann auch wieder entfernt werden. Seit Windows Vista können USB- und eSATA-Geräte auch direkt im Windows Explorer ausgeworfen werden.

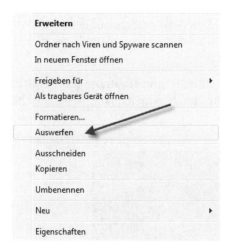

Abb. 9.2:   Auswerfen von Geräten im Explorer

Neu ist zudem das Wartungscenter, das immer dann ein Fähnchen im Systray angezeigt, um den Benutzer darauf hinzuweisen, dass entweder ein Problem aufgetreten ist oder sonst eine Meldung vorliegt, die Beachtung sucht. Ganz links am Rand erscheint seit Windows 7 ein Rechteck, das beim Überfahren mit dem Mauszeiger den Desktop anzeigt. Ein Klick auf die rechteckige Fläche minimiert alle offenen Fenster.

Die Programme in der Schnellstartleiste lassen sich anpassen (je nachdem müssen Sie sie mit einem Rechtsklick auf der Taskleiste die Option TASKLEISTE FIXIEREN ein- oder ausschalten). Bis Windows Vista müssen Sie dazu eine Verknüpfung zum Programm erstellen und diese auf die Taskleiste ziehen. Um die Verknüpfung wieder zu entfernen, reicht es, auf das Objekt zu gehen, mit Rechtsklick LÖSCHEN zu wählen oder es gleich in den Papierkorb zu ziehen. Ab Windows 7 besteht neben diesen Möglichkeiten zusätzlich die Option AN TASKLEISTE ANHEFTEN, die bei jeder Verknüpfung über Rechtsklick erreichbar ist.

Ein Klick auf den Start-Knopf (oder das Drücken der Windows-Taste) zeigt eine Auflistung aller kürzlich geöffneten Programme, bietet Verknüpfungen zu systemrelevanten Programmen (Ausführen, Drucker, Systemsteuerung etc.) und zu den eigenen Dokumenten. Zudem besteht die Möglichkeit, Programme direkt ins das Startmenü einzutragen. Unter ALLE PROGRAMME finden Sie die Verknüpfungen zu allen installierten Programmen. Mit einem Rechtsklick darauf können Sie diesen Ordner auch anpassen (ÖFFNEN – ALLE BENUTZER).

9.2 Die Systemsteuerung

Die Systemsteuerung enthält zahlreiche Verwaltungsprogramme, sogenannte Applets. Dabei gibt es standardmäßig vorhandene Applets von Windows sowie solche, die individuell hinzukommen können, wenn bestimmte Hard- oder Software installiert wird. Beispiele dafür sind etwa das Applet für die Tablet-Steuerung bei Notebooks mit Touchscreen oder Bluetooth. Aber auch Antiviren-Software kann ein solches Applet in der Systemsteuerung ablegen.

Standardmäßig sind nur die wichtigsten Elemente der Systemsteuerung für Sie sichtbar.

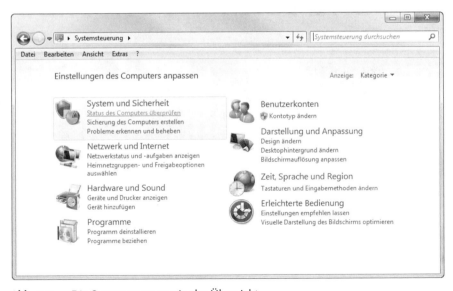

Abb. 9.3: Die Systemsteuerung in der Übersicht

Wenn Sie jetzt zum Beispiel die Kategorie »Hardware und Sound« anklicken, öffnen sich im selben Fenster die Eigenschaften, die Sie hierbei konfigurieren können.

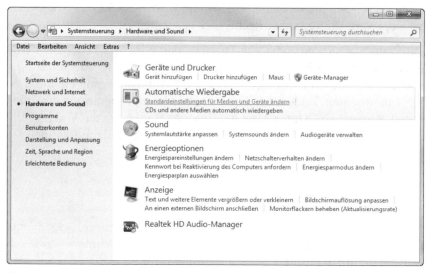

Abb. 9.4:   Hardware und Sound

Und von hier können Sie jetzt beispielsweise die installierten Drucker anzeigen oder die Anzeigeeinstellungen verändern.

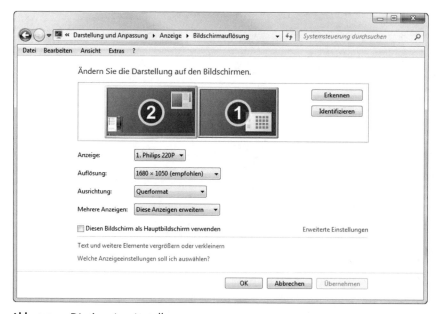

Abb. 9.5:   Die Anzeigeeinstellungen

Achten Sie sich einmal oben auf die Adresszeile in den vorangegangenen Grafiken. Sie zeigen Ihnen genau an, wo Sie sich jetzt befinden.

Hier eine Übersicht über häufige Einstellungen der Systemsteuerung, damit Sie sich besser orientieren können.

Applet	Beschreibung
Anpassung	Zum Anpassen von Desktopsymbolen, Hintergrundbildern, Bildschirmschonern, Sound, Farben, Bildschirmauflösung, Taskleiste, Startmenü
Anzeige	Symbol-, Fenster- und Schriftgröße anpassen
Automatische Wiedergabe	Standardeinstellungen, wie mit Medien, Musik oder angeschlossenen Geräten umgegangen werden soll
Benutzerkonten	Erfassen, Ändern und Verwalten von Benutzerkonten
Datum und Uhrzeit	Verändert Datum, Uhrzeit und Zeitzone der Rechneruhr. Zudem können Sie zusätzlich noch bis zu zwei Uhren von anderen Zeitzonen konfigurieren und anzeigen lassen.
Energieoptionen	Energiesparfunktionen wie Ruhezustand, Standby, Ausschalten von Bildschirm und Festplatten bei Nichtbenutzung etc.
Erste Schritte	Wer das erste Mal mit Windows 7 arbeitet, findet hier verschiedene Tutorials, Einrichtungshilfen, Änderungen gegenüber älteren Windows-Versionen usw. Einige Zugriffe erfordern eine funktionierende Internetverbindung.
Geräte-Manager	Hier lassen sich die Treiber verschiedener Geräte aktualisieren, Geräte abschalten oder neue Geräte hinzufügen.
Geräte und Drucker	Hinzufügen von Druckern und anderen Geräten (Monitore, Festplatten, Mäuse, Joysticks, Scanner, Camcorder, Digitalkameras, Webcams etc.) sowie deren Einstellungen konfigurieren.
Internetoptionen	Einstellungen für den Microsoft Internet Explorer.
Jugendschutz	Hier lässt sich die Ausführung bestimmter Programme zulassen oder blockieren, Zeitlimits erstellen und Spiele je nach Altersfreigabe zulassen oder blockieren. Der User bekommt einen Standard-Account.
Leistungsinformationen und -tools	Einblick auf mögliche Optimierung des Computersystems im Hinblick auf die eingesetzte Hardware. Zugriff auf die Leistungsüberwachung, erweiterte Systemdetails und -informationen.
Maus	Mauseinstellungen verändern.
Minianwendungen	Die Weiterentwicklung der Gadgets von Windows Vista. Neu lassen sich diese frei auf dem Bildschirm positionieren. Die Online-Datenbank von freien Gadgets ist gewachsen.

Tabelle 9.1: Die einzelnen Anwendungen in der Systemsteuerung von Windows 7

Applet	Beschreibung
Netzwerk- und Freigabecenter	Hier werden Verbindungen zum Netzwerk eingerichtet. Es stehen mehrere Netzwerkoptionen zur Auswahl: Heim-, Arbeitsplatz- oder öffentliches Netzwerk. Je nach gewähltem Netzwerk werden standardmäßig Freigaben und Firewall-Einstellungen angepasst. Diese lassen sich im Nachhinein wieder verändern.
Ordneroptionen	Einstellungen, wie Ordner angezeigt werden.
Programme und Funktionen	Programme installieren, deinstallieren sowie (getätigte) Updates anzeigen und ändern.
Region und Sprache	Ändern von Land, Region, Sprache und Tastaturen-Layout
Schriftarten	Hier können die installierten Schriftarten in einer Vorschau angesehen und gedruckt werden.
Sichern und Wiederherstellen	Hier kann ein Image erstellt, gespeichert und anschließend wieder hergestellt werden.
Sound	Einstellungen für Lautsprecher, Mikrofon und sonstige Sound-Einstellungen
System	Erweiterte Systemeinstellungen und Windows-Aktivierung
Tastatur	Einstellung von Geschwindigkeit der Zeichenwiederholrate und der Cursor-Blinkrate.
Wartungscenter	Informationen zu Sicherheit und Wartung (Virenschutz, Updates, Firewall und Systemsicherungen)
Windows Defender	Sicherheitsunterstützendes Programm, das (auf Spy- und Malware konzentriert) im Hintergrund läuft. Mit diesem Programm kann man aber auch Ordner oder ganze Systeme auf Spy- und Malware untersuchen. Der Defender lässt sich auch konfigurieren.
Windows Firewall	Im Betriebssystem integrierte Software-Firewall.
Windows Update	Unterstützt Sie in der Auswahl von neuen/aktuellen Sicherheitsupdates für das System (Windows und teilweise Treiber für Hardware) sowie verschiedene Updates zu Microsoft-eigenen Produkten. Windows Defender-Definitionen werden hiermit auch geladen.

Tabelle 9.1: Die einzelnen Anwendungen in der Systemsteuerung von Windows 7 (Forts.)

9.3 Der Geräte-Manager

Der Geräte-Manager bietet Windows 7 eine grafische Übersicht der im Computer installierten Hardware sowie der dazugehörenden Gerätetreiber und Ressourcen. Der Geräte-Manager stellt eine zentrale Instanz zur Änderung von Hardware-Konfigurationen dar.

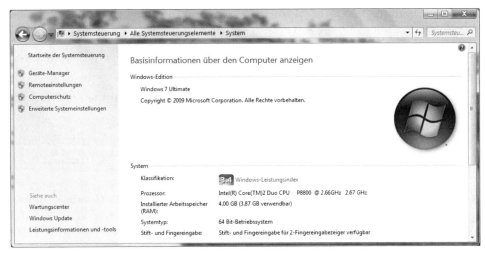

Abb. 9.6: Die Elemente im Applet SYSTEM der Systemsteuerung

Der Geräte-Manager kann auf mehrere Arten und Weisen aufgerufen werden. Sie können beispielsweise im Menü START – SYSTEMSTEUERUNG – SYSTEM auf den Geräte-Manager zugreifen.

Wenn Sie mit der rechten Maustaste auf ein Gerät klicken und anschließend auf den Kontextmenüpunkt EIGENSCHAFTEN, sehen Sie alle relevanten Daten zu diesem Gerät.

Alternativ dazu können Sie die Computerverwaltung auch über das Kontextmenü des Arbeitsplatzes aufrufen.

Abb. 9.7: Der Geräte-Manager von Windows 7

Für die Verwaltung von Geräten sowie das De- und Installieren von Treibern sind Administratorenberechtigungen erforderlich.

Nach der Installation von neuer Hardware bietet Ihnen der Geräte-Manager folgende Funktionalitäten:

- Überprüfen, ob die Hardware auf dem Computer ordnungsgemäß funktioniert.

- Die Hardware-Konfigurationseinstellungen ändern.

- Aktuell installierte Gerätetreiber für das Gerät ermitteln und Informationen über den Gerätetreiber anzeigen lassen.

- Ändern von erweiterten Einstellungen und Eigenschaften des Gerätes.

- Gerätetreiber installieren bzw. aktualisieren.

- Gerät deaktivieren, aktivieren und deinstallieren.

- Vorherige Treiberversion erneut laden und installieren.

- Eine Übersicht aller installierten Geräte auf Ihrem Computer ausdrucken.

Windows erkennt in der Regel das Hinzufügen neuer Hardware automatisch und versucht, einen aktuellen Treiber zu installieren (gesucht wird im System sowie bei bestehender Internetverbindung online bei Windows Update). Sollte dies nicht vollständig gelingen, müssen Sie eingreifen, indem Sie die benötigten Treiber von Hand installieren. Hier gilt es explizit zu erwähnen, dass viele Hersteller unterschiedliche Treiber für 32 Bit und 64 Bit anbieten. Kontrollieren Sie also vor dem Download, um welche Windows-Version es sich bei Ihnen handelt, um die bestmöglichen Treiber zu installieren.

9.4 Benutzerkonten und Administratorrechte

Wie bei Windows XP eingeführt, kann man auch unter Windows 7 Standardbenutzer oder Benutzer mit Administratorrechten erstellen. Ersterer kann eigene Einstellungen beschränkt ändern, bekommt sonst aber keine Rechte. Letzterer hat das Recht, »alles« zu machen, bekommt aber je nach Änderung (und Benutzerkontosteuerungseinstellung) ein Pop-up-Fenster zu sehen.

Benutzerkonten können Sie über die Systemsteuerung einrichten. Wir schauen uns dies anhand von Windows 7 in einer lokalen Umgebung einmal genauer an.

Wenn Sie auf das Applet BENUTZERKONTEN doppelklicken, erscheint folgende Dialogbox:

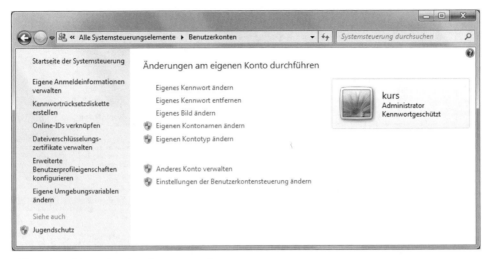

Abb. 9.8: Übersicht über die Benutzerkonten

Klicken Sie jetzt auf den Befehl ANDERES KONTO VERWALTEN, damit Sie neue Konten hinzufügen können.

Abb. 9.9: Konten hinzufügen

Erst jetzt finden Sie den Befehl NEUES KONTO ERSTELLEN und können durch dessen Auswahl ein neues Konto wie folgt eröffnen:

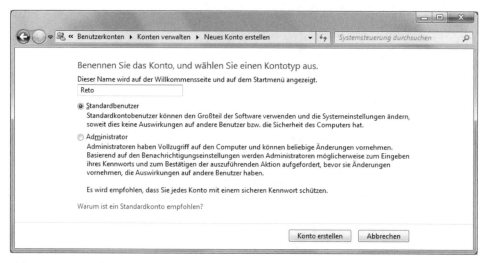

Abb. 9.10: Auswahl von Standardbenutzer oder Administrator

Die Auswahlmöglichkeiten sind nicht gerade groß: Sie dürfen sich zwischen Standardbenutzer oder Administrator entscheiden. Letzteres benötigen Sie dann, wenn der neue Benutzer das Recht haben soll, Software zu installieren oder selber Benutzer zu verwalten, Geräte zu installieren oder Einstellungen zu verändern. Wenn ein Programm dieses Recht verlangt, wird Ihnen dies angezeigt:

Abb. 9.11: Zustimmung zur Fortsetzung

Neu erscheint auch rechts unten von jedem Befehl bzw. Element oder vor jeder Ausführung ein kleines Schild, wenn die Ausführung dazu Administratorrechte voraussetzt.

Geräte-Manager

Abb. 9.12:   Programme, welche Administratorenrechte benötigen

Somit kann auch jeder Standardbenutzer (die Kenntnis des Administratorpass-
worts vorausgesetzt) jegliche gewünschte Änderung am System durchführen, ist
aber trotzdem recht sicher unterwegs, da er im Normalfall keine Administratorrechte hat: mit Rechtsklick und dann »Als Administrator ausführen« (Passwort
erforderlich).

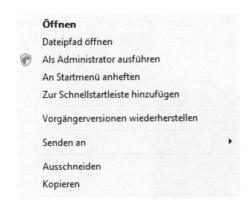

Abb. 9.13:   Ausführen als Administrator

9.5   Programme installieren und aktualisieren

Windows ist ein Betriebssystem. Zugegeben, es hat heute zahlreiche Zusätze wie
ein eigenes Mailprogramm, einen Texteditor, den Mediaplayer zum Abspielen von
Musik und Videos und zahlreiche Dienstprogramme für den Unterhalt.

Dennoch besteht der Reiz der Arbeit mit Computersystemen vor allem in der
Installation zusätzlicher Anwendungen. Dazu gehören beispielsweise Office-Programme wie das bekannte Microsoft Office für Text-, Tabellen- und Grafikarbeiten,
oder Grafikprogramme wie Adobe Photoshop oder Corel. Die Liste lässt sich beliebig verlängern, da es für fast jede Tätigkeit auch ein entsprechendes Computerpro-
gramm gibt. Das kann »Gartengestalter 3D« sein oder eine Buchhaltung oder
Programme für die Konstruktion von Maschinen usw. usf. Nicht zu vergessen sind
natürlich die Spiele, die einen eigenen, sehr großen Markt für Anwendungen bilden.

9.5.1 Anwendungen installieren

Wenn Sie eine Anwendung installieren möchten, dann müssen Sie zuerst einige Dinge klären, damit Sie damit Erfolg haben werden. Drei zentrale Punkte lauten:

- Läuft die Anwendung auf Ihrem Betriebssystem?
- Erfüllt Ihr System die Systemvoraussetzungen?
- Verfügen Sie über die benötigte Lizenz?

Jedes Programm muss sich bei der Installation mit dem darunter liegenden Betriebssystem verstehen. Das bedeutet, eine Anwendung wird immer für ein bestimmtes Betriebssystem geschrieben, oder es gibt mehrere Versionen davon, um auf unterschiedlichen Systemen zu laufen. So gibt es ein Microsoft Office für Windows, aber auch eines für MacOS. Nur sind das nicht die gleichen Datenträger oder Dateien, auch wenn die Programme am Schluss auf dem Bildschirm fast gleich aussehen. Die Programmierer dagegen müssen wirklich verschiedene Versionen entwickeln, damit das funktioniert.

Abb. 9.14:   Office für Windows oder für MacOS

Ein Programm benötigt Ressourcen, damit es funktionieren kann. Das sind Arbeitsspeicher, Festplattenkapazität, Anforderungen an den Prozessor und die grafische Leistung, um die wichtigsten zu nennen.

Jeder Hersteller beschreibt diese Anforderungen für sein Produkt, sei es auf der Produktverpackung oder im Internet auf seiner Herstellerseite. Nur wenn Ihr System diese Anforderungen erfüllt, können Sie es erfolgreich installieren und anschließend auch benutzen. Diese Anforderungen können sehr unterschiedlich sein, das Lesen der Herstellerangaben ist daher sehr wichtig.

Office Home and Business 2010

KOMPONENTE	ANFORDERUNG
Computer und Prozessor	500 MHz oder schnellerer Prozessor
Arbeitsspeicher	256 MB RAM; 512 MB für Grafikfeatures, Outlook-Sofortsuche und bestimmte erweiterte Funktionen empfohlen.[1]
Festplatte	3 GB verfügbarer Speicherplatz
Anzeige	Monitor mit einer Auflösung von 1024 x 576 oder höher
Betriebssystem	Windows XP (SP3 erforderlich) (32-Bit), Windows 7, Windows Vista mit Service Pack (SP) 1, Windows Server 2003 mit SP2 und MSXML 6.0 (nur 32-Bit-Version von Office), Windows Server 2008 oder aktuelleres 32- oder 64-Bit-Betriebssystem.
Grafiken	Die Grafikhardwarebeschleunigung setzt eine Grafikkarte mit DirectX 9.0c und 64 MB oder mehr Grafikspeicher voraus.

Systemvoraussetzungen

Für AutoCAD 2013 32-Bit

- Microsoft® Windows® 7 Enterprise, Ultimate, Professional oder Home Premium (Vergleich der Windows 7-Versionen); Microsoft® Windows® XP Professional oder Home (SP3 oder höher)
- Für Windows 7: Intel® Pentium® 4- oder AMD Athlon™ Dual Core-Prozessor mit mindestens 3,0 GHz und SSE2-Technologie
- Für Windows XP: Intel Pentium 4- oder AMD Athlon Dual Core-Prozessor mit mindestens 1,6 GHz und SSE2-Technologie
- 2 GB RAM (4 GB empfohlen)
- 6 GB freier Festplattenspeicher für die Installation
- Bildschirmauflösung 1.024 x 768 mit True-Color (1.600 x 1.050 True Color empfohlen)
- Microsoft® Internet Explorer® 7.0 oder höher
- Installation per Download oder von DVD

Abb. 9.15: Unterschiedliche Systemanforderungen für verschiedene Anwendungen

9.5.2 Lizenzformen für Software

Für Anwendungen gibt es unterschiedliche Lizenzformen. Die »normale« Lizenz nennt sich kommerzielle Lizenz. Das bedeutet, dass Sie sich durch den Kauf der Software das Recht zur Nutzung erwerben. Damit dies gewährleistet ist, setzen die meisten Hersteller sogenannte Lizenzschlüssel ein, die Sie mit der Software erwerben und bei der Installation dann eintippen müssen. Damit stellt der Hersteller sicher, dass Sie das Programm auch wirklich erworben haben. Der Versuch, kommerzielle Software ohne legal erworbene Lizenz einzusetzen, geht ins Kapitel »Raubkopieren«, ist illegal und wird auch rechtlich verfolgt – kurz: lassen Sie's bleiben, es hilft niemandem.

Nachdem Sie die Software erfolgreich installiert haben, gibt es unterschiedliche Möglichkeiten. Die einen Programme können Sie anschließend daran direkt nutzen, andere wie etwa Microsoft Office müssen Sie zuerst aktivieren. Das heißt, der Computer nimmt eine Verbindung per Internet mit dem Hersteller auf, überprüft den eingegebenen Lizenzschlüssel auf seine Gültigkeit und aktiviert ihn. Damit werden auf der einen Seite Raubkopien von der Aktivierung ausgeschlossen, auf der anderen Seite verhindert der Hersteller so auch, dass ein korrekter Lizenzschlüssel mehrfach eingesetzt werden kann.

Produkt aktiviert

Microsoft Office Professional Plus 2010

Abb. 9.16: Korrekt aktivierte Anwendung

Wieder andere Programme wie etwa Adobe Photoshop müssen zusätzlich auch registriert werden, damit die Software korrekt lizenziert ist. Sie geben damit dem Hersteller die Angaben über Person und gekaufte Software, erwerben sich damit aber auf der anderen Seite das Recht auf Support und Updates der installierten Software, was für Sie wiederum nützlich ist.

Es gibt aber auch andere Lizenzformen als die kommerzielle Lizenz. Eine Version nennt sich Shareware. Das ist Software, die Sie zuerst einmal kostenlos beziehen können, um sie zu installieren und zu testen. Erst wenn Sie das Programm auch wirklich behalten möchten, wird ein Betrag fällig, denn Sie einzahlen müssen. Ein bekannter Vertreter von Shareware ist etwa das beliebte Programm »WinZip« zum Komprimieren von Daten.

Version:	Sprache:	Dateigröße:
16.5 (Build 10095)	Deutsch	ca. 50MB

🛒 WinZip jetzt bestellen   ⭳ WinZip jetzt herunterladen

Bitte beachten Sie:

1. Sie dürfen die Testversion von WinZip kostenlos testen. Die Gültigkeit der Testlizenz beträgt 45 Tage.
2. Nach Ablauf der 45-tägigen Testphase müssen Sie eine Lizenzgebühr entrichten, wenn Sie das Programm weiterhin nutzen möchten.

Abb. 9.17: Lizenzvereinbarung für eine Shareware-Anwendung

Noch einmal anders verhält es sich mit Freeware. Freeware, freie Software, wird von den Entwicklern kostenlos zur Verfügung gestellt. Sie dürfen das Programm also herunterladen und installieren und nutzen. Einige Hersteller machen dabei einen Mix, indem sie die Software für privaten Gebrauch als Freeware zur Verfügung stellen. Wenn Sie dasselbe Programm aber für ein Unternehmen nutzen möchten, geht es unter Shareware und ist kostenpflichtig.

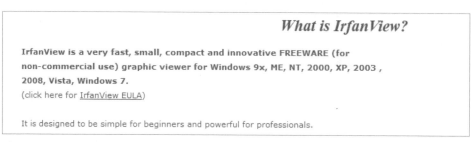

What is IrfanView?

IrfanView is a very fast, small, compact and innovative FREEWARE (for non-commercial use) graphic viewer for Windows 9x, ME, NT, 2000, XP, 2003, 2008, Vista, Windows 7.

(click here for IrfanView EULA)

It is designed to be simple for beginners and powerful for professionals.

Abb. 9.18: Lizenzvereinbarung für eine Freeware-Anwendung

Unter Freeware können Sie heute fast alles finden, von einfachen Anwendungen wie einem Bildbetrachter bis hin zu ganzen Office-Paketen, Grafikanwendungen oder Medienverwaltungen.

9.5.3 Installierte Software verwalten

Installierte Programme finden Sie unter Windows 7 in der Systemsteuerung unter dem Punkt PROGRAMME UND FUNKTIONEN. An diesem Ort können Sie das Programm später auch wieder deinstallieren, wenn Sie es nicht mehr benötigen.

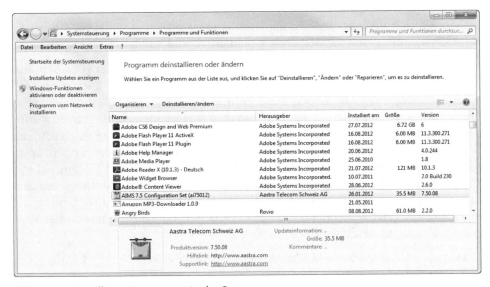

Abb. 9.19: Installierte Programme in der Systemsteuerung

Wenn Sie ein Programm einmal installiert haben, können Sie es entsprechend nutzen. Aber mit der Zeit stellen Sie vielleicht fest, dass der Hersteller neue Funktionen entwickelt hat, oder es weist Fehler auf, und der Hersteller hat diese in einer neueren Version behoben.

Dann wird es Zeit, dass Sie die Software aktualisieren, neudeutsch »updaten«. Auch dazu gehen Sie wieder in die Systemsteuerung und sehen nach, ob das Programm diesen Punkt aktiviert hat. Oder Sie legen den Datenträger mit der neuen Version ein und wählen den Punkt »Aktualisieren« aus, damit die neue Version über die alte Version installiert werden kann.

Dabei gibt es zwei unterschiedliche Versionen: Updates sind in der Regel kleinere Aktualisierungen installierter Programmversionen. Sie werden von den meisten Herstellern kostenlos zur Verfügung gestellt und können mit denselben Systemvoraussetzungen installiert werden.

Upgrades sind dagegen eine neuere Version einer bestehenden Anwendung. Hier können sich die Systemvoraussetzungen durchaus ändern, und oftmals wird auch eine – gegenüber dem vollen Kaufpreis reduzierte – Kaufsumme fällig, damit Sie das Upgrade erwerben können.

9.5.4 Risiken bei Installation und Aktualisierung

So schön ein Update auch ist, jede Aktualisierung birgt auch Risiken in sich. Läuft die Software nachher noch? Sind die Daten und Einstellungen noch vorhanden?

Lesen Sie darum immer die Herstellerangaben und Handbücher sorgfältig durch, welche Sie mit einem Update oder einer neuen Anwendung erhalten.

Halten Sie sich insbesondere an die Installationsanweisungen, damit alles nach Wunsch verläuft. Lesen Sie sich diese genau durch und handeln Sie entsprechend.

Bei einer Übertragung von Programmen von einem älteren auf ein neues Betriebssystem, z.B. von Windows XP auf Windows 7, achten Sie speziell auch darauf, ob die Anwendungen mit der neuen Umgebung kompatibel sind. Kompatibilitätsprobleme führen sonst zu einem instabilen System und können zu Programmabstürzen oder Datenverlust führen. Auch hier hilft nur: Lesen und die Anweisungen befolgen. Ist eine Version Ihrer Software nicht mehr mit dem neuen System kompatibel, gibt es häufig ein Upgrade des Herstellers, das dieses Problem behebt. Umgekehrt müssen Sie sich bei neuerer Software versichern, ob sie auf einem älteren System noch betriebsfähig ist. So gibt es etwa bei Apple viele Programme, die erst aber einer gewissen Version von MacOS X laufen, oder die nur noch unter Windows 7 eingesetzt werden können, nicht aber unter Windows XP.

Und nicht zuletzt: Sichern Sie Ihr System vor Installationen und Aktualisierungen. Speichern Sie wichtige Daten oder machen Sie eine Kopie vom ganzen System. So können Sie bei einer missglückten Installation immer noch auf Ihre bisherigen Daten und Einstellungen zurückgreifen.

9.6 Sicherheit unter Windows 7

Die Sicherheit des Rechners wird von Jahr zu Jahr zu einem wichtigeren Thema. Neben der unterstützenden Software für Datensicherheit (Windows bietet dazu das Systemsteuerungselement »Sichern und Wiederherstellen« an) ist es wichtig, den Rechner vor ungewolltem Zugriff von außen und das Ausführen von schädlicher Software (Spyware, Malware, Viren und Trojaner) zu vermeiden. Microsoft hat sich in den letzten Jahren in dieser Hinsicht schwergetan. Die Meldungen um gravierende Sicherheitslücken nahmen fast kein Ende. Mit dem Service Pack 2 von Windows XP hat Microsoft versucht, diesem Trend mit der Einführung einer eigenen Firewall entgegenzuwirken. Die Sicherheitsverpflichtung hat Microsoft in Windows Vista mit einer komplett überarbeiteten Firewall und der Einführung des Windows Defender noch ausgebaut. Zusätzlich sollte der Benutzer über potenziell gefährliche Änderungen am System benachrichtigt werden. Letzteres wurde in Windows Vista mit ständigen und lästigen Pop-ups, ob ein bestimmter Befehl tatsächlich ausgeführt werden soll oder nicht, fast ins Absurde getrieben – mit dem ungewollten Nebeneffekt, dass die meisten Benutzer diese Meldungen genervt ganz abschalteten. Zudem waren diese Sicherheitsfeatures extrem speicherhungrig und das Arbeiten mit dem System eher träge. Windows 7 hat hier deutlich nachgebessert.

9.6.1 Die Benutzerkontensteuerung

Mit Windows 7 hat Microsoft das ganze Thema Sicherheit nochmals überdacht und überarbeitet. Firewall und Defender arbeiten nun still und zuverlässig im Hintergrund, ohne übermäßig Ressourcen zu verbrauchen. Die Pop-up-Meldungen kann man in Windows 7 neu über vier Stufen anpassen (unter EINSTELLUNGEN FÜR BENUTZERKONTOSTEUERUNG). Je nach Stufe wird der Desktop abgeblendet, und eine Fenstermeldung erscheint.

9.6.2 Firewall-Einstellungen

Windows 7 bietet von Haus aus eine Software-Firewall an, die standardmäßig aktiviert wird. Die Windows Firewall filtert eingehende und ausgehende Verbindungen. Windows hat je nach Wahl des gerade benutzten Netzes (Privat, Geschäft oder Öffentlich) Standardwerte festgelegt, diese lassen sich für die verschiedenen Netzwerke auch von Hand weiter konfigurieren und verfeinern.

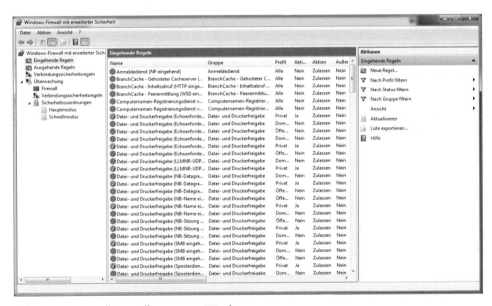

Abb. 9.20: Firewall-Einstellungen von Windows 7

Beim Öffnen der Firewall-Einstellung in der Systemsteuerung von Windows 7 können Sie nur wenige Einstellungen vornehmen. Wie bereits erwähnt, definiert Windows einige Einstellungen standardmäßig je nach gewähltem Netz (Privates, Firmen- oder öffentliches Netzwerk) und aktiviert diese. Über EINSTELLUNG ÄNDERN lässt sich primär die Firewall (falls gewünscht) auf INAKTIV setzen (oder wieder auf Aktiv) und ein Häkchen bei Alle eingehenden Verbindungen blocken setzen. Zudem lassen sich die Standardeinstellungen wiederherstellen.

Einen besseren Überblick über die Möglichkeiten der Windows Firewall haben Sie, wenn Sie Windows Firewall mit erweiterter Sicherheit (Administratorrechte nötig) ausführen (am einfachsten über das Fenster »Suche starten«):

Hier haben Sie die Möglichkeiten, Regeln für einzelne Programme, Ports und IP-Bereiche zu definieren. Zudem haben Sie verschiedene Ansichts- und Filtermöglichkeiten. Damit erstellen Sie Ausnahmen anhand von manuellen Regeln.

Wenn Sie eine neue Regel erstellen, haben Sie die Wahl, ob die Regel auf ein Programm oder auf eine Port-Freischaltung angewendet wird, ob Windows-Vorgänge gesteuert werden oder ob der Benutzer eine ganz andere Regel erstellen will. Dadurch erreichen Sie eine hohe Portsicherheit, weil Sie anstelle des Deaktivierens einer Firewall einzelne Ports freischalten können. Zum anderen können Sie durch die Erstellung dieser Regeln Ausnahmen definieren, welche Sie bei Bedarf auch wieder abschalten können. Auf der linken Seite sehen Sie, wie viele Schritte die ausgewählte Option hat:

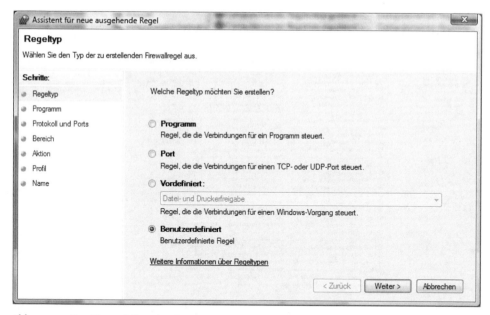

Abb. 9.21: Der Firewall-Regelassistent

9.6.3 Konfiguration der Dienste

Die Computerverwaltungskonsole ist unter Windows 7 ein wichtiges Werkzeug zur Konfiguration Ihres Computers. Hier können Sie sehen, welche Dienste auf Ihrem Computer aktiv sind, und diese gegebenenfalls aktivieren oder deaktivieren.

Sie können die Eigenschaften aller Dienste konfigurieren, die auf Ihrem Computer ausgeführt werden. Klicken Sie hierzu auf den Ast DIENSTE UND ANWENDUNGEN und darunter auf DIENSTE. In der rechten Fensterhälfte sehen Sie die vorhandenen Dienste und in welchem Status sie sich aktuell befinden.

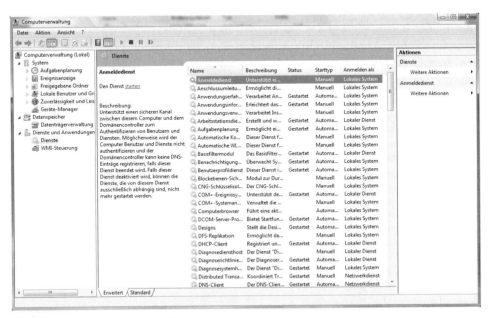

Abb. 9.22: Die Computerverwaltung

Sie können Dienste anhalten, beenden oder starten und die Startoptionen festlegen. Sie können ebenfalls den Anzeigenamen ändern, um die Dienste besser identifizieren zu können.

Ein Dienst wird konfiguriert, indem Sie mit der rechten Maustaste darauf klicken und den Menüpunkt EIGENSCHAFTEN auswählen. Es erscheint eine Dialogbox mit mehreren Registern. Diese sind abhängig von der Art des Dienstes und sollten nur mit äußerster Vorsicht verwendet werden, wenn Sie genau wissen, was Sie ändern.

9.7 Windows aktualisieren

Jeder Computer benötigt für seinen Betrieb ein Betriebssystem. Während dies bei Desktops und Notebooks meistens Windows ist, ist auf Tablets häufig Android oder Apples iOS installiert. Eine Aktualisierung auf eine andere Version ist dabei in der Regel nur innerhalb einer Betriebssystemfamilie möglich. Sofern der Hersteller eine neue Version zur Verfügung stellt, können Sie also ein Android-Tablet von Version 2 auf Version 4 aufrüsten, aber ein Windows 7 bringen Sie nicht zum

Laufen. Dagegen wird dem Aktualisieren der vorhandenen Versionen bei allen Herstellern großer Wert beigemessen, insbesondere in Bezug auf die Sicherheit.

9.7.1 Automatische Updates

Windows Update, eine webbasierte Site mit Ressourcen, automatisiert die Aktualisierung des Betriebssystems, stellt Treiber- und Systemdateien-Updates zur Verfügung und liefert aktuelle Produktinformationen. Seit Windows XP SP1 wird dieses Tool installiert und verbindet den PC regelmäßig mit der Website von Microsoft, um diese auf Aktualisierungen zu prüfen. So können Sie Ihr System aktuell und sicher halten.

Der Update-Assistent ist ein Link auf die Seite von Windows Update, über den das Betriebssystem, Gerätetreiber und Systemsoftware auf einem Rechner geprüft werden. Dabei werden die gefundenen Dateien mit einer Datenbank im Web verglichen, und danach werden speziell auf diesen Rechner zugeschnittene Updates empfohlen und installiert. Microsoft hat dazu seit einigen Jahren auch den sogenannten »Patch Day« eingeführt. An diesem speziellen Tag im Monat stellt Microsoft die jeweils aktuellsten Sicherheitsupdates für Windows bereit.

Die gefundenen Updates werden angezeigt und können anschließend zuerst angesehen und ausgewählt werden (siehe Abbildung 9.23).

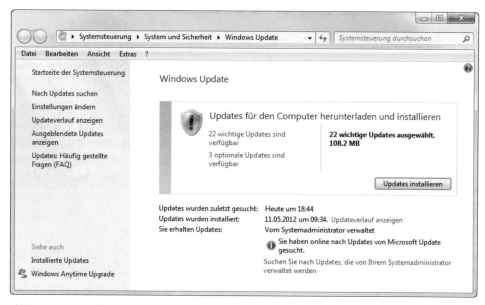

Abb. 9.23: Die gefundenen Updates

Die Updates können wohl einzeln ausgewählt werden. Seien Sie aber vorsichtig beim Abwählen von ausgewählten wichtigen Updates, denn diese beheben in der Regel Probleme oder Schwachstellen, die sonst durch Schadprogramme ausgenutzt werden können oder die Instabilitäten beseitigen.

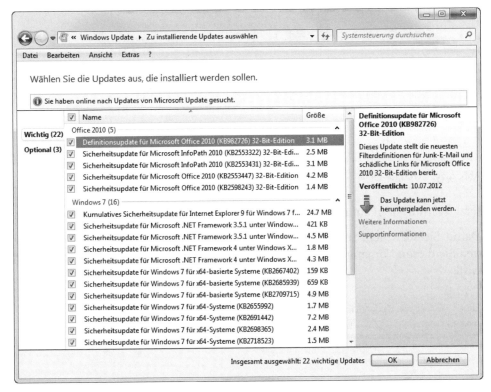

Abb. 9.24: Update-Liste

Bei den optionalen Updates lohnt es sich aber immer hinzuschauen. Hier können auch neue Programme oder Funktionen angezeigt werden, die Microsoft für nützlich erachtet, Sie aber möglicherweise nicht benötigen oder wünschen. Wenn Sie unsicher sind, lesen Sie bei Microsoft auf der Webseite nach, wozu die Updates dienen.

Wenn Ihr System auf dem aktuellen Stand ist, sieht das so aus:

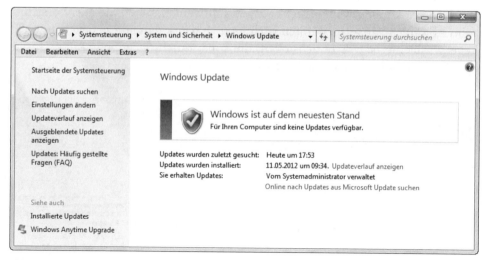

Abb. 9.25: Update-Liste

Jetzt ist Ihr System auf dem aktuellen Stand und kann bestmöglich funktionieren.

Damit Sie sich nicht selber um diese Aktualisierungen kümmern müssen, können Sie diesen Vorgang auch automatisieren, was von Microsoft sogar empfohlen wird.

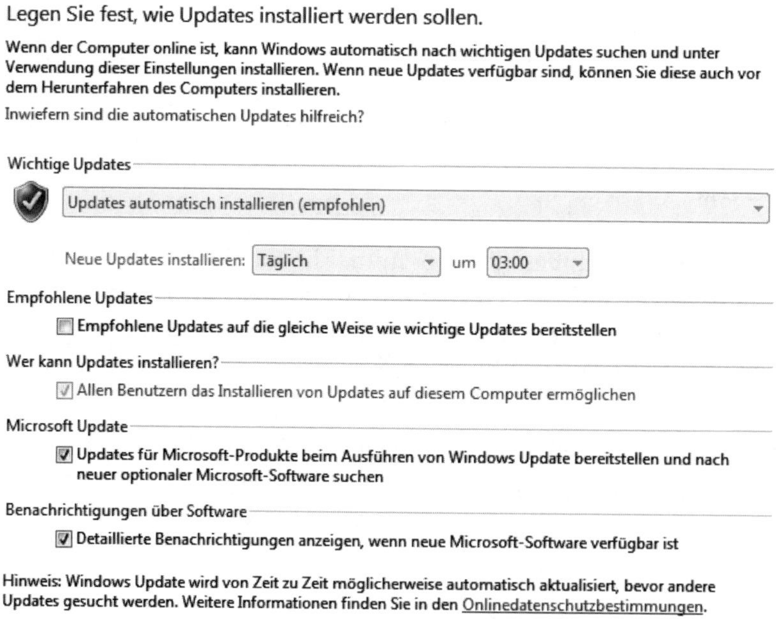

Legen Sie fest, wie Updates installiert werden sollen.

Wenn der Computer online ist, kann Windows automatisch nach wichtigen Updates suchen und unter Verwendung dieser Einstellungen installieren. Wenn neue Updates verfügbar sind, können Sie diese auch vor dem Herunterfahren des Computers installieren.

Inwiefern sind die automatischen Updates hilfreich?

Wichtige Updates

Updates automatisch installieren (empfohlen) ▼

Neue Updates installieren: Täglich ▼ um 03:00 ▼

Empfohlene Updates

☐ Empfohlene Updates auf die gleiche Weise wie wichtige Updates bereitstellen

Wer kann Updates installieren?

☑ Allen Benutzern das Installieren von Updates auf diesem Computer ermöglichen

Microsoft Update

☑ Updates für Microsoft-Produkte beim Ausführen von Windows Update bereitstellen und nach neuer optionaler Microsoft-Software suchen

Benachrichtigungen über Software

☑ Detaillierte Benachrichtigungen anzeigen, wenn neue Microsoft-Software verfügbar ist

Hinweis: Windows Update wird von Zeit zu Zeit möglicherweise automatisch aktualisiert, bevor andere Updates gesucht werden. Weitere Informationen finden Sie in den Onlinedatenschutzbestimmungen.

Abb. 9.26: Updates automatisch installieren

9.7.2 Windows Versionen: 32-Bit- oder 64-Bit-Version

Windows 7 gibt es in der 32-Bit- (x86) oder 64-Bit (x64)-Version zu kaufen.

Die Hauptunterschiede zwischen diesen beiden Windows-Versionen sind in den Bereichen Arbeitsspeicherzugriff und -verwaltung sowie optimierte Sicherheitsfunktionen zu finden. Einer der größten Vorteile einer 64-Bit-Version von Windows ist die Möglichkeit des Zugriffs auf physischen Arbeitsspeicher (RAM) über eine Größe von 4 GB hinaus, theoretisch bis zu 16 Exabyte (2^{64} Byte). 32-Bit-Versionen von Windows können nicht mehr als 4 GB RAM adressieren und benutzen. Je nach installierter Version von Windows unterstützt die 64-Bit-Version Arbeitsspeicher bis zu 192 GB bei Windows 7. Eine Ausnahme stellt hier die Home Premium-Version dar, die nur maximal 16 GB RAM unterstützt. Mehr Arbeitsspeicher führt zu einer effizienteren Prozessverwaltung und schlussendlich zu einer Verbesserung der Gesamtleistung des Betriebssystems.

Auf der anderen Seite erfordert aber der Einsatz von 64-Bit-Windows auch den Ersatz aller Gerätetreiber, denn diese müssen ebenfalls 64-Bit-tauglich sein. Und lange Zeit haben sich hier die Hersteller von Erweiterungskarten, Druckern, Scannern oder Digitalkameras etwas schwer getan.

Überblick der Änderungen von 64 Bit:

- Unterstützung von Arbeitsspeicher über die Grenze von 4 GB hinaus
- Verbesserte Leistung von Programmen, die dediziert für 64-Bit-Betriebssysteme geschrieben und optimiert wurden
- Doppelte Informationsverarbeitung in der gleichen Zeiteinheit gegenüber 32-Bit-Betriebssystemen
- Eigenständige Treiberverwaltung, erfordert 64-Bit-Gerätetreiber

Brauche ich ein 64-Bit-fähiges Betriebssystem?

Zum jetzigen Zeitpunkt im Jahre 2012 profitieren davon vor allem Programme und Anwendungen, die wie CAD-Software oder Bild- und Videobearbeitung umfangreiche Datenberechnungen oder Speicherplatz verwenden sowie Programme mit Zugriff auf komplexe und umfangreiche Datenbanken.

Für viele Heimanwender ist die Frage nach 64 Bit somit noch nicht von großem Interesse. Allerdings schläft auch die Spieleindustrie nicht, und bekannte Hersteller von Computerspielen bieten seit einiger Zeit vereinzelt 64-Bit-fähige Spiele an. Dank der Popularität von Windows 7 kommt vermehrt Bewegung in diesen Markt.

Die meisten Hardware-Hersteller bieten mittlerweile die notwendigen Gerätetreiber für 32 Bit und 64 Bit an, sodass auch von dieser Seite her immer weniger gegen einen Wechsel auf 64-Bit-Versionen spricht.

Vergessen Sie bei diesen Betrachtungen aber eines nicht: Wir hatten einen solchen Wechsel schon einmal: von MS-DOS bzw. Windows 3.1x als 16-Bit-Umgebung via Windows 95 (hybride Umgebung) zu Windows 2000, das als reine 32-Bit-Version auf den Markt kam. Das braucht zwar seine Zeit, aber die Entwicklung ist letztlich unaufhaltsam, da die Vorteile an Leistung und Stabilität eindeutig überwiegen – damals wie heute.

Ausführen von 32-Bit-Programmen in 64-Bit-Systemen

Das 64-Bit-Betriebssystem von Windows 7ist in der Lage, viele 32-Bit-Programme auszuführen. Verantwortlich hierfür ist WOW64 (**W**indows 32-bit **O**n **W**indows **64**). Dieses Subsystem des Windows-Betriebssystems hat den Zweck, eine 32-Bit-Umgebung zu schaffen, welche sämtliche benötigte Schnittstellen zur Verfügung stellt, damit diese ohne Anpassungen auf einem 64-Bit-System laufen.

Ob ein Programm als 32- oder 64-Bit-Version installiert wurde, sehen wir auch an den verschiedenen Programmverzeichnissen in einem 64-Bit-System. Im Ordner C:\Programme sind alle Programme, die 64-Bit-fähig sind, und im Ordner C:\Programme (x86) sind diejenigen Programme, die nur in einer 32-Bit-Umgebung funktionieren.

Hinweis zur Terminologie

Bei der Suche nach Programmen und Treibern treffen Sie heute oft folgende Bezeichnungen an: x86 und x64. Obwohl deren Gebrauch eher umgangssprachlich als technisch korrekt ist, werden mit x86 diejenigen Programme oder Treiber definiert, die auf eine 32-Bit-Umgebung angewiesen sind, und mit x64 diejenigen, die bereits für eine 64-Bit-Umgebung geeignet sind.

9.7.3 Installationsvorbereitung

Für jedes Betriebssystem benötigen Sie eine entsprechende Planung. Dazu müssen Sie vor allem die Systemvoraussetzungen kennen, welche ein Betriebssystem verlangt.

Hardwarekompatibilität

Jeder Hersteller bietet im Internet die aktuellen Angaben.

Upgrade-Optionen

Microsoft bietet den Windows 7 Upgrade Advisor an. Dieses Tool stellt fest, ob die gewünschte Version von Windows 7 auf der aktuellen Hardware lauffähig ist. Es besteht auch die Möglichkeit, eine vorhandene Installation von Windows XP oder Windows Vista oder Windows 7 zu aktualisieren. Doch auch hier ist eine kom-

plette Neuinstallation wegen der unterschiedlichen Treiber und Systemkomponenten ratsam. Ein Wechsel von einem 32-Bit- zu einem 64-Bit-System oder gar
umgekehrt ist als Upgrade nicht möglich.

Damit bei einer Neuinstallation nicht alle Daten verloren gehen und nicht nochmals alle Einstellungen gemacht werden müssen, stellt Microsoft den Windows
Easy Transfer kostenlos zur Verfügung, um eine externe Sicherung zu machen (je
nach Datenmenge auf USB-Stick oder externe Festplatte, auch ein Netzwerklauf-
werk kann gewählt werden), um diese nach der kompletten Neuinstallation wieder in das neue System einzubinden. Es wird ein File mit der Dateiendung
».MIG« erstellt. Dieses File kann anschließend mit Windows 7 gestartet werden.
Das Tool funktioniert mit folgenden Windows-Betriebssystemen: 95/98/2000/
ME/XP/Vista/7. Das Windows Easy Transfer Tool ist nur für einzelne Workstations gedacht.

9.7.4 Checkliste

Folgende Aufgaben müssen vor der Installation erledigt werden:

- Die Hardware muss den notwendigen Kompatibilitätsgrad aufweisen und beispielsweise in der HCL gelistet sein.

- Die Computer müssen über genügend Hardware-Ressourcen verfügen.

- Vergewissern Sie sich, dass Sie über eine lizenzierte Originalversion des Betriebssystems und den entsprechenden Produktschlüssel verfügen.

Für den Einsatz von 64-Bit-Windows gilt zudem:

- Für Windows 7 64 Bit muss ein 64-Bit-fähiger Prozessor vorhanden sein.

- Für alle eingesetzten Geräte im und am Computer müssen 64-Bit-Gerätetrei-
  ber zur Verfügung stehen und digital signiert sein.

- Überprüfen Sie, ob benötigte 32-Bit-Programme mit dem 64-Bit-Betriebssys-
  tem kompatibel sind und weiter betrieben werden können.

- Klären Sie ab, ob es möglicherweise 64-Bit-fähige Alternativen zu den benötigten 32-Bit-Programmen gibt, die nicht mehr unterstützt werden.

9.8 Wartungsaufgaben

Nicht nur die Hardware, auch das Betriebssystem benötigt in regelmäßigen
Abständen eine Wartung. Wenn wir von Windows sprechen, gehören hierzu die
regelmäßige Pflege der Festplatte durch Defragmentierung, das Löschen nicht
mehr benötigter Daten und Programme, aber auch die Aktualisierung des Systems durch Windows Update und ggf. aktuelle Treiber des Systemherstellers.

9.8.1 Defragmentierung

Unter Fragmentierung versteht man den Effekt, dass zusammenhängende Dateien nicht am Stück, sondern verstreut auf der ganzen Festplatte verteilt gespeichert werden. Dies erfolgt immer dann, wenn auf einer Festplatte über einen längeren Zeitraum Dateien angelegt, gelöscht, geändert, kopiert und verschoben werden.

Die Schreib- und Leseköpfe einer Festplatte müssen zwischen den verschiedenen Dateifragmenten hin und her springen, das kostet viel Zeit und äußert sich in einer geringeren Datentransferrate.

Mit dem Programm Defragmentierung können Sie die einzelnen Dateifragmente wieder zusammenführen und zusammenhängend auf der Festplatte positionieren. Mit `defrag.exe` lässt sich dieser Befehl auch in der Kommandozeile ausführen. Die grafische Version finden Sie über einen Rechtklick auf einen Datenträger im Arbeitsplatz oder im STARTMENÜ unter ZUBEHÖR – DIENSTPROGRAMME.

Seit Windows Vista wird die Festplatte durch eine voreingestellte geplante Aufgabe regelmäßig defragmentiert.

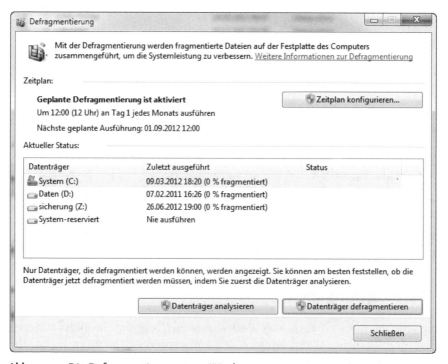

Abb. 9.27: Die Defragmentierung unter Windows 7

Defragmentierung und SSD-Festplatten

Bei den neuen SSD-Festplatten ist eine Defragmentierung kontraproduktiv. Zum einen sind diese Festplatten bei den Zugriffen so schnell, dass es keinen Unterschied macht, ob die Daten nebeneinander oder verstreut auf der Platte sind, zum anderen werden durch das Defragmentieren zahlreiche zusätzliche Schreibzyklen generiert, was die Lebensdauer einer SSD deutlich verkürzen kann.

Windows 7 schaltet die automatische Defragmentierung auch bei Einsatz einer SSD nicht aus. Um die Lebensdauer nicht unnötig zu verkürzen, empfiehlt es sich daher, diese manuell zu deaktivieren.

9.8.2 Daten komprimieren

Sofern Sie unter Windows NFTS als Dateisystem einsetzen, haben Sie die Möglichkeit, auf Ihrer Festplatte freien Platz zu gewinnen, indem Sie vorhandene, aber selten gebrauchte Dateien und Ordner komprimieren.

Dies bedeutet, dass die Dateien mittels eines Berechnungsverfahrens so verkleinert werden, dass der Zugriff zwar länger dauert, sie aber dafür auch deutlich weniger Platz benötigen.

Geeignet ist dieses Mittel immer dann, wenn der Platz auf der Platte knapp wird und zwar für selten mehr benötigte Dokumente und Systemdateien. Dateitypen, die selber schon komprimieren wie etwa JPG-Bilder, sparen dadurch aber kaum zusätzlichen Raum ein.

Unter Windows 7 können Sie die Komprimierung auswählen, indem Sie die gewünschte Datei oder den Ordner mit der rechten Maustaste auswählen und über das Kontextmenü SENDEN AN – KOMPRIMIERTEN ORDNER komprimieren.

9.8.3 Programme und temporäre Daten löschen

Wenn Sie Programme nicht mehr benötigen, deinstallieren Sie diese über das entsprechende Applet in der Systemsteuerung. Nehmen Sie in jedem Fall Abstand davon, Programme über den Arbeitsplatz mit `Delete` zu löschen, da Sie hierbei immer Daten und Registry-Einstellungen zurücklassen und das System in einen instabilen Zustand geraten kann.

Temporäre Daten löschen Sie am einfachsten über die Datenträgerbereinigung. Diese finden Sie ebenfalls bei den Wartungsprogrammen in der Systemsteuerung oder über die Eigenschaften eines Laufwerks im Arbeitsplatz.

Auch Schriftarten können ein System belasten. Von daher lohnt es sich, von Zeit zu Zeit im Ordner SCHRIFTARTEN in der Systemsteuerung vorbeizuschauen und zu sehen, ob alle diese Schriftarten noch aktuell sind. Beachten Sie dabei, dass zum einen jede Windows-Version eigene Systemschriftarten mitbringt, zum anderen, dass Sie keine Schriftarten löschen, die von einem Programm benötigt werden.

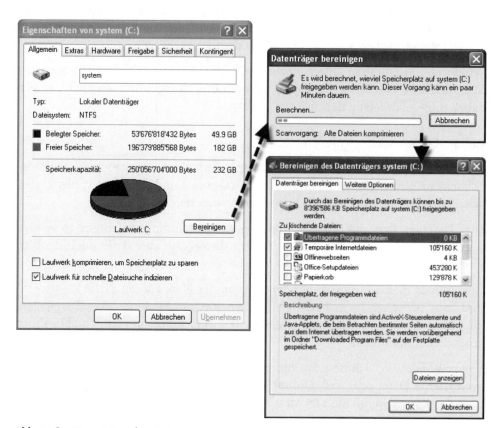

Abb. 9.28: Datenträger bereinigen

9.8.4 Die Ereignisanzeige

Eines der wichtigsten Hilfsmittel ist die Ereignisanzeige. Jede Fehlfunktion des Systems kann hieraus abgelesen werden, und es können entsprechende Gegenmaßnahmen ergriffen werden.

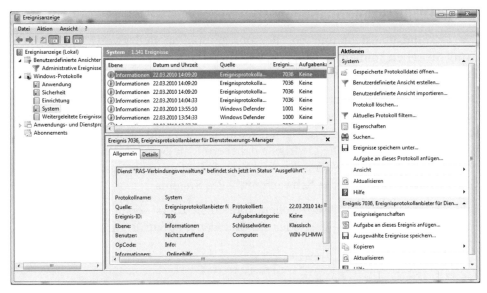

Abb. 9.29: Die Ereignisanzeige von Windows 7

Folgende Ereignisse werden protokolliert:

Ereignis	Bedeutung
Information	Ein Informationsergebnis wird durch ein blaues »i« gekennzeichnet. Diese Einträge protokollieren erfolgreich geladene Treiber und Dienste.
Warnung	Eine Warnung hat ein gelbes Ausrufezeichen. Diese Ereignisse sind nicht kritisch, können sich aber negativ auswirken. Sobald der Festplattenspeicher niedrig wird, kann es zu einer solchen Meldung kommen.
Fehler	Der Fehler wird durch ein rotes Stoppzeichen dargestellt. Ein nicht geladener Dienst oder ein fehlerhafter Netzwerkkartentreiber verursacht diesen Eintrag.
Überwachungserfolg	Eine erfolgreiche Anmeldung beispielsweise wird durch einen gelben Schlüssel angezeigt.
Überwachungsmisserfolg	Ein unerlaubter Zugriff auf eine Ressource verursacht dieses Ereignis, was durch ein Schloss gekennzeichnet wird.

Tabelle 9.2: Die Bedeutung der Symbole in den Ereignisprotokollen

9.8.5 Leistungsinformationen

Die Leistungsübersicht und der Ressourcenmonitor sind zwei Möglichkeiten, damit Sie sehen können, welche Leistung Ihr System erbringt und wo es eventuell Probleme oder einen Flaschenhals auf dem System gibt.

Bei der Leistungsinformation haben Sie auf der ersten Seite die Möglichkeit, eine Leistungsbewertung (Windows Leistungsindex) des aktuellen Rechners durchzuführen. Dabei werden die wichtigsten Komponenten getestet und auf einer Skala von 1,0 bis 7,9 benotet. Die niedrigste dabei erreichte Note wird dann als Gesamtnote angezeigt: Hier liegt der Schwachpunkt. Beim folgenden System ist somit die Grafikleistung eindeutig der Schwachpunkt des Systems.

Falls Sie Ihr System verbessern wollen, können Sie zuerst versuchen, entweder die Festplatte, den Arbeitsspeicher oder die Grafikkarte aufzurüsten.

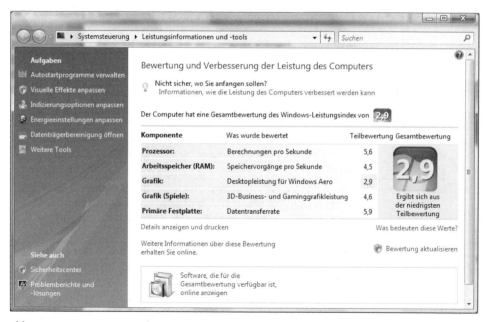

Abb. 9.30: Die Leistungsinformation

9.9 Startprobleme

Wenn Ihr System instabil wird (kann vorkommen), weil ein Treiber nicht richtig installiert wurde, weil ein Update nicht ordnungsgemäß funktioniert oder ein Kompatibilitätsproblem vorliegt, können Sie den Startvorgang des Computers beeinflussen und das System in einem reduzierten Modus hochfahren.

Der abgesicherte Modus ist eine Option für die Problembehandlung von Windows. Der Computer wird in einem eingeschränkten Status gestartet. In diesem Modus werden nur die Basisdateien und -treiber gestartet, die zum Ausführen von Windows erforderlich sind. Wenn ein bestehendes Problem nach dem Starten im abgesicherten Modus nicht mehr auftritt, können die Standardeinstellungen und die Basisgerätetreiber als mögliche Ursache ausgeschlossen werden.

Bei einem Systemabsturz meldet sich Windows beim nächsten Systemstart von selbst und macht darauf aufmerksam, dass beim letzten Herunterfahren nicht alles korrekt abgelaufen ist. Sie haben dann die folgenden fünf Möglichkeiten:

Modus	Ergebnis
Abgesicherter Modus	Windows startet nur mit den Treibern und Diensten, die für den Start von Windows erforderlich sind.
Abgesicherter Modus mit Netzwerktreiber	Windows startet nur mit den Treibern und Diensten, die für den Start von Windows erforderlich sind. Zusätzlich wird versucht, die nötigen Netzwerktreiber zu laden, um eine Verbindung zum lokalen Netz oder dem Internet herzustellen.
Abgesicherter Modus mit Eingabeaufforderung	Startet Windows im abgesicherten Modus mit einem Eingabeaufforderungsfenster (Kommandozeile) anstelle der normalen Windows-Benutzeroberfläche.
Letzte als funktionierend bekannte Konfiguration	Falls die Installation eines neuen Treibers zum Absturz geführt hat, kann man mit dieser Möglichkeit Windows ohne diesen Treiber starten.
Windows normal starten	Versucht, Windows mit den normalen Einstellungen, Treibern und Diensten zu starten.

Tabelle 9.3: Verschiedene Startmodi von Windows

Alternativ können Sie den Abgesicherten Modus auch über die Taste F8 beim Systemstart aufrufen.

9.9.1 Die automatische Systemwiederherstellung

In Windows 7 erscheint beim Installationsfenster unten rechts die Auswahl COMPUTERREPARATUROPTION. Dann wird das installierte Betriebssystem angezeigt (auch mehr als eines, falls mehrere verschiedene Betriebssysteme auf dem Computer installiert sind). Wählen Sie es aus und klicken auf WEITER. Nun erscheint folgendes Bild:

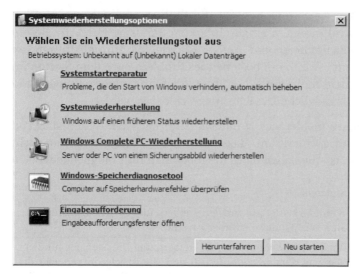

Abb. 9.31: Systemwiederherstellungsoptionen

Sie haben nun verschiedene Möglichkeiten:

- Systemstartreparatur: Windows versucht, zuerst den MBR, anschließend den PBR und schlussendlich den Bootmanager zu reparieren (eventuell muss dieser Vorgang wiederholt werden).

- Systemwiederherstellung und Windows Complete PC-Wiederherstellung: Setzt das System auf einen früheren Wiederherstellungspunkt zurück. Es setzt aber voraus, dass Sicherungen erfolgt sind und dass Sie Zugriff auf diese Sicherungen haben, sonst kann auch nichts wiederhergestellt werden.

- Windows-Speicherdiagnosetool: ermittelt, ob der Arbeitsspeicher eventuell defekt ist oder Probleme verursacht, und meldet dies.

- Eingabeaufforderung: Hiermit öffnet sich ein Eingabeaufforderungsfenster, wo Sie direkt einige Befehle selbst eingeben können.

9.9.2 Herstellerabhängige Wiederherstellung

Beim Kauf eines Computersystems bieten viele Hersteller ein vorinstalliertes Betriebssystem mit an. In dieser Vorinstallation sind bereits alle notwendigen Treiber für das System integriert, zudem meistens noch zusätzliche Programme zur Verwaltung und den Betrieb des Systems. Beim ersten Einschalten des Rechners können Sie das vorinstallierte System dann mehr oder weniger nach Ihren Wünschen konfigurieren und in kurzer Zeit in Betrieb nehmen.

Anstelle einer originalen Windows-CD/DVD liegen diesen Systemen dann Wiederherstellungsdatenträger bei, sogenannte Recovery Disks. Mit diesen lässt sich das System z.B. im Fall eines Festplattendefekts erneut installieren. Die Wiederherstellung erfolgt auf den Stand der Auslieferung, Ihre persönlichen Daten und Einstellungen werden dabei überschrieben. Diese müssen Sie also vorher sichern.

9.10 Fragen zu diesem Kapitel

1. Welche Informationen können Sie aus der Ereignisanzeige von Windows 7 Professional ersehen?

   A   Systemprotokoll, Sicherheitsprotokoll, Ereignisprotokoll

   B   Anwendungsprotokoll, Sicherheitsprotokoll, Windows-Protokoll

   C   Anwendungsprotokoll, Sicherheitsprotokoll, Systemprotokoll

   D   Windows-Protokoll, Systemprotokoll, Ereignisprotokoll

2. Ein Benutzer versucht, eine Anwendung auf einer Arbeitsstation mit Windows 7 zu installieren. Die Installation schlägt fehl. Der Anwender benötigt aber das Programm. Wo sollte er zuerst nach Informationen suchen?

   A   In der Readme-Datei von Windows

   B   Auf der Website des Anwendungsherstellers

   C   In der Datei `program.ini`

   D   In der Datei `error.log` im Verzeichnis `c:\windows\error`

   E   Auf der Website von Microsoft

3. Ein Benutzer beklagt sich, dass der Bildschirm zwar alles anzeigt, aber mit sehr groben Darstellungen und nur wenigen Farben. Wie lösen Sie dieses Problem?

   A   Ersetzen Sie den Monitor, das ist ein Anzeichen eines Defekts.

   B   Die Farbtiefe ist zu niedrig eingestellt. Öffnen Sie die Systemsteuerung und ändern Sie den Wert im Anzeige-Applet auf 8 Bit.

   C   Installieren Sie neue Grafikkartentreiber, dann verschwindet das Problem automatisch bei Neustart.

   D   Die Farbtiefe ist zu niedrig eingestellt. Öffnen Sie die Anzeigeeinstellungen und ändern Sie die Farbqualität auf der Eigenschaftsseite EINSTELLUNGEN auf 32 Bit.

4. Nennen Sie einen Grund, warum auf einem System mehrere Benutzer einge-richtet werden können.

A   Nur bei mehreren eingerichteten Benutzern kann man die Zugriffe auf die Daten entsprechend einschränken.

B   Nur bei mehreren eingerichteten Benutzern ist die Dateifreigabe aktiviert.

C   Nur bei mehreren eingerichteten Benutzern kann die Benutzerverwaltung in Windows genutzt werden.

D   Nur bei mehreren eingerichteten Benutzern können Netzwerktreiber installiert und das Internet genutzt werden.

5. Mit welchem Hilfsmittel untersuchen Sie bei Windows 7 einen Anwendungs-fehler?

A   Systemmonitor

B   Ereignisanzeige

C   Leistungsprotokolle

D   Dienste

6. Ein Kunde hat zu Hause einen älteren Windows 98-Rechner. Er möchte jetzt gerne Windows 7 installieren. Was raten Sie ihm?

A   DVD einlegen und Update auf Windows 7 durchführen

B   Das wird nicht funktionieren, er muss vermutlich das System neu instal-lieren.

C   Zuerst den Arbeitsspeicher aufrüsten und dann Update durchführen.

D   Es muss genau abgeklärt werden, ob der bisherige Computer die Anforde-rungen für Windows 7 erfüllt. Erst danach kann er sich entscheiden, das System neu zu installieren.

Kapitel 10

Computer verbinden sich zu Netzwerken

Bisher haben wir nur von einzelnen Computern und ihrer Software gesprochen. Ein wichtiger Faktor für die Verbreitung von Informatiksystemen ist aber ihre Möglichkeit, Netzwerke zu bilden, sich also zu verbinden, um Daten auszutauschen, Informationen anzubieten oder Dienste wie Mail oder Verkaufssysteme zur Verfügung zu stellen. Doch wie kommt ein Netzwerk zustande? Um diese Frage dreht es sich in dem folgenden Kapitel.

Es vermittelt Ihnen einen Überblick, der insbesondere auf die Beantwortung der Frage zielt, warum sich eine Vernetzung lohnt. Dazu gilt es auch, grundlegende Begriffe der Datenverarbeitung wie »Daten«, »Kommunikation« und »Protokoll« kennenzulernen und einzuordnen, um sie im Rahmen des Themas Netzwerktechnik sicher anwenden zu können.

Danach werden wir uns »von unten« an das Netzwerk im Konkreten annähern. Im Zentrum dieses Kapitels steht daher die Hardware. Im Einzelnen schauen wir uns an:

- Kabel und Stecker
- Netzwerkkarten
- Netzwerkverbindungsgeräte

10.1 Was ist ein Netzwerk?

Die aktuelle Definition dazu lautet: Ein Netzwerk ist eine Anzahl voneinander entfernter, intelligenter Maschinen, die alle an denselben Daten und Informationen teilhaben. Dies geschieht über verbundene Kommunikationsleitungen.

Die Welt der Netzwerke kann auf drei Hauptkomponenten reduziert werden:

- Netzwerkelemente – was gehört ins Netzwerk?
- Netzwerkmodelle – wie wird das Netzwerk gebaut?
- Netzwerkmanagement – wie wird das Netzwerk verwaltet?

Netzwerkelemente

Die Grundbegriffe für Netzwerkelemente lauten »Daten«, »Schnittstelle« und »Protokoll«.

Als *Daten* bezeichnen wir in der Netzwerktechnik Informationen, welche über das Netzwerk transportiert werden. Die Übermittlung dieser Information von einem zum anderen Ort ist ein Kernanliegen der Vernetzung. Daten werden über verschiedene Geräte und Medien transportiert. Damit dies möglich ist, müssen die Regeln für diese Vermittlung bestimmt werden, dies sind die Schnittstellen. Durch die Definition von Schnittstellen wird es möglich, Informationen weiterzugeben.

Protokolle sind eigentlich Sprachkonventionen. So wie es Französisch, Deutsch oder Italienisch als Sprache gibt, so gibt es unterschiedliche »Netzwerksprachen«, wobei der Begriff des Protokolls sehr allgemein ist und in vielen unterschiedlichen Zusammenhängen verwendet werden kann.

Häufig werden Netzwerke von einem oder mehreren Rechnern aus verwaltet, die zentrale Dienste für das Netzwerk anbieten. Diese speziellen Rechner tragen den Namen Server und übernehmen die Steuerung des Netzwerkes. Die Gegenstellen eines Servers nehmen die Dienste des Servers als Kunden in Anspruch, sie werden daher neudeutsch »Clients« genannt.

Abb. 10.1:   Ein Server für die zentrale Datenverarbeitung

Folgende Aufgaben können von einem Server wahrgenommen werden:

- Verwaltung von Speicherplatz für Daten
- Überwachung und Kontrolle der Druckvorgänge
- Verwaltung der Berechtigungen, wer darf worauf zugreifen
- Bereitstellung von Diensten wie Mail oder Telefonie

Beim Client-Server-Ansatz ist die Aufgabe der übergeordneten Datenverarbeitung zwischen einem oder mehreren Client-Rechnern und dem Server aufgeteilt. Clients übermitteln Anforderungen an Dienste der Server im Netz. Der Server empfängt die Anforderung und führt eine Aufgabe wie etwa das Bereitstellen einer Datei für den Client aus. Führt ein Server nur einen bestimmten Dienst aus und ist für diesen reserviert, spricht man auch von einem dedizierten Server.

Auf der anderen Seite gibt es auch Netzwerke, die ohne solche zentralen Server funktionieren. Denken Sie nur an die Verbindung von mehreren kleinen Geräten wie mobile Telefone über Bluetooth. Hier sprechen wir von einem Netz von Gleichberechtigten, »Peer to Peer« genannt.

Zudem gibt es Vernetzungen vom kleinsten Rechner bis hin zu Großrechnern, sogenannten Hosts, wo verschiedenste Elemente zusammenwirken.

Alle diese Ansätze sind in der aktuellen Netzwerktechnik vorhanden, und bei allen braucht es eine ganze Reihe von Standards und Spezifikationen, damit die Kommunikation in einem solchen Netzwerk funktioniert.

Netzwerkmodelle

Um diese Vielfalt an Möglichkeiten klassifizieren zu können, braucht man Netzwerkmodelle, welche sich historisch an der Ausdehnung des Netzwerks orientieren. Die zwei klassischen Begriffe zur Unterscheidung dazu lauten:

- Local Area Networks (LANs)
- Wide Area Networks (WANs)

Ein LAN bezieht sich auf eine Kombination von Computerhardware und Übertragungsmedien von relativ geringem Umfang. LANs befinden sich üblicherweise innerhalb eines Gebäudes und benutzen meist nur eine Art der Verkabelung. Sie sind selten größer als 10 km und laufen ausschließlich über privaten Grund.

Ein WAN ist im Wesentlichen ein aus LANs bestehendes Über-LAN. WANs verbinden LANs, die auf verschiedenen Seiten eines Gebäudes, an den entgegengesetzten Grenzen eines Landes oder am anderen Ende der Welt stehen. WAN-Technologie benötigen Sie als Anschluss für Ihr lokales Netzwerk ins Internet und WANs benötigen Ihre Provider, die Ihnen das Internet zur Verfügung stellen, für ihre eigene, landesübergreifende oder weltweite Vernetzung.

Wer für den Aufbau und Unterhalt von Netzwerken zuständig ist, muss über diese Themen Bescheid wissen, doch dies führt weit über CompTIA IT Strata Fundamentals hinaus und in die Thematik von CompTIA Network+.

10.2 Wie ein Signal übertragen wird

Wenn wir von der Hardware im Netzwerk sprechen, dann ist deren Grundlage die Übertragung des Signals. Dazu gibt es unterschiedliche Medien und Geräte, wie wir gleich sehen werden, und außerdem unterschiedliche Übertragungsmöglichkeiten.

Bei einer *parallelen* Datenübertragung werden mehrere Leitungen gleichzeitig zur Datenübertragung benutzt. Es kann so pro Zeiteinheit ein Mehrfaches an Daten übertragen werden, es wird aber für jede Datenleitung auch ein Draht benötigt. Zudem können die Daten am Empfangsende nur dann verstanden werden, wenn die Signale auch wirklich exakt gleichzeitig empfangen werden. Man spricht daher auch vom Bitversatz als Problem der parallelen Datenübertragung. Die höhere Geschwindigkeit steht daher der höheren Empfindlichkeit gegenüber. Zudem sind mit dieser Übertragung nur kürzere Distanzen im Bereich von maximal wenigen Metern zu bewerkstelligen.

Beispiele paralleler Datenübertragungen sind:

- IEEE 1284 Centronics (sogenannte parallele Druckerschnittstelle)
- SCSI, EIDE
- PCI-Bus

Durch die fortwährende Weiterentwicklung der Übertragungstechniken ist die parallele Technik zurzeit auf dem Rückzug. Waren früher die Geschwindigkeitsvorteile etwa beim PC-Bussystem ein Hauptvorteil, so ist dieser in den letzten Jahren durch die zunehmende Geschwindigkeit serieller Übertragungsmethoden so weit in den Hintergrund gerückt, dass sogar klassische Systeme wie die EIDE-Technik für Festplatten durch serielle Systeme abgelöst worden sind (S-ATA).

Bei einer *seriellen* Datenübertragung werden die Informationen bitweise nacheinander übertragen. Dies benötigt auf den ersten Blick mehr Zeit als eine gleichzeitige Übertragung, hat aber den Vorteil, dass keine Daten verloren gehen. Für eine serielle Übertragung benötigt man nur eine Leitung (dazu je nach Standard eventuell einen Rückleiter und Kontrollleitungen). Deswegen eignet sich eine serielle Leitung auch für größere Distanzen. Den klassischen Nachteil der geringeren Geschwindigkeit haben ausgeklügelte Entwicklungen in diesem Bereich längst wettgemacht.

Beispiele serieller Datenübertragungen:

- Serielle Schnittstelle (RS-232)
- USB (Universal Serial Bus)
- FireWire IEEE 1394
- S-ATA
- 100Base-T Ethernet

Aufgrund des Distanzvorteils ist die serielle Übertragungstechnik auch die vorherrschende Technik, wenn es um Netzwerke geht.

10.3 Die Hardware eines Netzwerkes

Damit ein Netzwerk funktionieren kann, benötigen wir verschiedene Komponenten vom Endgerät über die Verkabelung bis hin zu den Anlagen, um diese Kabel zu verbinden.

10.3.1 Die Verkabelung des Netzwerkes

Natürlich brauchen wir für die Verbindung von zwei weit entfernten Netzwerken andere Kabel als für die Verbindung von zwei Computern im selben Büro. Von daher gibt es unterschiedliche Kabeltypen:

- Kupferkabel für die Nahverbindungen (LAN)
- Lichtwellenleiter (Glasfaser) für sehr schnelle oder weit entfernte Verbindungen von Netzwerken (WAN)

Daneben gibt es natürlich auch noch die drahtlose Übermittlungstechnik, WLAN genannt, welche sozusagen die Luft als »Kabel« verwendet.

Wir konzentrieren uns an dieser Stelle auf die Kabel, die wir für das Büro oder zu Hause benötigen, das sind in aller Regel die Kupferkabel.

Ursprünglich als Telefonkabel in den vereinigten Staaten im Einsatz, hat das »verdrehte« Kabel (englisch: Twisted-Pair) längst seinen Siegeszug durch die Welt der Netzwerke angetreten. Der Grund war einfach: Als die ersten Netzwerke geplant wurden, überlegte man sich, welche bestehenden Kabel man nutzen konnte – und kam auf die bereits verlegten (verdrillten) Telefonleitungen.

Das Kabel besteht in seiner einfachsten Form aus zwei verdrillten Leitungen, ähnlich wie wir es hierzulande auch kennen – allerdings waren bei uns die alten Telefonleitung selten verdrillt und konnten für Datenübertragungen in Netzwerken kaum genutzt werden. Im Lauf der Zeit wurde das TP-Kabel durch viele Anpassungen verbessert, leistungsfähiger und sicherer gemacht.

Heute gibt es zwei Hauptkategorien: das ungeschirmte und das geschirmte TP-Kabel, entsprechend den englischen Begriffen

- UTP (Unshielded Twisted-Pair) und
- STP (Shielded Twisted-Pair)

genannt, wobei sich dieses »shielded« auf die Frage bezieht, ob die einzelnen (bis zu vier) Adernpaare zusätzlich durch eine Metallfolie oder ein Geflecht gegen elektromagnetische Einflüsse geschützt sind oder nicht.

Die Twisted-Pair-Kabel sind normiert, am bekanntesten sind heute die Kategorien 5 und 6 und dazwischen die Kategorie 5e.

Abb. 10.2:   4-paariges F/STP-Kabel

Damit werden im Wesentlichen die Eigenschaften für die Datenübertragung beschrieben. Ein Kat. 5-Kabel ist weniger leistungsfähig als ein Kat. 5e. Im Klartext heißt das: Kat. 5 leistet nur 100 Mbps, Kat. 5e dagegen können Sie auch für Gigabit-Netzwerke nutzen und Kat. 6 für Gigabit und sogar, auch das gibt es heute schon, 10 Gigabit-Übertragungen.

Diese Kabel werden entweder ungeschirmt (UTP) oder mit der erwähnten Schirmung als STP- oder FTP-Kabel angeboten.

Entsprechend sieht eine vergleichende Tabelle mit den aktuellen Normen für die USA (TIA) und International bzw. Europa (ISO) wie folgt aus:

TIA Norm	US-Standard	Frequenzbereich	ISO Norm	Europ. Standard
Kat. 5e	EIA-568-B.2	1–100 MHz	Class D	ISO/IEC 11801
Kat. 6	EIA-568-B.2-1	1–250 MHz	Class E	ISO/IEC 11801
Kat. 6a	EIA-568-B.2-10	1–500 MHz	Class EA	Anhang 1 zu 11801
	n/a	1–600 MHz	Class F	ISO/IEC 11801
	n/a	1–1000 MHz	Class FA	Anhang 1 zu 11801

Tabelle 10.1:   EIA/TIA-Normen und ISO-Normen

Die heute eingesetzten Kategorien 5 bis 7 bzw. ISO-Class D bis F verfügen über acht Adern, die in jeweils vier miteinander verdrillten Paaren angeordnet sind und parallel von Sender zu Empfänger gezogen werden.

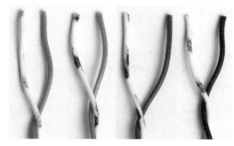

Abb. 10.3:   Twisted-Pair-Kabel nach Paaren angeordnet (TIA-568B)

Bei einem sogenannten »Crosskabel« werden dabei bis 100 Mbit/s die Adern 1 und 2 sowie 3 und 6 gekreuzt. Bei einem Gigabit-Kabel werden dagegen alle Adernpaare gekreuzt. Das Crossover-Kabel benötigen Sie immer dann, wenn Sie zwei Computer direkt miteinander verbinden möchten, ohne Verbindungsgerät (z.B. Router) dazwischen.

Abb. 10.4: S/STP-Kabel mit paarweiser Folienschirmung und zusätzlichem Drahtgeflecht

FTP- und STP-Kabel kaufen Sie dann, wenn Sie mehrere Kabel nahe beieinander verlegen, oder auch, wenn Sie längere Distanzen zurücklegen möchten.

UTP und STP als Begriff sind jeweils auf den Kabeln aufgedruckt, damit Sie sehen, was Sie einsetzen. Bei Distanzen über zehn Meter empfehlen wir grundsätzlich nur den Einsatz von STP-Kabeln, damit die Übertragungsqualität durch Beeinflussung von außen wie Interferenzen oder Nebensprechen nicht leidet.

Die Kabel können Sie sowohl ab Rolle (und separat dazu die Stecker) oder fertig konfektioniert kaufen. Falls Sie die Kabel selber konfektionieren möchten, benötigen Sie dazu entsprechendes Werkzeug, das je nach verwendetem Stecker unterschiedlich heißen kann. Im Allgemeinen nutzen wir hier die sogenannte Crimpzange.

Achtung

Die Stecker zu diesen Kabeln nennen sich dann RJ-45. ISDN hat ähnliche Kabel und Stecker, es sind auch Twisted-Pair, aber nur zweipaarig, und sie haben einen RJ12-Stecker – ähnlich, aber nicht derselbe!

Abb. 10.5: UTP-Kabel mit RJ45-Stecker

10.3.2 Drahtlose Kommunikation (WLAN)

Immer häufiger werden in LANs auch drahtlose Techniken eingesetzt. Der IEEE-Arbeitskreis 802.11 definiert seit 1996 Standards für Wireless LAN (WLAN).

Für den Aufbau eines drahtlosen Netzwerks benötigen Sie anstelle von Kabeln einen sogenannten Access Point, der dann wiederum mit einem Kabel ans Netz angeschlossen wird, z.B. ans Internet oder den verkabelten Teil des Netzwerks. Solche Access Points können innerhalb eines Gebäudes eingesetzt werden, die Reichweite beträgt bis zu 30 Metern. Sie werden auch WAP genannt (Wireless Access Point).

Abb. 10.6:   WLAN Access Point

Solche Access Points verfügen entweder nur über eine drahtlose Funktion (Bridge) und geben die bestehenden Adresseninformationen aus dem lokalen Netzwerk eins zu eins weiter (DHCP-Passthrough) oder sie beinhalten auch eine Routing-Funktion und stellen dann einen eigenen DHCP-Service zur Verfügung, um die drahtlosen Clients mit Adressen zu versorgen.

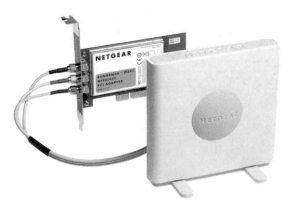

Abb. 10.7:   WLAN-Adapterkarte mit externer Antenne für einen PC

Für die einzelnen PCs benötigen Sie entweder die in neuen Notebooks bereits integrierten Wireless Chips (Centrino-Prozessoren und folgende) oder eine Wireless-Karte. Diese gibt es sowohl für Notebooks als auch für Desktop-Rechner.

Standards für die drahtlose Datenübermittlung

Die Funkverfahren nach 802.11 arbeiten im Frequenzbereich zwischen 2,4 GHz und 2,483 GHz mit einer maximalen Sendeleistung von ursprünglich 1 Watt, heute noch 125 mWatt. Im Vergleich dazu: Ein Mobiltelefon hat eine Strahlungsleistung von 1000 bis 2000 mW.

1999 wurde entsprechend der fortschreitenden technischen Möglichkeiten der Standard 802.11b verabschiedet. Dieser brachte neben höheren Geschwindigkeiten von bis zu 11 MBit/s auch erste Sicherheitsmerkmale wie die WEP-Verschlüsselung mit sich, was verhindern soll, dass andere Stationen die Signale abhören und entschlüsseln können.

Die USA entwickelten darüber hinaus den Standard 802.11a mit Übertragungsraten von bis zu 54 Mbit/s. Da dieser aber im 5-GHz Band arbeitet, das in Europa von der öffentlichen Hand verwaltet wird, wurde er in Europa vorerst verboten und erst im Jahre 2003 nach Einrichtung eines zweiten ISM-Bandes im Frequenzbereich von 5,15 GHz bis 5,725 GHz zur Nutzung freigegeben. Parallel dazu erarbeiteten die Europäer einen zu 802.11b kompatiblen, aber schnelleren Standard, der sich 802.11g nannte und bis Ende 2009 den aktuellen Standard für drahtlose Netzwerke bildete.

Die Entwicklung im Bereich drahtlose Netzwerke ist sehr rasant, aktuell lautet der schnellste Standard 802.11n. Doch schon steht mit 802.11ac der nächste Standard in den Startlöchern, und erste Geräte sind auch schon auf dem Markt.

Doch bleiben wir beim Standard 802.11n. Dieser Standard nutzt zur Datenübertragung eine neue Technik namens Multiple Input Multiple Output (MIMO). Diese Technik setzt zwei bis maximal vier Antennen zur Übertragung ein. So kann man einen Funkkanal im selben Frequenzbereich räumlich mehrfach nutzen. Dadurch sollen in bestehenden Netzen die bisherigen Datenraten über größere Distanzen erreicht oder aber auf gleicher Distanz eine höhere Datenrate als bisher möglich werden. Das Netzwerk kann dabei entweder in gemischtem Modus (802.11a/b/g + n) oder im reinen 802.11n-Modus betrieben werden. Zudem können 802.11n-Netzwerke neben den bisherigen 20-MHz-Datenkanälen auch 40 MHz breite Datenkanäle nutzen.

Jeder Kanal bringt es damit auf eine maximale Bruttoleistung von 150 Mbit/s (auch als N-Lite-Geräte im Handel). Durch die Kombination mittels MIMO können maximal 4 solcher Kanäle die 600 Mbit/s erbringen. Wie gesagt, als Bruttoleistung, nicht als Datenübertragungsrate! Zudem sind WLANs nach 802.11n zu den Netzen 802.11b und 802.11g kompatibel. Allerdings: Alle WLAN-Übertragungen gehen bisher jeweils immer nur in eine Richtung – man spricht dabei von Halbduplex.

Hier folgt eine Übersicht der wichtigsten Eckwerte für drahtlose Standards:

Standard	Frequenzen	Übertragungsrate	Kanäle
802.11a	5,15–5,825 GHz (nicht durchgehend!)	54 Mbit/s	In den USA 19, alle überlappungsfrei nutzbar
802.11b	2,4–2,484 GHz	11 Mbit/s	13 (Europa) oder 11 (USA). Es sind maximal 3 Kanäle überlappungsfrei nutzbar.
802.11g	2,4–2,484 GHz	54 Mbit/s	13 (Europa) oder 11 (USA). Maximal 3 Kanäle überlappungsfrei nutzbar.
802.11n	2,4–2,484 GHz 5,15–5,825 GHz nicht durchgehend	bis zu 600 Mbit/s	13 (Europa) oder 11 (USA). Maximal 4 Kanäle überlappungsfrei nutzbar.

Tabelle 10.2: WLAN-Standards im Vergleich

Mit »überlappungsfrei« wird der Umstand bezeichnet, dass drei Kanäle parallel betrieben werden können, ohne dass sie sich stören. Theoretisch kann auf jedem freigegebenen Kanal ein WLAN betrieben werden. Da jeder Kanal für sich aber 20 MHz beansprucht (oder auch 40 MHz – siehe oben), sind nur drei Kanäle gleichzeitig in diesem Frequenzband ohne Störung nutzbar. In den USA sind das die Kanäle 1, 6 und 11, in Europa und Japan die Kanäle 1, 7 und 13.

Zudem ist bei der Einrichtung zu berücksichtigen, dass die WLAN-Kanäle 9 und 10 nahezu die gleiche Frequenz wie die gängigen Mikrowellenherde (2,455 GHz) aufweisen und dadurch zeitweilig ein vollständiger Verbindungszusammenbruch möglich ist. Auch Bluetooth sendet in diesem Bereich, nicht aber DECT-Telefone, welche im Frequenzbereich von 1,8–1,9 GHz senden.

Wichtig: Obwohl die Standards international sind, gelten für etliche Bereiche wie beispielsweise die präzisen Frequenzbänder oder die zur Verfügung stehenden Kanäle in Europa, Asien und den USA unterschiedliche Werte, die zum Teil sogar national gesetzlich geregelt werden. In Deutschland ist dafür die Bundesnetzagentur zuständig. Auf der Internetseite der Agentur können Sie die national zulässigen Werte nachlesen! Folgende Notationen müssen Sie bei einem drahtlosen Netzwerk kennen.

Attribut	Auswirkungen
SSID	Service Set Identifier. Dies ist eine eindeutige Adresse, die das Netzwerk identifiziert. Die SSID kann in der Regel durch Scannen mit der Verbindungssoftware der drahtlosen Netzwerkkarte gesehen werden. Zahlreiche Access Points bieten aber die Option, die Übermittlung der SSID zu unterdrücken. Um trotzdem auf das Netz zugreifen zu können, muss man die SSID kennen.

Tabelle 10.3: Wichtige Elemente für die Konfiguration eines WLAN

Attribut	Auswirkungen
WEP	Wired Equivalent Privacy. WEP ist ein Verschlüsselungsverfahren, das einen 40-Bit-, 64-Bit- oder auch 128-Bit-statischen Schlüssel benutzt. Dieser Schlüssel kann mit heutigen Technologien recht einfach geknackt werden und gilt daher als nicht mehr sicher. Ist aber sicher besser als gar keiner.
WPA/WPA2	Wi-Fi Protected Access. WPA setzt auf den gleichen Algorithmus auf wie WEP, nutzt aber dynamische Schlüssel. Mit AES (Advanced Encryption Standard, mit Schlüssellängen von 256 Bit) verfügen WPA2-Geräte über zusätzlich erhöhte Sicherheit.
MAC-Filterung	Zusätzlich zu den obengenannten Verschlüsselungsmethoden gibt es die Möglichkeit, den Access Point mit einer MAC-Filterung auszurüsten. Wie wir bereits gesehen haben, hat jedes netzwerkfähige Gerät eine eindeutige ID (die MAC-Adresse). Wenn diese ID im Hotspot erfasst ist, hat das Gerät Zugriff, ansonsten nicht. Dies lässt sich zwar heutzutage auch recht einfach umgehen, man muss aber eine passende MAC-Adresse kennen.

Tabelle 10.3: Wichtige Elemente für die Konfiguration eines WLAN (Forts.)

10.3.3 Was ist Bluetooth?

Bei Bluetooth handelt es sich um einen Standard für Kurzstreckenfunk, welcher genauso wie die 802.11-Standards in einer sogenannten ISM-Frequenz sendet. Auch bei Bluetooth handelt es sich dabei um Frequenzen im 2,4 GHz-Band.

Bluetooth ist auf Kurzstrecken bis zehn Meter ausgelegt (Standard 2.0), in der gerade frisch verabschiedeten Version 4.0 steigt diese Distanz dann auf 50 Meter an.

Im Gegensatz zur IrDA-Technik (Infrarot) können die Bluetooth-Geräte dabei auch ohne Sichtkontakt miteinander kommunizieren, und neben Daten kann auch Sprache übertragen werden.

Die maximale Geschwindigkeit liegt seit Bluetooth 2.0 bei 25 Mbit/s, das gilt auch für die neueste Version Bluetooth 4.0.

Der Bluetooth-Standard hat das Ziel, die Kurzstreckenkommunikation zwischen bis zu acht Endgeräten wie Notebooks, Organizer, PDAs und Handys zu unterstützen. Aber auch die Fernsteuerung von Druckern, Fernsehern, Radios oder anderen elektronischen Geräten ist vorgesehen.

Mittels Bluetooth können kleine drahtlose Netze aufgebaut werden, in denen viele LAN-relevante Anwendungen durchgeführt werden können. Andererseits ist auch eine Sprachkommunikation zwischen Bluetooth-Geräten, aber auch über eine funktechnische Anbindung an das mobile Fernsprechnetz möglich. Ein weiteres Einsatzgebiet könnte die Steuerung von Haushaltsgeräten sein.

Übrigens: Der Name Bluetooth stammt vom dänischen König Harald Bläta (910-986), genannt Blauzahn, der Teile Skandinaviens christianisierte und in seinem Königreich vereinte ☺.

Eine andere, ebenfalls sehr kleinräumige Verbindung nennt sich sodann Radio Frequenz Netzwerk, RF. RF-Komponenten werden aber nicht für die bidirektionale Kommunikation, sondern für das Übertragen von Messwerten eingesetzt. Sie können selbständig von Messgeräten generierte Werte an zentrale Netzwerkeinheiten, die sogenannten RF-Konzentratoren, übermitteln, von wo sie dann im Netzwerk weiterverarbeitet werden können. Ist die Distanz zwischen Sender und Konzentrator zu groß, können auch RF-Router eingesetzt werden. Dies gehört aber wie erwähnt eher in den Bereich Messtechnik.

10.3.4 Datenübertragung via Stromnetz

Unter dem Begriff »Powerline« kann auch das Stromnetz in Haushaltungen für die mehrfrequente Nutzung von Signalen eingesetzt werden. Die Signale zur Netzwerkdatenübertragung werden dabei zusätzlich auf die bestehende Leitung moduliert. Damit entfällt die Installation zusätzlicher Leitungen, und bestehende Infrastrukturen können mehrfach genutzt werden. Bekannt sind diese Verfahren im Markt als PowerLAN oder auch Powerline Communication (PLC-Netze). Theoretisch sind dabei heute Datendurchsatzraten bis 1 Gigabit/s möglich.

Das zur Verfügung stehende Frequenzspektrum wird dabei in mehrere Kanäle eingeteilt, weshalb das Verfahren auch Breitband-PowerLAN genannt wird.

Während die Installation verhältnismäßig einfach ist, da lediglich Adapter ans Stromnetz angeschlossen werden müssen, müssen Störfaktoren besonders berücksichtigt werden, da das Netz eben auch anderweitig eingesetzt wird. Dazu gehören etwa Dimmer, Netzteile anderer Geräte etc., welche einen stark dämpfenden Einfluss haben können.

Durch die Modulierung des Signals sind die für die Kommunikation eingesetzten PowerLAN-Adapter klassische Modems, wie sie im nächsten Kapitel beschrieben werden.

10.4 Von Anfang bis Ende

Um ein Netzwerk zu bauen, benötigen Sie im Minimum zwei Endgeräte mit einer Netzwerkschnittstelle. Da ein Netzwerk aber meist aus mehr als nur gerade zwei Endgeräten besteht, benötigen Sie schnell einmal auch Verbindungs- und Vermittlungsgeräte, damit Sie eine Netzwerkverbindung aufbauen können.

Was jedes Endgerät, also jeder PC, jedes Note- oder Netbook benötigt, um an einem Netzwerk teilzunehmen, ist die Netzwerkkarte: entweder mit einem Ste-

cker, um ein Kabel anzuschließen, oder als WLAN-Karte für die drahtlose Übermittlung. In beiden Fällen sorgt die Netzwerkkarte dafür, dass eine Verbindung
vom Gerät ins Netzwerk und wieder zurück hergestellt werden kann. Die Adapterkarte selber verfügt über einen eigenen Kommunikations-Controller und je nach
Version auch über einen eigenen Transceiver und eine eigene CPU.

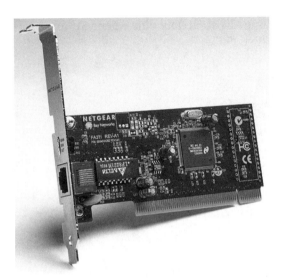

Abb. 10.8:   Netzwerkkarte mit PCI-Anschluss

Zur Kontrolle der Aktivität verfügen die meisten Karten über LEDs an der Rückseite, welche anzeigen, ob die Karte verbunden ist (antwortet eine Gegenstelle auf
das Signal?), ob Aktivität vorhanden ist und welche Geschwindigkeit das Netzwerk
über die Karte aufrechterhält.

10.4.1 Repeater und Hubs

Wie der englische Name nahe legt (repeat = wiederholen), wiederholen Repeater
Netzwerkdaten. Repeater arbeiten im Regelfall auf der elektronischen Ebene und
besitzen keine »echte« Intelligenz. Ein Repeater nimmt (schwache) Signale entgegen, verstärkt und regeneriert sie auf elektrischer Ebene und sendet dann das Signal an den nächsten Empfänger weiter. Seine heute verwendete Form nennt sich
dann Hub. Sie kennen das vielleicht vom USB-Hub oder eben hier der Netzwerk-
Hub. Vom technischen Standpunkt aus gesehen ist ein Hub lediglich ein Repeater
mit mehreren Anschlüssen. Der Hub leitet also die Netzwerkdatensignale einfach
weiter, und zwar an alle angeschlossenen Stationen. Das ist nicht besonders effektiv, weil es viel Datenverkehr produziert, aber dafür sind die Geräte einfach herzustellen. Es gibt aktive Hubs (mit Signalregeneration) und passive Hubs (leiten nur
das Signal weiter), wobei Erstere allerdings den Normalfall an Geräten darstellen.

Aktive Hubs verfügen über eine eigene Stromquelle, während passive Hubs nur den Signalstrom des eingehenden Signals zur Verfügung haben. Ein aktuelles, wenn auch nicht direkt aus der Netzwerktechnik stammendes Beispiel für einen passiven Hub ist ein mobiler USB-Hub, der keine eigene Stromversorgung besitzt, sondern lediglich vom eingehenden Signal des Verbindungskabels gespeist wird.

Alle Hubs wie der in folgender Abbildung, die auch über eine eigene Stromversorgung verfügen, sind demgegenüber aktive Hubs.

Abb. 10.9: Typischer 8-Port-Hub mit 10/100 Mbit/s für Heimnetze

10.4.2 Switching-Hubs und Switches

Um die Netzwerkleistung zu verbessern und vor allem die Ausbaubarkeit von Netzwerken zu erleichtern, wurden Switching-Hubs entworfen, kurz »Switches« genannt.

Abb. 10.10: 24-Port Switching Hub

Ein Switching-Hub verbindet die Anschlüsse nicht einfach in einer langen Reihe miteinander, sondern bildet von jedem Anschluss aus ein eigenes Segment. Dadurch kann das Netzwerk mehr Anschlüsse umfassen, und der Verkehr wird nicht an alle angeschlossenen Stationen weitergeleitet, sondern durch den Switch selber immer direkt zu dem Anschluss, welcher angesprochen ist.

Switching-Hubs arbeiten dafür mittels einer Adresstabelle, SAT (Source Address Table) genannt. Die MAC-Adresse von jedem Sender, der ein Datenpaket über den Switch verschickt, wird dabei automatisch in diese SAT eingetragen. Wird jetzt ein Datenpaket an einen durch die SAT bekannten Empfänger versandt, wird das Datenpaket nicht wie beim Hub oder Repeater an alle Stationen weitergeleitet, sondern direkt an die Zieladresse (genauer: Ziel-MAC-Adresse) durchgestellt. Ist ein Paket dagegen unbekannt, wird es wiederum an alle weitergeleitet, außer es sei zu allgemein, dann wird es vom Switch direkt beendet.

Neuere Entwicklungen sind die sogenannten verwalteten Switches. Diese sind sogar in der Lage, die Zuordnung von Datenpaketen aufgrund der IP-Adresse vorzunehmen, und sind daher effizienter (aber auch teurer) als die normalen Switches. Sie werden auf Englisch »Managed Switches« genannt, weil sie über eine IP-Adresse aufgerufen werden können und anhand eines eigenen Interfaces verwaltbar sind. Verwaltbare Switches können je nach Gerät mehrere Ports bündeln, Ausfallsicherheit gewähren (Übernahme der Funktionalität an einem anderen Port) oder weitere Funktionen anbieten.

Zudem bieten moderne Switches alle die Möglichkeit, die Geschwindigkeit abhängig vom angeschlossenen Endgerät automatisch zu ermitteln und für jedes Segment die Geschwindigkeit entsprechend einzustellen. Damit lassen sich Engpässe, die durch ein langsames Gerät entstehen können, vermeiden.

Dazu gehört auch, dass Switches im Zusammenhang mit Kat. 5e-Kabel und höher in der Lage sind, in beide Richtungen gleichzeitig zu übertragen, das nennt sich Vollduplex. Im Unterschied dazu liefen ältere Netzwerke auf Halbduplex, so wie ein Faxgerät ja auch halbduplex ist (immer nur jeweils eine Richtung).

10.4.3 Modems

Modems (ein Kunstwort aus Modulator/Demodulator) sind erforderlich, da Computer und Übertragungsmedien vollkommen verschiedene Sprachen sprechen. Computer arbeiten digital (mit Nullen und Einsen) und die meisten Übertragungsgeräte analog. Damit digitale Computer über analoge Medien kommunizieren können, brauchen sie ein Übersetzungsgerät – das Modem. Das Modem übernimmt zweiunterschiedliche Aufgaben: die Modulation und die Demodulation. Bei der Modulation übersetzt das Modem digitale Informationen in eine analoge Wellenform. Danach bewegen sich die Daten über das Medium bis zum Zielgerät. Dort wird die analoge Welle in digitale Nullen und Einsen demoduliert.

Abb. 10.11: DSL-Modem

Notebooks besitzen oft ein integriertes Modem. Mit dem entsprechenden RJ-11-Kabel kann man sich anschließend über eine funktionierende Telefonbuchse (über Dial-In) ins Internet einwählen mit theoretischen Höchstgeschwindigkeiten von bis zu 56 Kbit/s.

10.4.4 Router

Router werden ähnlich wie Repeater oder Switches zur Vermittlung von Netzwerken eingesetzt. Sie arbeiten allerdings nicht mehr nur mit MAC-Adressen, sondern mittels Netzwerkadressierung auf Ebene der IP-Adresse. Router können für verschiedene Zwecke eingesetzt werden: um Netzwerksegmente zu trennen, um Netzwerke direkt miteinander zu verbinden oder um ein lokales Netzwerk mit dem Internet zu verbinden. Router arbeiten mit lokalen Adresstabellen (Routing-Tabellen). Sie stellen daher den Netzverkehr gezielt über die Grenze einer Broadcast Domain hinweg zu.

Abb. 10.12: Router

Ein Router besitzt für jedes an ihn angeschlossene Netz eine Schnittstelle. Beim Eintreffen von Daten muss der Router den richtigen Weg zum Ziel und damit die passende Schnittstelle bestimmen, über welche die Daten weiterzuleiten sind. Dazu bedient er sich einer lokal vorhandenen Routing-Tabelle, die angibt, über welchen Anschluss welches Netz erreichbar ist. So wird ein überflüssiges Broadcasting vermieden. Dies zeichnet den Router auch gegenüber einer normalen Bridge aus.

Üblicherweise ist ein Eintrag in der Routing-Tabelle die Default-Route (auch Standard-Gateway); diese Route wird für alle Ziele benutzt, die über keinen besser passenden Eintrag in der Routing-Tabelle verfügen.

10.4.5 Netzwerkspeichergeräte

Eigentlich gehören die NAS nicht hierher, da sie keine Verbindungs-, sondern Speichergeräte sind. Wie in Kapitel 5 aufgeführt, sind NAS netzwerktaugliche Festplatten mit einem eigenen kleinen Betriebssystem. Ich führe sie an der Stelle hier auf, weil NAS zu den am häufigsten eingesetzten Geräten im SOHO-Netzwerk gehören und sehr beliebt sind.

Grundsätzlich ist ein NAS dazu da, Freigaben (Shares) anzubieten, damit die angeschlossenen Benutzer je nach ihren Rechten die sie haben, darauf zugreifen und Daten lesen und schreiben können. Aber moderne NAS können zudem auch weitere Dienste anbieten wie das Herunterladen von Daten aus dem Internet (Streaming Media) oder sie haben einen USB-Anschluss für eine externe Platte zur Sicherung oder sogar für Drucker, die auf diese Weise angeschlossen werden können.

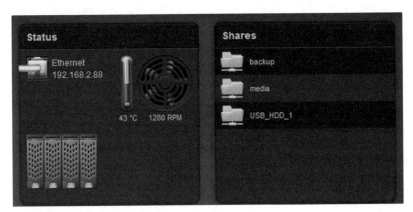

Abb. 10.13: Verwaltungsanzeige eines NAS

10.5 Anschluss gesucht?

Bis jetzt haben wir nur vom Zusammenschluss der eigenen Computer gesprochen. So richtig interessant ist das Netzwerk heute aber für viele, weil man damit ins Internet kommt und Mails versenden und empfangen kann.

Dafür reichen aber unsere Kupferkabel nicht aus. Netzwerke für die Überwindung großer Distanzen haben ganz andere Anforderungen, und es kommen daher auch andere Technologien und Materialien zum Einsatz.

Für uns sind an dieser Stelle aber nicht die Eigenheiten dieser Netzwerke von Bedeutung, sondern die Frage, welche dieser Technologien denn nutzen können, um unser Netzwerk mit der weiten Welt zu verbinden.

Ganz am Anfang stand dafür die Telefonleitung zur Verfügung. Die gab's ja schon, und also nutzte man sie durch den Einsatz eines Modems dazu, nicht nur Sprache, sondern auch Daten über diese Leitung zu senden.

Das Verfahren ist allerdings auf den normalen Telefonleitungen sehr langsam. Ich erinnere mich aber noch gut, wie stolz ich zu Beginn der 1990er-Jahre mein erstes privates Modem -mit 9600 Bit pro Sekunde anschließen konnte und mit dem CompuserveBrowser im Internet herumsurfte. Allerdings konnte man die Texte in etwa im selben Tempo lesen, wie sie angezeigt wurden ...

Um Datentransporte besser von der Telefonie trennen und schneller übertragen zu können, wurde daraufhin noch im selben Jahrzehnt ISDN entwickelt. Die Abkürzung ISDN steht für Integrated Services Digital Network, also Integriertes Sprach- und Datennetz.

10.5.1 ISDN

Der Hauptunterschied von ISDN zum analogen Telefonnetz besteht darin, dass die Daten digital bis zum Endgerät übertragen werden: Anstelle eines Modems wird daher ein Terminal-Adapter eingesetzt. Zugleich können mit dieser Übertragungsart mehrere Kanäle gebündelt werden. Da jeder Kanal 64 Kbps Bandbreite aufweist, können beim Basisanschluss (2 Kanäle) 128 Kbps und beim Primäranschluss (30 Kanäle) bis zu 2 Mbps Datenrate erreicht werden, die dann für Daten- und/oder Sprachdienste eingesetzt werden können.

Während die Weiterentwicklung bei den Datendiensten heute weit höhere Durchsatzraten ermöglicht (man denke etwa an DSL-Anschlüsse mit bis zu 50 Mbps), wird ISDN auch heute noch oft als Backup-Leitung eingesetzt, sodass bei Ausfall einer schnelleren Technologie noch eine Absicherung besteht, die aufgrund der Anbindung ans Telefonienetz auch fast immer verfügbar sein wird.

10.5.2 DSL-Verfahren

Doch auch ISDN wurde uns zu langsam. Denn mittlerweile sind wir im aktuellen Jahrhundert angelangt, und Bilder und Texte lesen reicht uns längst nicht mehr. Aber Filme ansehen mit 128 Kilobit pro Sekunde? Nein danke. Und je mehr Möglichkeiten uns also das Internet bot, desto mehr Geschwindigkeit verlangten wir von unseren Anbietern – und diese Entwicklung ist längst nicht am Ende.

Der nächste Schritt war (und ist für viele heute noch) das DSL-Verfahren. Allen DSL-Varianten gemeinsam ist die Basistechnologie Digital Subscriber Line (digitale Teilnehmeranschlussleitung). Es handelt sich um ein Breitbandverfahren, welches mehrere Frequenzen zur Datenübertragung nutzt und dabei auf herkömmlichen Kupferkabeln basiert.

Die DSL-Informationen werden beim Anwender mit einem Filter aus dem gemeinsamen Daten-/Telefonstrom herausgefiltert und zum Modem weitergeleitet. Das ADSL-Modem selber wird mit einem USB- oder Netzwerkanschluss mit dem Computer verbunden.

Die wichtigsten »Familienmitglieder« der DSL-Familie sind ADSL und VDSL. DSL verwendet aber andere Frequenzen als das Telefon. Das analoge Telefonsignal arbeitet im Bereich von 0 bis 4 kHz. ISDN deckt das Spektrum von 4 bis 138 kHz ab. DSL-Übertragungen nutzen den Bereich über diesen Bereich, und zwar von 138-276 KHz für den Upload und von da an bis rund 1,1 MHz für den Download. Die Auftrennung der Frequenzen für Telefonie bzw. DSL geschieht über den oben erwähnten Filter (auch Splitter genannt).

ADSL ist die typische Telefonleitungsbreitbandverbindung für Privatkunden. Die Bezeichnung »A« steht dabei für »asymmetrisch« und beschreibt den Umstand, dass die Downloadrate zum und die Uploadrate vom Kunden her unterschiedlich ist. Die Leistungsfähigkeit hängt auch von der Entfernung zwischen der Ortszentrale und dem Empfänger ab: Die Reichweite von ADSL beträgt maximal ca. 5,5 Kilometer: je kürzer die Distanz, desto höher die angebotene Datenrate. ADSL2 und ADSL2+ sind Weiterentwicklungen mit Blick auf die Ausdehnung der Distanzen sowie die Erhöhung der Bandbreite. Die Datenrate für den Download liegt per Definition jetzt bei maximal 25 Mbit/s.

VDSL (Very High Speed Digital Subscriber Line) bietet noch einmal wesentlich höhere Datenübertragungsraten über gebräuchliche Telefonleitungen. Aktuell ist in Europa VDSL2 im Einsatz, auch wenn nur von VDSL gesprochen wird. Der Standard VDSL2 basiert auf dem ADSL2+-Standard und ist zu diesem vollständig abwärtskompatibel. Zusätzlich wurden Möglichkeiten implementiert, gleichzeitig mehrere virtuelle Verbindungen über eine physikalische Verbindung zu realisieren, um so etwa IPTV-Daten priorisieren zu können.

Die VDSL-Standards wurden mit dem Ziel entwickelt, sogenannte »Triple-Play-Dienste« anzubieten. Darunter wird die Vereinigung von Telefon-, Internet- und TV-Diensten verstanden. Zahlreiche Anbieter tummeln sich in neuester Zeit in diesem Gebiet und versuchen, Kunden für dieses neue Angebot zu gewinnen. Grundlage dafür ist allerdings ein dichtes Netz an lokalen Verteilern, da die Reichweite dieser Signale im Bereich von Hunderten von Metern und nicht mehr Kilometern liegt. Zudem basieren die Geschwindigkeiten auf einer breiten Verfügbarkeit von Glasfasernetzen, um die Kapazitäten anbieten zu können.

DSL-Technik	Maximale Geschwindigkeit	Maximale Distanz
ADSL /ADSL2	bis 768 Kbit/s Upstream bis 12,0 Mbit/s Downstream	bis 5 Kilometer (Anschluss bis rund 3,5 km)
VDSL	bis 2,3 Mbit/s Upstream bis 52,8 Mbits/s Downstream	0,3 bis 1,5 km

Tabelle 10.4: DSL-Standards im Vergleich

10.5.3 CATV

Als Alternative zu DSL-Verfahren bieten in vielen Ländern die Betreiber von Kabelfernsehen ebenfalls Anschluss ans Internet an.

Die praktische Anwendung von CATV unterscheidet zwischen analogen und digitalen Kabelnetzen. Während analoge Netze sich auf das klassische Angebot von Fernsehen beschränken, bieten die digitalen Netze aufgrund ihrer höheren Bandbreite auch Internet- und Telefondienste an. Dies wird auch unter dem Begriff Triple Play (»drei Angebote«) vermarktet. Um diese Dienste nutzen zu können, benötigt der Kunde in der Regel ein Kabelmodem für den Internetzugang und eine Settop-Box für den Fernsehempfang. Beide Geräte sind anbieterabhängig und erzwingen daher bislang eine Bindung des Kunden an einen bestimmten Anbieter.

10.5.4 Mobilfunk

Waren die mobilen Telefonnetze lange Zeit nur als (analoges) Gesprächsnetz von Interesse, so rücken sie zunehmend auch als Datennetze in den Fokus. Angefangen von GSM über GPRS und UMTS bis hin zu LTE werden eine Reihe von Standards angeboten, welche die Mobilfunknetze auch in das Thema Netzwerktechnik mit einbringen. Darum hier eine kurze Übersicht über die Standards.

GSM zählt mit seiner digitalen Datenübertragung zu den Mobilfunkstandards der zweiten Generation (auch 2G abgekürzt). Neben der vorherrschenden Sprachkommunikation ermöglicht dieser Standard auch die Übertragung digitaler Daten mit maximal 9600 Bit/s. GSM ist ein offener Standard. Daraufhin folgten eine Zeitlang Weiterentwicklungen innerhalb derselben Generation, die darauf abzielten, die Geschwindigkeiten für die Datenübertragung zu erhöhen. Bekannt dazu ist etwa HSCSD (High Speed Circuit Switched Data). HSCSD erhöht die Datenrate pro Kanal von 9600 Bit/s auf 14400 Bit/s, zudem können bis zu vier Kanäle gebündelt werden (theoretisch sogar acht), sodass Datenraten bis zu 57,6 Kbps realisiert werden können. Die nächste Stufe nennt sich dann GPRS (General Packet Radio Services). Bei GPRS handelt es sich um einen permanenten Internetzugang für Mobilgeräte. Man schließt dafür mit dem Netzbetreiber einen Vertrag ab, und dieser wird dadurch gleichzeitig zum Internet-Provider. Das ermöglicht z.B. die direkte Zustellung von E-Mails auf das Endgerät, ohne dass dieses sich erst zur Abholung einwählen müsste. Daraus hat die Mobilfunkindustrie beispielsweise Dienste wie Push-Mail oder Blackberry realisiert. Unter idealen Voraussetzungen kann GPRS bis zu acht Kanäle belegen, immer noch auf Basis der GSM-Kanäle von 9600 Bit/s. Damit lassen sich Raten im Bereich von 53,6 Kbit/s bis rund 150 Kbit/s realisieren.

Abb. 10.14: Modernes Smartphone für die Unterstützung verschiedenster Standards

EDGE (Enhanced Data Rates for GSM Evolution) basiert auf einer Weiterentwicklung des GSM-Standards und bringt noch etwas höhere Datenraten. Nach EDGE kommt die 3. Generation Mobilfunknetze ins Spiel, kurz 3G genannt. Der zurzeit aktuelle Standard ist UMTS, berüchtigt geworden durch die sehr teuren Versteigerungen der UMTS-Lizenzen in Europa.

Das UMTS-Netz ähnelt an sich sehr stark dem GSM-Netz. Die Besonderheit ist allerdings, dass es sich dabei um ein paketvermitteltes Netzwerk auf Basis des IP-Protokolls handelt. Die maximale Übertragungsrate auf einem Kanal beträgt bis zu 2 Mbit/s. Ähnlich wie bei GPRS teilt man sich die vorhandene Übertragungskapazität mit den übrigen Teilnehmern, die sich in derselben Zelle aufhalten. Ebenfalls gleich ist die Tatsache, dass ein einmal eingebuchtes Gerät jederzeit erreichbar ist (Stichwort Push-Mail).

Mit LTE ist allerdings bereits ein Nachfolger in den Startlöchern, der dermaßen viel schneller ist als UMTS, dass es unsicher ist, wie weit dieser Standard noch ausgebaut wird. So hat etwa die Swisscom in der Schweiz erste LTE-Netze bereits für das 2010 versprochen. Damit wären wir dann bei Funknetzen der 4. Generation, 4G.

Die wichtigsten Vorteile von LTE sind der Anstieg der Datengeschwindigkeit in bisher nicht gekannte Regionen von bis zu 100 Mbit/s im Download und bis zu 50 Mbit/s im Upload. Zudem benötigen Endgeräte mit LTE deutlich weniger Energie. Nicht zuletzt kann der Standard koexistent mit GSM/GPRS/EDGE und UMTS betrieben werden.

10.5.5 Voice over IP

Die gegenseitige Beeinflussung von Netzwerktechnik und klassischer Telefonie, welche mit dem Einsatz von analogen Modems für die ersten Datenübertragungen begonnen hatte, wird nirgends so deutlich wie bei Voice over IP, kurz VoIP. Jetzt werden nicht mehr die Telefonkabel für die Datenübertragung genutzt, sondern die Datenübertragungseinrichtungen werden für das Telefonieren nutzbar gemacht. Es ist also eigentlich die Umkehr der Prioritäten, die wir erleben.

Mit VoIP bezeichnen wir die Möglichkeit, über einen bestehenden Internetanschluss auch unsere Telefongespräche abwickeln zu können. Die Herausforderung dabei besteht darin, dass »digitale« Sprache viel aufwendiger zu versenden ist als früher über die alten Telefonleitungen. Daher benötigen wir dafür einen schnellen Internetanschluss und – natürlich – andere Telefone.

Wir unterscheiden dabei den technischen Begriff VoIP vom Begriff »IP-Telefonie«, da Letzterer nur dann verwendet wird, wenn auch die Geräte an sich bereits VoIP-Technologie einsetzen.

Bei Datennetzen– und damit auch bei VoIP – werden die Daten in Pakete zerlegt und einzeln übertragen. Die Pakete können sogar unterschiedliche Datenwege nehmen, bis sie am Endpunkt wieder zusammengesetzt und in die richtige Reihenfolge gebracht werden. Dies hat den Vorteil, dass unterschiedliche Leitungen zur Übermittlung eingesetzt werden können, birgt aber das Risiko von (größeren) Verzögerungen im Sprachverkehr. Um dies in den Griff zu bekommen, setzt VoIP bestimmte Technologien und Protokolle ein. Diese sind aber auf Hochgeschwindigkeitsnetze und moderne Netzwerkhardware ausgelegt, für Sprachübertragung sind ältere Infrastrukturen daher kaum geeignet.

Als Endgeräte können drei unterschiedliche Typen eingesetzt werden:

- Das sogenannte Softphone, d.h. eine Software, welche auf einem Rechner installiert und mittels Headset oder Mikrofon/Lautsprecher betrieben wird. Der bekannteste Vertreter dieser Lösung ist die Software Skype.

- Ein direkt ans Netzwerk angeschlossenes VoIP-Telefon

- Ein klassisches Telefon, welches über einen VoIP-Gateway an das Netzwerk angeschlossen wird: Das heißt, hier benötigen Sie ein »Stück« Hardware, welches die Übersetzung vornimmt.

10.6 Ob nah oder fern: Adressen braucht das Netz

Bis jetzt haben wir um die Geräte und die Verbindungen gekümmert. Zum Abschluss des Kapitels Netzwerke geht es jetzt darum, wie alle diese schönen Geräte tatsächlich in Verbindung miteinander treten können.

Wenn Sie beispielsweise mit Ihrer Tante sprechen wollen, die zweihundert Kilometer entfernt wohnt, dann reicht es ja auch nicht, dass Sie ein Telefon besitzen und Ihre Tante ebenfalls. Damit ein Gespräch überhaupt möglich wird, benötigen Sie eine Telefonnummer, um die Tante zu erreichen. Oder wenn Sie einen Brief schreiben möchten, reichen Papier und Umschlag auch nicht aus, Sie benötigen eine gültige Adresse, damit dieser Brief ankommt.

Nicht anders ergeht es hier den Netzwerken. Damit all die Computer im eigenen Netzwerk oder mit den Internet-Servern in Verbindung treten können, müssen sie wissen, wie sie diese ansprechen können – nämlich mit einer Adresse!

Hierbei sprechen wir von der Netzwerkadresse. Historisch gesehen gab es dazu verschiedene Anläufe und (wie diese Adressgeschichte in der Fachsprache heißt) Protokolle. Aber Sie lesen das Buch zur richtigen Zeit: Heute müssen Sie nur noch eine einzige dieser Entwicklungen kennen. Diese Netzwerkadressierung nennt sich TCP/IP und ist weltweit für kleine und große Netzwerke im Einsatz.

Wiewohl der Begriff »Protokoll« in der Netzwerktechnologie sehr ungenau ist, da er in unterschiedlichsten Zusammenhängen in Gebrauch ist, wird er gerade im folgenden Zusammenhang gern und häufig eingesetzt. Genauer betrachtet sprechen wir dabei von den Netzwerk- und Transportprotokollen, also den Definitionen darüber, wie ein Netzwerk adressiert wird und Daten weitergeleitet und zugestellt werden, aber auch darüber, wie die Daten an sich transportiert und deren Zustellung und Vollständigkeit überprüft werden.

Bei der Kommunikation im Netzwerk kennen wir mehrere Ebenen der Adressierung, entsprechend ihrer Aufgabe im Datenverkehr. Damit die Daten das richtige Endziel erreichen, müssen sie drei Adressinformationen über Quelle und Ziel enthalten:

- Physische Adresse
- Logische Adresse
- Dienstadresse

Verdeutlichen wir das an einem Beispiel. Wenn Sie in Ihrem Ort an der Bergstraße 8 wohnen, steht Ihr Haus an einer bestimmten Stelle dieses Planeten. Damit verfügen Sie auf einen Schlag über zwei Adressen: Die physische Adresse ist der Ort, wo das Haus steht, gemessen in Längen- und Breitengraden und damit eindeutig bestimmbar – weltweit. Dieses System verwenden wir etwa für Navigationssysteme. Im Briefverkehr arbeiten wir dagegen mit der Adresse »Bergstraße 8« – dies ist eine in Ihrem Ort vorgegebene, logisch bestimmte Adresse. Das kann sich auch ändern: Eines Tages beschließt man im Ort, alle Straßen nach Planeten zu benennen, und ab sofort wohnen Sie in der Saturnstraße. Zum Glück geschieht das selten, aber während das Ändern der physischen Adresse kaum möglich ist (Sie müssten schon Ihr Haus ausgraben ...), ist das Umändern einer logischen Adresse eine rein konzeptionelle Frage.

Vergleichbar verläuft dies auch in der Netzwerktechnik. Die physische Adresse wird durch die bereits erwähnte MAC-Adresse definiert. Sie wird jeder Netzwerkschnittstelle bei der Herstellung in die Firmware implementiert.

Die logische Adresse bestimmt der Netzwerkadministrator im zuständigen Netzwerk, die dann in den einzelnen Systemen entsprechend hinterlegt wird. Dazu bedient er sich eines Netzwerkprotokolls, das heißt heute »IP-Protokoll«.

Die Dienstadresse bestimmt überdies, um welche Form der Daten es sich handelt. Wir unterscheiden beispielsweise zwischen einer HTTP-Adresse und einer SMTP-Adresse.

Die Netzwerkprotokolle haben nun die Aufgabe, die Verbindung zwischen diesen Adressen herzustellen, um eine Kommunikation zu ermöglichen und Daten zu übertragen.

10.6.1 Die TCP/IP-Protokollsammlung

Die Protokollsammlung TCP/IP wurde vom und für das amerikanische Verteidigungsministerium (DOD) sowie verschiedenen Forschungsorganisationen entwickelt. Das Internet wurde vor seiner weltweiten Verbreitung als Advanced Research Projects Agency Network (ARPANET) bezeichnet und ermöglichte die Kommunikation zwischen Regierungsstellen, Universitäten und Forschungseinrichtungen. Diese Entwicklungen datieren aus den 1960er- und 1970er-Jahren und führten später zu den uns heute bekannten Formen des Internets – um die Geschichte an dieser Stelle mal kurz zu halten. Auch die Protokollsammlung TCP/IP entstammt einem nach eben dem oben genannt DOD benannten Modell, und da es vier Schichten aufweist, nennt man es das DOD4-Modell.

Die TCP/IP-Protokollsammlung ist in drei funktionelle Gruppen aufgeteilt:

- Internet-Protokolle (IP, ICMP)
- Host-to-Host-Protokolle (TCP, UDP)
- Prozessprotokolle (FTP, SMTP, Telnet, NFS)

IP (Internet Protocol)

IP ist das wichtigste Internet-Protokoll. Es führt die logische Adressierung und die dynamische Routenwahl durch.

TCP (Transmission Control Protocol)

TCP ist das wichtigste Protokoll der Transportschicht. TCP nimmt Nachrichten beliebiger Länge von einem Dienst der oberen Schichten an und bietet verbindungsorientierte Übermittlung.

Der wirkliche Zweck besteht in der Fehlerprüfung. Durch TCP-Bestätigungen werden die Segmente überwacht und geprüft, ob die Segmente am richtigen Ort eingetroffen sind. Damit können Sie im Netzwerk sicher sein, dass Ihre Daten vollständig versandt oder empfangen werden.

UDP (User Datagramm Protocol)

UDP arbeitet auch der gleichen Schicht wie TCP, ist aber schneller, weil verbindungslos. UDP wird beispielsweise für das Streamen von Daten eingesetzt, wie Sie es beim Schauen von Filmen im Internet verwenden.

10.6.2 Die IP-Adressierung

Jedes mit einem TCP/IP-Netzwerk verbundene Gerät wird durch eine eindeutige IP-Adresse identifiziert. Diese Adresse wird normalerweise in dezimaler Form angegeben, wobei die einzelnen, aus 8 Bits bzw. 1 Byte bestehenden Oktette durch einen Punkt voneinander abgetrennt werden. Eine IP-Adresse sieht zum Beispiel folgendermaßen aus: 172.16.40.5

Wichtig

Da jede IP-Adresse ein einzelnes Gerät innerhalb des Netzwerks kennzeichnet, muss jedem Gerät auch eine eindeutige IP-Adresse innerhalb dieses Netzwerks zugeordnet sein.

Auch wenn eine IP-Adresse ein einzelner Wert ist, enthält sie trotzdem zwei Teilinformationen. Es handelt sich dabei zum einen um die Netzwerk-ID und zum anderen um die Host-ID des jeweiligen Computers.

- Durch die Netzwerk-ID werden sämtliche Systeme identifiziert, die sich physisch innerhalb desselben Netzwerks befinden. Allen Systemen eines physischen Netzwerks muss dieselbe Netzwerk-ID zugeordnet sein, die innerhalb des Netzwerkverbundes eindeutig ist.

- Durch die Host-ID wird eine Arbeitsstation, ein Server, ein Router oder ein anderes TCP/IP-Gerät innerhalb eines Netzwerks identifiziert. Innerhalb eines gegebenen Netzwerks mit einer Netzwerk-ID muss diese Adresse für jedes Gerät ebenfalls eindeutig sein.

Durch die Netzwerk- und die Host-ID wird für jeden mit einem TCP/IP-Netzwerk verbundenen Computer festgelegt, welche Pakete empfangen bzw. ignoriert werden sollen und wie weit der Übertragungsbereich dieses Computers reicht. (Netzwerkcomputer akzeptieren IP-Rundsendungen nur dann, wenn diese von einem Computer mit derselben Netzwerk-ID gesendet wurden.)

Anmerkung

Netzwerke, die mit dem Internet verbunden sind, benötigen eine vom InterNIC (Internet Network Information Center) bereitgestellte Netzwerk-ID, damit die Eindeutigkeit der IP-Netzwerk-ID gewährleistet ist. Weitere Informationen hierzu finden Sie auf der InterNIC-Homepage unter *http://www.internic.net/*.

Nach Erhalt der Netzwerk-ID muss der Administrator des lokalen Netzwerks jedem Computer innerhalb dieses Netzwerks eine eindeutige Host-ID zuweisen. Private Netzwerke, die nicht mit dem Internet verbunden sind, können natürlich eine eigene Netzwerk-ID verwenden; die Verwendung einer von InterNIC vergebenen Netzwerk-ID ermöglicht jedoch eine spätere Verbindung mit dem Internet, ohne dass hierzu sämtliche IDs geändert werden müssten.

Es gibt mehrere reservierte IP-Adressbereich, unter anderem:

- Netz 0.0.0.0

- Loopback 127.0.0.0

- Broadcast 255.255.255.255

Der Loopback-Adressbereich (127.0.0.0 – 127.255.255.255) beinhaltet reservierte Netzwerkadressen, die vom lokalen System für prozessinterne Konfigurationen verwendet werden. Über diese Adressen kann der Host Pakete an sich selbst senden. So können Sie zum Beispiel überprüfen, ob Netzwerkkarte und Treiber korrekt geladen und installiert sind.

Soll das Netzwerk nicht ans Internet angeschlossen werden, sollte man folgende für private Netzwerke reservierte Adressen verwenden:

- Netzwerke der Klasse A 10.0.0.0   10.0.0.0 – 10.255.255.255
- Netzwerke der Klasse B 172.16.0.0   172.16.0.0 – 172.31.255.255
- Netzwerke der Klasse C 192.168.0.0   192.168.0.0 – 192.168.255.255

Diese Adressen werden garantiert von keinem öffentlichen Netz verwendet und sind somit unproblematisch für private Netzwerke (RFC 1597).

Subnetze

Bei einer Subnetzmaske (Subnet Mask) handelt es sich um 32-Bit-Werte, mit denen der Empfänger von IP-Paketen die Netzwerk-ID von der Host-ID unterscheiden kann. Bei der Erstellung der Subnetzmaske wird dem Teil, der die Netzwerk-ID repräsentiert, der Wert 1 und dem Teil, der die Host-ID repräsentiert, der Wert 0 zugewiesen. Dieser 32-Bit-Wert wird anschließend in eine Dezimaldarstellung mit Punkten als Trennzeichen umgewandelt.

Wenn die IP-Adresse eines Computers z.B. 172.16.16.1 lautet und die Subnetzmaske den Wert 255.255.0.0 aufweist, ist 172.16 die Netzwerk-ID und 16.1 die Host-ID dieses Computers.

Da sich die Adressklasse eines Hosts leicht feststellen lässt, erscheint die Konfiguration eines Hosts mit einer Subnetzmaske unter Umständen nicht notwendig. Allerdings werden Subnetzmasken auch für die weitere Aufteilung einer zugewiesenen Netzwerk-ID auf mehrere lokale Netzwerke verwendet. Manchmal reicht schon die Aufteilung von Teilen eines Oktetts aus, sodass nur wenige Bits verwendet werden, um Subnet-IDs anzugeben.

Wichtig

Um Adressierungs- und Routing-Problemen vorzubeugen, sollte sämtlichen Computern eines logischen Netzwerks dieselbe Subnetzmaske und dieselbe Netzwerk-ID zugewiesen werden.

Das alles ist soweit richtig. Es gilt für die Version 4 von IP, auch IPv4 genannt. Schon bald wird sich das ändern, denn mit IPv6 kommt ein neues Adressformat auf uns zu.

Diese Version bietet wesentliche Verbesserungen:

- Einen erweiterten Adressraum von 2^{32} auf 2^{128} Adressen
- Verbesserte Unterstützung von Optionen (z.B. Verschlüsselung)
- Funktionen im Zusammenhang mit der Dienstqualität
- Authentifizierung und Datenschutz

Doch die Umsetzung dieser Version kommt nur äußerst schleppend voran. Windows Vista war beispielsweise das erste Microsoft-Betriebssystem, welches diese IP-Implementierung von Haus aus mitbrachte. Bei der aktuellen Version von Windows 7 wird IPv6 als Standardprotokoll installiert. Unter Linux ist es der Kernel 2.6, der IPv6 produktiv unterstützt.

Eine IPv6-Adresse ist 128 Bit lang. Dies ergibt die Zahl von 2^{128} oder umgerechnet 340,28 Sextillionen IPv6-Adressen. Das bedeutet, Sie können auf jedem Quadratmeter dieser Erde 607'647'083'787'390'113'327'454'656 IP-Geräte eindeutig adressieren. Das dürfte auch bei fortschreitendem Bevölkerungswachstum eine Weile ausreichen (für die Nachrechner, bei 510 Millionen qkm Erdfläche).

Die IPv6-Adressen werden aufgrund ihrer Länge nicht mehr in dezimaler oder binärer Form wiedergegeben, sondern hexadezimal mit Doppelpunktnotation, und zwar immer in acht Blöcken zu 16 Bit. Eine IPv6-Adresse sieht dann z.B. so aus:

- FE04:B60D:85A3:07D3:1319:0370:8A2E:6522

Hierzu eine Erklärung anhand des ersten Adressblocks: FE04. »F« als hexadezimale Ziffer entspricht im dualen System der 4-Bit Zahlenfolge »1111«, »E« entspricht der Zahlenfolge »1110« usw. In binärer Schreibweise würde also die Adresse allein für diesen ersten Block wie folgt heißen: 1111 1110 0000 0100 – verstehen Sie jetzt, warum eine hexadezimale Notation wesentlich praktischer sein kann für dieses Unterfangen?

Eine Besonderheit bei der Darstellung ist die Möglichkeit, dass Zahlengruppen, die nur aus Nullen bestehen, durch zwei aufeinander folgende Doppelpunkte »ausgelassen« werden können.

Die Adresse `FCFF:0000:57BB:0000:AB34:2300:EE22:0BF0` lautet dann
`FCFF::57BB::AB34:2300:EE22:0BF0`

Die ersten 64 Bit der IPv6-Adresse dienen üblicherweise der Netzadressierung, die letzten 64 Bit werden zur Host-Adressierung verwendet.

Beispiel: Hat ein Netzwerkgerät die IPv6-Adresse

- FE04: b60d:85a3:07d3:1319:0370:8a2e:6522

  so stammt es aus dem Subnetz

- FE04: b60d:85a3:07d3

  das mit den ersten 64 Bit seiner Adresse identifiziert wird.

In einer URL wird die IPv6-Adresse in eckigen Klammern eingeschlossen. *Beispiel einer korrekten URL:*

- http://[FE04: b60d:85a3:07d3:1319:0370:8a2e:6522]/

10.6.3 SMTP (Simple Mail Transfer Protocol)

Das Simple Mail Transfer Protocol (SMTP) ist ein Standard für die Weiterleitung elektronischer Post, der zusammen mit TCP und IP E-Mails zwischen Hosts überträgt. Das SMTP-Verfahren selber wird innerhalb der Mailprogramme durch sogenannte Mail User Agents (MUA) abgehandelt, welche Kontakt zum SMTP-Server herstellen. Der Mail-Server überträgt die Nachricht anschließend mittels Mail Transfer Agents (MTA) zum Zielserver. Dazu wird in der Regel der Port 25 genutzt.

10.6.4 POP3 und IMAP4

POP3 ist das Gegenstück zu SMTP und dient dazu, die versandten Nachrichten beim Postfach abzuholen. Seine Weiterentwicklung nennt sich dann IMAP4. Bei POP3 werden die Nachrichten dabei immer vom Server heruntergeladen, bevor man sie lesen kann. Das neuere Protokoll IMAP4 ermöglicht es Ihnen, nur die Betreffzeile herunterzuladen, und die Nachrichten selber auf dem Server zu verwalten.

10.7 Netzwerkprotokolle unter Windows

TCP/IP wird unter Windows 7 standardmäßig installiert, wenn bei der Hardware-Erkennung eine Netzwerkkarte vorgefunden wird. Haben Sie jedoch ein anderes Protokoll beim Setup installiert, so können Sie TCP/IP nachträglich hinzufügen.

- Klicken Sie mit der rechten Maustaste auf die EIGENSCHAFTEN der Netzwerkumgebung.

- Wenn das Protokoll Internet-Protokoll (TCP/IP) nicht installiert ist, fügen Sie es über die Schaltfläche INSTALLIEREN ... hinzu und wählen Sie es aus den zur Verfügung stehenden Protokollen aus.

- Überprüfen Sie, dass das Kontrollkästchen links neben dem Eintrag aktiviert ist.

Standardmäßig erhalten alle Clients unter Windows ihre Adresse von einem soge-
nannten DHCP-Server (ein Programm zur automatischen, dynamischen Vertei-
lung von IP-Adressen). Ein solcher DHCP-Dienst kann beispielsweise von einem
Server angeboten werden. Im SOHO-Umfeld ist er aber häufig direkt in einem
DSL-Router oder in einem NAS integriert und versorgt Ihre Computer automa-
tisch mit der benötigten Adresse für die Netzwerkverbindung. Aufpassen müssen
Sie dann, wenn Sie sowohl ein NAS wie auch einen Router im Einsatz haben.
Denn es kann immer nur ein einziger DHCP-Dienstanbieter aktiv sein, schalten
Sie also überflüssige Dienste ab, sonst klappt die Netzwerkverbindung anschlie-
ßend nicht.

Sie können die Eigenschaften des TCP/IP-Protokolls über die Schaltfläche EIGEN-
SCHAFTEN bestimmen, wobei der entsprechende Eintrag angeklickt sein muss.

Abb. 10.15: Eigenschaften des TCP/IP-Protokolls

Um die Adressierung erfolgreich zu konfigurieren, benötigen Sie die Adresse selber, die Subnetzmaske, zu der die Adresse gehört, sowie den Standard-Gateway.

Der Standard-Gateway definiert in einem Windows TCP/IP-Netzwerk eine Stan-
dardroute. Somit geht jede Kommunikation zwischen zwei Clients, die sich nicht
im gleichen Netz befinden, zuerst zwingend an den Standard-Gateway, der danach
die Information an die richtige Stelle weiterleitet. Dieses Gateway ist in aller Regel
der Router oder das Kabelmodem, das die Verbindung ins Internet herstellt.

Die Angabe der DNS-Server sagt Ihrem System, welche Hosts die Namensanfragen
auflösen. Das können entweder ebenfalls Modems, Router oder auch Server sein.

Beachten Sie, dass ein fataler Fehler auftritt, wenn die IP-Adressen nicht eindeutig sind. Sie erhalten so lange Meldungen über doppelt vorhandene Adressen, bis das Problem beseitigt wurde.

10.8 Test einer TCP/IP-Verbindung

Wenn Sie versuchen, in TCP/IP ein Netzwerkproblem zu beheben, sollten Sie als Erstes die TCP/IP-Konfiguration des Computers überprüfen, auf dem das Problem auftaucht. Verwenden Sie dazu in der Kommandozeile den Befehl `ipconfig`, um die Konfigurationsinformationen des Host-Computers zu erhalten, einschließlich IP-Adresse, Subnetzmaske und Standard-Gateway.

Wird `ipconfig` zusammen mit dem Parameter `/all` verwendet, wird ein detaillierter Konfigurationsbericht für alle Schnittstellen angezeigt. Diese von `ipconfig` ausgegebenen Daten können auf Probleme in der Netzwerkkonfiguration des Computers überprüft werden.

Abb. 10.16: Eigenschaften des TCP/IP-Protokolls

Beim schnellen Wechsel des Geräts in eine neue Netzwerkumgebung kann es sein, dass der Rechner nicht schnell genug eine neue IP über DHCP bezieht. In einem solchen Fall kann es nützlich sein, den Parameter `/release` (IP freigeben) und `/renew` (neue IP beziehen) zu kennen.

`ping` ist ein Dienstprogramm, das bei der Überprüfung der IP-Verbindungen hilft. Verwenden Sie `ping`, um zu überprüfen, ob der Host-Computer eine Verbindung zum TCP/IP-Netzwerk und den Netzwerkressourcen herstellen kann.

Die Befehlssyntax lautet: `ping IP_Adresse`.

Führen Sie die folgenden Schritte aus, wenn Sie `ping` verwenden:

> Fragen Sie die Loopback-Adresse ab, um zu überprüfen, ob TCP/IP auf dem lokalen Computer richtig installiert und konfiguriert wurde.

`Ping 127.0.0.1`

> Prüfen Sie über `ping` die IP-Adresse des lokalen Computers, um sicherzustellen, dass sie dem Netzwerk richtig hinzugefügt wurde.

`Ping IP_Adresse_des_Standard_Gateways`

> Prüfen Sie über `ping` die IP-Adresse eines Remote-Hosts, um sicherzustellen, dass die Kommunikation über einen Router möglich ist.

`Ping IP_Adresse_des_Remote_Hosts`

Wenn Sie `ping` zu einem Zeitpunkt nicht erfolgreich verwenden können, prüfen Sie Folgendes:

- Fangen Sie immer bei einer Kabel- und Netzwerkkartenkontrolle an: Ist alles richtig eingesteckt, leuchten die LEDs an der Netzwerkkarte aktiv?

- Wurde der Computer nach der Installation von TCP/IP erneut gestartet und konfiguriert?

- Ist die lokale IP-Adresse gültig und wird sie im Dialogfeld EIGENSCHAFTEN von Microsoft TCP/IP in der Registerkarte IP-ADRESSE richtig angezeigt?

10.9 Fragen zu diesem Kapitel

1. Wenn Sie unter Windows die IP-Adresse kontrollieren möchten, wo können Sie dies tun?

   A   In der Systemsteuerung

   B   Auf dem Arbeitsplatz

   C   Im BIOS des Computers

   D   In den Firewall-Eigenschaften

2. Welches der folgenden Protokolle wird für den Aufruf einer Webseite benötigt?

   A   POP3

   B   SMTP

   C   HTTP

   D   Windows

3. Über welches Protokoll werden Internetseiten angesprochen, die mit SSL verschlüsselt sind?

   A   SHTP

   B   SFTP

   C   HTTPS

   D   WPA2

4. Welches ist das Standardprotokoll zum Empfangen von E-Mails?

   A   POP3

   B   WWW

   C   INIP4

   D   SMTP

5. Welcher Dienst ist in der Lage, IP-Adressen in Hostnamen aufzulösen?

   A   WINS

   B   APIPA

   C   DHCP

   D   DNS

6. Sie möchten Ihren Computer mit dem Internet verbinden. Welches Gerät werden Sie dazu einsetzen?

   A   Repeater

   B   Hub

   C   USB-Stecker

   D   Router

7. Welcher Anschlusstyp wird für Twisted-Pair-Kabel verwendet?

   A   T-Connector

   B   BNC

   C   RJ-45

   D   LC

8. Wenn Sie einen WAP installieren, was wird für gewöhnlich immer ausgesendet?

A   WEP

B   WPA2

C   SSID

D   MAC-ID

9. Was ist die höchstmögliche Datenübertragungsrate zwischen einer 10/100 Mbps-Netzwerkkarte und einer 10/100/1000 Mbps-Netzwerkkarte?

A   10 Mbps

B   100 Mbps

C   1000 Mbps

D   200 Mbps

10. Wie schnell können Daten nach dem Standard 802.11n übertragen werden?

A   54 Mbps

B   100 Mbps

C   300 Mbps

D   1000 Mbps

Kapitel 11

Das Kabel ist eingesteckt – und jetzt?

Im letzten Kapitel haben wir uns mit der Vernetzung an sich beschäftigt, was Sie benötigen, um ein Netzwerk zu bauen, wie die einzelnen Bestandteile genannt werden und worauf Sie achten müssen, wenn Sie Hardware für ein Netzwerk benötigen.

Der »lustige« Teil eines Netzwerks ist aber nicht der Aufbau – sondern die Möglichkeiten, die sich Ihnen damit bieten.

Nebst dem Speichern von Daten im eigenen Netzwerk sind dies vor allem verschiedene, mit dem Internet zusammenhängende Dienste, vom berühmten »Surfen« über das E-Mailen bis hin zu neueren Begriffen wie »Chatten« oder »Social Networking«.

Der Einrichtung, aber auch den Fragen nach einer sicheren Bedienung dieser Dienste gehen wir in diesem Kapitel nach.

11.1   Wer hat's erfunden?

Das Internet ist ein Zusammenschluss von vielen Computern, ein Netzwerk mit dem Ziel, Verbindungen zwischen einzelnen Systemen und Netzwerken herzustellen, sodass Daten ausgetauscht werden können. Das Internet besteht nicht nur aus dem www (Aufrufen von Internetadressen und Speichern von Daten), sondern auch aus den Diensten Mail, FTP, Internet-Telefonie, Instant Messaging u.v.m.

Das Internet entstand aus dem 1969 vom amerikanischen Militär entwickelten ARPANET. Das Ziel war es damals, die mangelnde Rechenleistung einzelner großer Rechner durch die Verbindung von mehreren Computern zu verbessern. Benutzt haben diese Verbindung Universitäten und Forschungseinrichtungen. Doch schon 1971 wurde das ARPANET am meisten gebraucht, um sich gegenseitig Nachrichten zuzusenden, und ein Jahr später wurde E-Mail erfunden und nahm bald eine wichtige Rolle ein.

Erst 1982 entstand aus dem ARPANET das Internet. 1989 entwickelte das CERN in Genf das www (World Wide Web), um seine endlose Anzahl von Forschungsdokumenten besser durchsuchen zu können. 1990 beschloss die US-amerikanische National Science Foundation, das Internet für kommerzielle Zwecke zu nutzen, wodurch es über die Universitäten hinaus öffentlich zugänglich wurde. Den ersten richtigen Aufschwung erfuhr das Internet 1993, als der erste Browser (Programm, um im Internet surfen zu können) Grafiken anzeigen konnte. Seither entwickeln sich immer neue Möglichkeiten, vom Lesen von Texten und Bildern über das Einkaufen bis hin zur elektronischen Bank.

Neue Techniken verändern das Internet auch weiterhin: Telefonieren übers Internet, Enzyklopädien (Wikis), Blogs (Tagebücher im Internet), Online-Spiele oder die sozialen Netzwerke wie Facebook und Twitter. Das rasante Wachstum bringt das Internet möglicherweise in Zukunft an seine Grenzen, sodass inzwischen Forschungsinitiativen begonnen haben, das Internet der Zukunft zu entwickeln. Um die zwei Milliarden Menschen nutzen das Internet heute. In Ländern wie der Schweiz oder Deutschland sind über 90 % aller Haushalte online.

11.2   Surfbretter auf dem Datenmeer

Wie ein echter Wellenreiter sein Surfbrett braucht, um auf dem Meer voranzukommen, setzen wir einen Browser ein, um uns über das Datenmeer zu bewegen. Ein Browser ist nichts anderes als ein Programm, um die Seiten des World Wide Web anzeigen zu lassen. In diesem werden die Webadressen eingegeben und anschließend betrachtet.

11.2.1   Der Aufbau einer Internetadresse (URL)

Der Aufbau einer vollständigen Adresse lautet:

http://www.mitp.de und teilt sich wie folgt ein:

http://	Hypertext Transfer Protocol. Ein Protokoll zur Übertragung von Daten. Sie müssen diesen Teil der Adresse nicht eingeben (außer bei der angegebenen URL fehlt der »www« Teil.)
www.	World Wide Web. Dies ist einer der möglichen Dienste, wenn auch der allerhäufigste im Internet.
Firma, Name usw.	Wenn Sie im Internet eine Firma oder eine Dienstleitung direkt erreichen möchten, müssen Sie dessen Namen kennen. Dieser Teil einer Adresse nennt sich Second Level Domain, er steht direkt unterhalb der ->
Top Level Domain	Bezeichnet die Endung einer Adresse, z.B. .ch. Es gibt auch Organisationscodes wie .com. Damit wird angegeben, zu welcher Organisationseinheit eine Second Level Domain gehört.

Die für uns gebräuchlichsten Endungen von Top Level Domains lauten:

.ch	Schweizer Adressen
.de	Deutsche Webseiten
.at	Seiten aus Österreich

| .eu | Europäische Seiten |
| .com | Kommerzielle Anbieter (häufig englischsprachige Seiten) |

Eine komplette Liste aller Endungen finden Sie im Internet unter:

http://de.wikipedia.org/wiki/Top-Level-Domain

Beispiele von Adressen:

- *www.comptia.org*   Hier erhalten Sie Informationen zu CompTIA.
- *www.markuskammermann.ch* Hier grüßt Sie der Autor.
- *www.mitp.de*   Hier finden Sie die guten Bücher.

11.2.2 Sicheres Bedienen leicht gemacht

Browser gibt es viele, und die meisten sind kostenlos. Benutzer von Windows erhalten kostenlos den Internet Explorer, Mac-Benutzer setzen auf Safari, Linux-Benutzer kennen Konqueror, unter Android verbreitet ist der Browser Dolphin. Gefallen Ihnen diese Standardprogramme nicht, können Sie einen Browser Ihrer Wahl installieren, die berühmtesten kostenlosen Alternativen sind Mozilla Firefox und Opera. Und obwohl jeder Browser so seine Eigenheiten hat, tun sie im Wesentlichen doch alles dasselbe: Sie zeigen Ihnen Webseiten, helfen Ihnen bei der Navigation und speichern beliebte Seiten als Lesezeichen ab.

Wir schauen uns den am weitesten verbreiteten Browser, den Internet Explorer an dieser Stelle stellvertretend etwas genauer an. Aktuell liegt hiervon die Version 9 vor.

Abb. 11.1:   Aufbau eines Browsers

Adressleiste	Hier geben Sie die Webadresse (URL) ein.
Menüleiste	Hinter jedem Menü verbirgt sich ein Pulldown-Menü, welches die dazugehörigen Befehle enthält.
Suche	Sie können ohne Aufruf einer bestimmten Seite die Suche diverser Anbieter nutzen.
Symbolleiste	Stellt häufig benutzte Funktionen zum schnellen Mausklick zur Verfügung.
Tabs	Der Internet Explorer kann in einem Fenster mehrere Internetseiten anzeigen (auf Registern). Ein erster Tab wird beim Starten des Internet Explorers geöffnet. Sobald Sie mit der Maus auf das kleinere Register zeigen, wird das Symbol einer weißen Seite mit einem gelben Stern sichtbar. Klicken Sie darauf, erscheint ein weiterer Tab. Geben Sie nun die Internetadresse ein und bestätigen Sie wie gewohnt mit der Enter-Taste oder dem grünen Pfeil.
	Wechseln Sie durch Anklicken der Register zwischen den verschiedenen geöffneten Internetseiten.
	Möchten Sie ein Register (Tab) schließen, klicken Sie auf das graue Kreuz, welches im Register sichtbar ist. Alle anderen Seiten bleiben dann geöffnet.
Statusleiste	Hier sehen Sie z.B., ob eine Seite noch geladen wird, oder schon vollständig zur Verfügung steht.
Zoom(level)	Lupe, vergrößert die gesamte Internetseite

11.2.3 Nützlich für die tägliche Arbeit

Wenn Sie auf den Pfeil neben dem Adressfeld klicken, öffnet sich eine Liste mit bereits besuchten Internetseiten (siehe Abbildung 11.2). Wählen Sie die gewünschte Seite aus, die Seite wird erneut geladen.

Klicken Sie auf den Stern in der Symbolleiste, anschließend auf das Symbol VERLAUF (siehe Abbildung 11.3). Nun können Sie nach Zeitraum sortiert Ihre besuchten Internetseiten wieder anzeigen, indem Sie sie anklicken. Im Browser Firefox nennt sich dieser Verlauf Chronik.

Abb. 11.2: Durch Aufklappen sehen Sie kürzlich besuchte Webseiten.

Abb. 11.3: Der Verlauf mit bisher besuchten Webadressen

Falsch aufgerufene Internetseiten oder solche, die Sie nicht benötigen, werden natürlich auch im Verlauf angezeigt, was sehr störend sein kann. Solche URLs können Sie einzeln aus dem Verlauf löschen. Klicken Sie dazu mit der rechten Maustaste auf die Adresse, welche Sie löschen möchten, wählen Sie im erscheinenden Kontextmenü den Eintrag LÖSCHEN.

Wenn Sie die ganze Liste löschen möchten, weil sich sehr viele Einträge angehäuft haben, können Sie das, indem Sie in der Menüleiste auf EXTRAS → INTERNET OPTIONEN klicken. Im Register ALLGEMEIN klicken Sie beim Browserverlauf auf LÖSCHEN. Wählen Sie im sich öffnenden Fenster den Button VERLAUF LÖSCHEN. Klicken Sie auf SCHLIEßEN und auf OK, um die geöffneten Fenster wieder zu schließen.

Auch sonst finden sich nützliche Einstellungen unter den Extras. Eine Funktion, welche häufig benötigt wird, ist das Ändern der Startseite. Klicken Sie dazu auf EXTRAS → INTERNET OPTIONEN. Im Register ALLGEMEIN wird Ihnen die Startseite direkt angezeigt. Hier können Sie eine oder mehrere Startseiten selber definieren.

Abb. 11.4:   Optionen einstellen im Internet Explorer

11.2.4 Von Favoriten und Lesezeichen

Internetseiten, die Ihnen gefallen, können Sie als Favoriten abspeichern, um die Internetseite schneller wiederfinden zu können.

Rufen Sie dazu wie gewohnt die gewünschte Webseite auf und wählen dann den Menüeintrag FAVORITEN – ZU FAVORITEN HINZUFÜGEN. Geben Sie der Internetseite einen Namen. Standardmäßig wird als Name der Seitentitel verwendet. Der hier gespeicherte Name sollte möglichst eindeutig sein, damit Sie die Seite sofort erkennen, wenn Sie die Internetseite das nächste Mal besuchen möchten.

Je mehr Favoriten Sie anlegen, desto unübersichtlicher wird es, diese zu verwalten. Doch bei Favoriten können Sie auch Ordner anlegen und die Links einem bestimmten Thema zuordnen. Dazu wählen Sie wiederum das Sternsymbol an (oder Sie gehen über das Menü FAVORITEN). Hier können Sie jetzt neue Ordner erstellen und die Favoriten entsprechend ordnen.

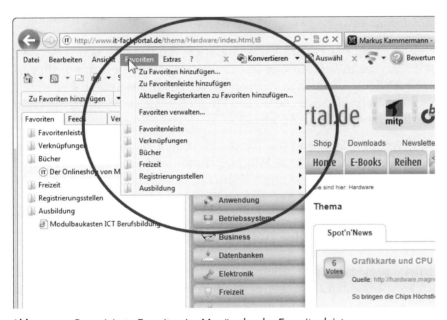

Abb. 11.5: Organisierte Favoriten im Menü oder der Favoritenleiste

Der alternativ häufig eingesetzte Browser Firefox kennt übrigens keine Favoriten, sondern nennt diese Lesezeichen. Das Vorgehen zum Speichern von Lesezeichen ist allerdings fast identisch mit dem des Internet Explorer.

Der Lesezeichenmanager, im gleichen Menü zu finden, besitzt eine interne Suche, welche bei vielen gespeicherten Einträgen sehr nützlich ist.

11.2.5 Zwischenspeicher, Plugins, Java

Wenn Sie eine Internetseite aufrufen, dann werden zahlreiche Elemente, die Sie aufrufen, auf Ihren Computer übertragen: Grafiken, Seitenelemente oder auch Dateien, die Sie sich ansehen. Wenn Sie jetzt auf einer bestimmten Seite mehrere Dinge ansehen, müssten diese Elemente bei jedem Aufruf wieder erneut geladen werden. Um dies zu verhindern, haben alle Browser einen internen Zwischenspeicher, der sich Cache nennt. Dieser Cache speichert die heruntergeladenen Elemente zwischen und lädt sie nur dann nach, wenn sie geändert wurden oder die Zeit seit dem letzten Aufruf zu lange her ist. Den Cache können Sie in den Internetoptionen in seiner Größe abstellen und dort auch löschen.

Zudem gibt es für die verschiedenen Webdienste, über die wir gleich sprechen werden, zusätzliche Software-Elemente, um welche ein Browser ergänzt werden kann. Wenn Sie sich beispielsweise ein Video im Internet ansehen, tun Sie dies mit so einem Element – sie sich nennen Plugins. Für das Video wird das in der Regel das Flash-Plugin sein. Für das Lesen von PDF-Dokumenten werden Sie das Adobe Reader-Plugin einsetzen usw.

Seien Sie im Umgang mit Plugins vorsichtig. Nicht nur nette Firmen versuchen, Ihnen solche Zusätze in den Browser zu installieren. Setzen Sie also nur Plugins ein, deren Hersteller Sie kennen und denen Sie vertrauen. Lesen Sie lieber einmal zuviel bei einem Hersteller nach, wozu das Plugin benötigt wird, bevor Sie etwas installieren, das Ihrem PC schaden kann.

Mit Active X von Microsoft und der Javaplattform gibt es zudem noch weitere Ergänzungen, die eigentliche kleine Miniprogramme sind, die dann von anderen Anwendungen genutzt werden können. Während Active X nur im Internet Explorer funktioniert, kann Java auch von anderen Browsern genutzt werden.

11.3 Surfen Sie noch oder twittern Sie schon?

Das Internet bietet zahlreiche Dienste an, das »Besuchen« im Sinne von Anschauen von Webseiten ist längst nicht mehr das Einzige. Es gibt heute das Online-Shopping, die sozialen Online-Netzwerke, es gibt Internet-Telefonie und vieles mehr. Die wichtigsten Webdienste schauen wir uns an dieser Stelle an – und beginnen mit einem sehr grundlegenden Dienst, der heute sogar einen eigenen Begriff geschaffen hat – »googeln« – früher Suchen genannt.

11.3.1 Die Suche im Internet

Google ist ein Phänomen des Internets. Fast alle Menschen suchen heute (2012) mit Google nach gewünschten Seiten im Internet, daher möchte ich ihnen ein paar Suchtricks dieser großen Suchmaschine näher bringen.

Abb. 11.6:   Zurzeit die Suchmaschine schlechthin: Google

Um eine Anfrage an Google zu stellen, müssen Sie einfach einige beschreibende Wörter eingeben und die Eingabe-Taste drücken (oder auf die Google-Suchschaltfläche klicken). Sie erhalten dann eine Liste relevanter Suchergebnisse. Google gibt nur die Seiten aus, die alle Ihre Suchbegriffe enthalten. Um eine Suche einzuschränken, müssen Sie daher mehr Begriffe eingeben. Sie können ein Wort von Ihrer Suche mit einem Minuszeichen (»-«) direkt vor diesem Wort ausschließen. (Vor dem Minuszeichen muss ein Leerzeichen sein.)

Das sieht dann beispielsweise so aus:

Suche: **Hund Rasse Schweiz -Dackel** → Sucht Hunderassen in der Schweiz, aber keine Seiten, auf der das Wort Dackel vorkommt.

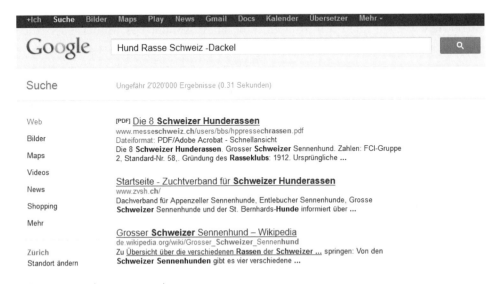

Abb. 11.7:   Suchen mit Google

Hier noch ein paar Tipps für die effektive Suche:

- Schreibweise beachten: Viele Suchmaschinen schlagen auch »richtige« oder häufige Worte oder Wortkombinationen vor
- Boolesche Operatoren einsetzen: UND, NICHT, ODER
- »Anführungszeichen« benutzen für Textketten oder Phrasen
  - Pinguin in der Eiseskälte oder »Pinguin in der Eiseskälte«
- Suche nach Dateitypen einschränken
  - filetype:pdf sucht nur PDF-Dateien

Drei Tipps zum Schluss

1. »Gefunden« ist nicht dasselbe wie »Wahrheit«!
2. Achten Sie auf das Datum der Nachrichten und Meldungen.
3. Die Hilfe von Google liefert sehr gute Unterstützung.

Google bietet zudem weitere Dienste nebst der Suche an. Die bekanntesten davon sind Google Maps (maps.google.de) oder Gmail, der eigene Maildienst. Mit Google Docs können Sie sogar eigene Dokumente im Internet erstellen und verwalten.

Auf der anderen Seite soll auch gesagt sein: Google ist längst nicht mehr die kleine innovative Firma mit »Rebellenstatus«, sondern ein großer Konzern. Mit seinen Produkten möchte Google wie alle anderen auch Geld verdienen. Und so nutzt Google diese verschiedenen Dienste auch, um Informationen über die Nutzer zu sammeln. Google-Programme senden anonymisierte Nutzerdaten zurück, mit StreetView werden nicht nur Straßen fotografiert, sondern es werden eben auch Häuser, Gärten und vieles mehr direkt der ganzen Welt zugänglich gemacht.

Solche Dinge haben darum immer verschiedene Aspekte, die es zu berücksichtigen gilt – den Nutzen, die Einfachheit, aber auch den Schutz der Persönlichkeit, den Schutz der Daten und die Frage danach, wie viel von mir denn in dieser Welt öffentlich sein kann und sein darf. Ich schreibe das hier nur einmal – es gilt aber auch für alle folgenden Angebote. Es ist erstaunlich, wie offen viele Menschen ihre eigenen Daten im Internet zur Verfügung stellen. Wir kommen auf einen dieser Punkte dann bei den sozialen Netzwerken noch einmal zu sprechen.

11.3.2 Konsum ohne Ende

Bevor wir uns gleich dem Einkaufen im Internet widmen, will ich eine kurze Abteilung dazwischen schieben, die zwar über das Aufrufen von Webseiten oder das Suchen hinausgeht, aber noch keinen Einkauf darstellt – in den meisten Fällen. Ich spreche dabei von der Nutzung von Online-Medien. Bekannte Vertreter hierzu sind verschiedenste Musik- und Videoplattformen, allen voran zurzeit die Plattform You-

Tube. Auf diesen Plattformen können Sie Musik, offizielle Trailer von Filmen oder auch selbstgemachte Beiträge anschauen und auch herunterladen.

Abb. 11.8: Eine sehr bekannte Videoplattform

Die Technik, die man hierbei einsetzt, nennt sich übrigens »Streamen«. Es bedeutet, dass die Daten nach der Übertragung nicht kontrolliert und bei Fehlern erneut gesandt werden, sondern es kommt ein konstanter Datenstrom zu Ihnen, und wenn etwas fehlt, gibt es eventuell einen Aussetzer, ein Ton oder Bild fehlt. Es gibt Streaming Audio- oder Streaming Video-Inhalte. Dafür werden in aller Regel die bereits erwähnten Plugins wie Flash, Silverlight oder Shockwave eingesetzt.

Ein Tipp: Es gibt auf solchen Plattformen nicht nur Musik oder Freizeitfilmchen. Immer mehr finden Sie dort auch nützliche Anleitungen zu den verschiedensten Themen, zum richtigen Zusammensetzen eines Druckers bis zur Anleitung, wie man sein Smartphone in Betrieb nimmt – suchen Sie einmal nach solchen Begriffen.

11.3.3 Einkaufen im Internet

Grundsätzlich lässt sich heute alles im Internet kaufen. Doch seien Sie vorsichtig: die Auswahl mag virtuell sein, aber die Kosten, die dabei auflaufen, sind auf jeden Fall real – und es gelten dieselben Rechte und Pflichten wie beim Ladenkauf.

Praktisch ist zum Beispiel, dass Sie in der Schweiz in der Migros (www.migros.ch oder www.leshop.ch) Ihre Lebensmittel einkaufen und sich nach Hause bringen lassen können. Bezahlen Sie müssen Sie dies allerdings im Voraus und mit Kreditkarte. Sogar in kleine Dörfer werden diese Waren geliefert – der Vorteil eines kleinen Landes, ich glaube kaum, dass das in allen Ländern so einfach wäre.

Beim Einkaufen von Internetwaren gilt häufig ein Mindestbestellwert, bei Migros sind dies CHF 99,00, darunter wird nicht nach Hause geliefert … und dazu kommt dann noch die Lieferpauschale von CHF 15,90 – nicht eben günstig. Aber wenn Sie das nächste Mal 36 Flaschen Mineralwasser einkaufen müssen, ist es vielleicht eine Überlegung wert.

Eine richtig interessante Beschäftigung für viele sind die Auktionen geworden, Auktionshäuser wie Ricardo oder eBay machen große Umsätze. In der Schweiz ist vor allem Ricardo bekannt und gut besucht – mit Angeboten und mit Käufern. eBay dagegen ist in der Schweiz kaum relevant.

Abb. 11.9: Auktionsplattform Ricardo

Damit Sie auf Ricardo (oder eBay) mitbieten oder verkaufen können, müssen Sie zuerst ein eigenes Konto eröffnen. Die nachfolgenden Angaben müssen Sie persönlich und korrekt eingeben, da Sie beim Kaufen und Verkaufen ein rechtliches Verhältnis eingehen. Zur Abrechnung der Gebühren müssen Sie zudem entweder Rechnungsadresse oder Kreditkartenangaben hinterlegen.

Die Kernangabe ist sicher der Benutzername. Denn die anderen Besucher werden Sie nie als originalen »Herr...« oder »Frau...« sehen, bevor ein Handel zustande gekommen ist, sondern nur als »goldfisch128« oder »nettfreu« – eben mit dem von Ihnen gewählten Benutzernamen.

Wenn Sie das Konto einmal eröffnet haben, steht Ihrem Wirken nichts mehr entgegen. Sie können Artikel suchen, hier zum Beispiel haben wir »Surfbrett« eingegeben und sehen sofort alle Angebote mit dem Begriff Surfbrett vor uns.

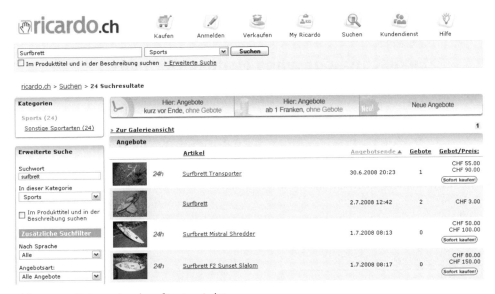

Abb. 11.10: Gebote einsehen für eine Auktion

Durch ein Gebot unter Ihrem eigenen Benutzernamen können Sie nun mitbieten und Waren er- oder versteigern.

Noch einmal: Wenn Sie hier mitbieten, ist dies rechtlich bindend. Seien Sie zudem, gerade am Anfang, vorsichtig beim Bieten, damit Sie nicht auf Betrüger wie diesen hereinfallen. Und genauso müssen Sie dafür Sorge tragen, dass Sie die Artikel, welche Sie anbieten, auch wirklich besitzen und korrekt beschreiben. Seien Sie also vorsichtig beim Bieten und zuverlässig beim Anbieten – dann können Sie erfolgreich im Internet handeln.

Dass es auch andere Beispiele gibt, zeige ich Ihnen hier. Die Angebote waren einfach zu günstig, die Ware zu vollmundig angeboten:

Abb. 11.11: Werbeversprechen sind nicht immer wahr.

Und kurze Zeit später sah das Konto dieses Anbieters dann so aus:

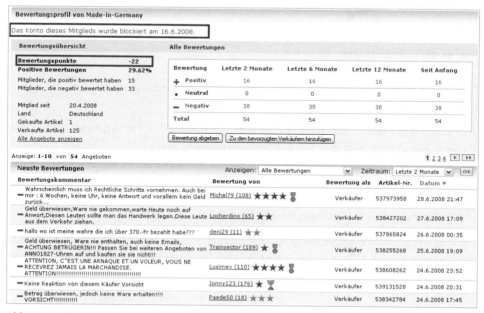

Abb. 11.12: Gesperrtes Konto eines unzuverlässigen Verkäufers

Ein besonderes Thema beim Einkaufen sind übrigens zunehmend die »virtuellen Inhalte«. Damit sind Waren gemeint, die nicht mehr physisch, sondern direkt über das Internet geliefert werden. Typische Vertreter dieser Waren sind etwa Musik, die man gegen Bezahlung downloaden kann, und auch das Schauen von Filmen, »Video on Demand« genannt. Hierbei bezahlen Sie auf einer Plattform für einen Film einen bestimmten Betrag und haben die Möglichkeit, diesen während einer bestimmten Zeit über PC oder einen internettauglichen Fernseher anzusehen. Video on Demand entspricht von der Idee her dem früheren Videoverleih, nur dass man nicht mehr aus dem Haus muss und sich keine Datenträger mehr anhäufen, die man kein zweites Mal ansehen möchte ...

Nicht zuletzt speichern die meisten der verkaufsorientierten Seiten verschiedene Informationen über Sie auch ab, sodass Sie das nächste Mal direkter zum gewünschten Produkt geführt werden können, oder damit die Webseite Sie mit Ihrem Namen begrüßen kann. Diese Informationen werden in kleinen Textdateien auf Ihrem Computer gespeichert und nennen sich Cookies. Ob Cookies auf Ihrem Computer gespeichert werden dürfen, können Sie in den Internetoptionen einstellen. Etliche Webseiten vom Verkauf über die Suchmaschinen bis zu den sozialen Netzwerken verweigern aber ihren Dienst, wenn Sie Cookies deaktiviert haben. Auf der anderen Seite kann die eine Webseite Cookies einer anderen nicht einsetzen, das heißt Google setzt Cookies für die Speicherung der Einstellungen von Suchseiten, aber die Plattform »verkaufen.de« setzt eigene Cookies und kann nicht die Informationen aus den Google-Cookies auslesen.

11.3.4 Kommunizieren über das Web

Die Kommunikation im Internet kann über sehr verschiedene Dienste erfolgen. Offline, d.h. nicht in Echtzeit verbunden, funktionieren Mail, Foren und Blogs. Online, d.h. mit dem Partner direkt verbunden, sind Sie dagegen beim Chat oder beim Webtelefon. Sehen wir also, was diese Begriffe alles abdecken.

Die klassische Anwendung im Internet zur Kommunikation ist E-Mail. Dazu benötigen Sie eine eigene Mailadresse, einen Mailclient und eine Internetverbindung. Mails sind die elektronische Form von Briefen. Allerdings weicht der Schreibstil zunehmend vom klassischen Briefschreiben ab. Kurzformen, das Weglassen von Anreden und Grußformeln oder die Verwendung von Kürzeln wie mfg für »mit freundlichen Grüßen« und anderes mehr prägen diese Form der Kommunikation. Bekannte Mailprogramme sind etwa Microsoft Outlook, Live Mail (ebenfalls von Microsoft) oder Thunderbird von Mozilla.

Zudem kann man Mails auch im Browser selber verwalten, das nennt sich dann Webmail. Hier sind sicher Hotmail, GMX oder Gmail bekannte Vertreter, die sogar Adressen und Speicherplatz kostenlos zur Verfügung stellen.

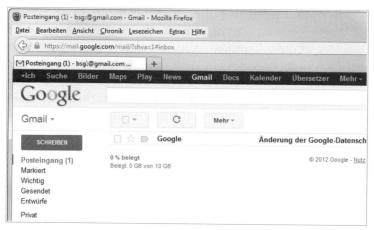

Abb. 11.13: Posteingang für ein Webmail-Postfach

E-Mails können zwar nützlich sein, aber eine Form der E-Mails hat sich besonders berüchtigt gemacht: Spam. Damit sind unerwünschte E-Mailnachrichten gemeint, die einem ungefragt in den Briefkasten schneien und einem in der Regel Werbung zustellen, um für Medikamente, Uhren oder andere Produkte zu werben oder Ihnen ungeahnten Reichtum versprechen, wenn Sie auf die erhaltene Mail antworten und einen geringen Betrag einzahlen. Mehr dazu erfahren Sie im Kapitel Sicherheit.

Foren sind ein sehr klassischer Vertreter der Internetkommunikation (siehe Abbildung 11.14). Hier schreiben Mitglieder Beiträge in eine dafür vorbereitete Maske, und diese werden dann von anderen Mitgliedern gelesen und kommentiert. Sie werden häufig dazu benutzt, Aspekte und Probleme von allgemeinem Interesse zu einem Thema zu dokumentieren. Das können Computerthemen sein, müssen es aber nicht. Es gibt sehr viele Foren mit Themen wie Garten, Haustiere, Hausbau, Auto-Tuning oder was auch immer – haben Sie eine Idee, gründen Sie ein Forum dazu!

Wer in einem Forum mitwirken möchte, muss sich in der Regel anmelden und erhält dann die Möglichkeit, Beiträge zu verfassen und zu kommentieren. Geführt werden Foren von einem oder mehreren Moderatoren, die auch dafür sorgen, dass im Forum Ordnung herrscht, und eventuell themenfremde oder unpassende Beiträge umsortieren oder auch löschen.

Ein Blog ist mit einem Forum zwar verwandt, aber doch nicht dasselbe. Hierbei handelt es sich in erster Linie um Beiträge ein und derselben Person, die in mehr oder weniger kurzen Texten Neuigkeiten erzählt und andere daran teilhaben lassen möchte. Diese Beiträge können dann wiederum kommentiert werden, daher auch die Nähe zu Foren. Aber Blogs sind dadurch charakterisiert, dass sie oft eine persönliche Note enthalten und eigene Ansichten wiedergeben, mehr als dass sie wie in Foren themengeordnet Fragen stellen und Antworten bieten.

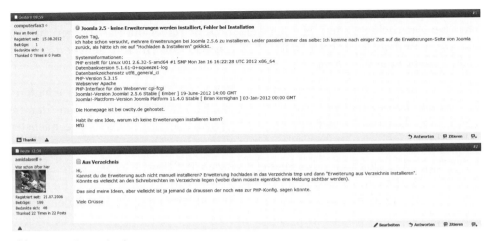

Abb. 11.14: Forum im Internet

Im Unterschied zu einem Forum muss man sich bei einem Blog häufig nicht registrieren, sondern kann direkt einen Kommentar verfassen und diesen mit seinem echten oder einem Nick-Name versehen (siehe Abbildung 11.15). Nick-Name nennt man übrigens die »Tarnnamen«, mit denen sich viele Menschen im Internet bewegen, damit nicht immer der reale Name eingesetzt werden muss. Das dient zum einen dem Schutz der Teilnehmer, ist aber auch ein »running gag«, der sich einfach durchgesetzt hat. Und wo sonst bekommen Sie schon die Gelegenheit sich »KingMark« zu nennen, wenn nicht durch einen Nick-Name?

Abb. 11.15: Ein persönlicher Blog mit Gedanken und Beiträgen

Der Blog-Stil hat sich unterdessen auch auf vielen anderen Seiten durchgesetzt, etwa bei Nachrichtenseiten. Hierbei stellen die Betreiber die Nachrichten auf die Plattform, und die Leser können die Meldungen kommentieren. Schauen Sie sich dazu nur etwa die Webseiten von Tagesschau oder FAZ an.

Wenn Sie direkt mit jemandem kommunizieren wollen, nennt sich das »chatten« vom englischen to chat, was soviel wie plaudern, unterhalten heißt. Ein Chat ist heute oftmals eine Zusatzfunktion, zum Beispiel in Facebook (siehe nächster Abschnitt).

Oder Sie greifen gleich zum Internettelefon wie z.B. Skype. Hierbei nutzen Sie das Internet anstelle eines Telefons für den Kommunikationsaufbau. Auch hier benötigen Sie einen eigenen Account (ein Profil) und können dann mit denen telefonieren, die auch einen Account haben. Damit das optimal funktioniert, benötigen Sie ein Mikrofon und Lautsprecher oder ein Headset. Falls Sie sogar Videotelefonie nutzen möchten, benötigen Sie zudem eine Webcam.

Abb. 11.16: Telefonieren im Internet mit Skype

11.3.5 Soziale Netzwerke

Der Begriff »Social Networks« bezeichnet die Vernetzung von Personen (im Unterschied zu den Computern) und ist gelinde gesagt, irreführend. Denn als soziales Netzwerk gelten seit jeher die Familie und darüber hinaus Gemeinden, Vereine und dergleichen mehr.

Dennoch versteht heute kaum mehr jemand etwas anderes darunter als die computergestützten Netzwerkseiten, auf denen man sich virtuell treffen kann. Diese Art sozialer Netzwerke gibt es heute eine Vielzahl, von Schülernetzwerken über Google Plus oder Facebook als bekanntesten Vertretern bis hin zu Business-Netzwerken wie LinkedIn oder Xing. Das ehemals berühmteste MySpace ist dagegen stark auf dem Rückzug, war aber ein Pionier im Bereich Social Networking.

In sozialen Netzwerken erstellt man zuerst sein persönliches Profil, um sich selber im Netzwerk vorzustellen. Was Sie dort wem preisgeben, ist Ihnen überlassen, aber denken Sie daran: Alle Texte und Bilder, die Sie in einem Profil öffentlich hinterlegen, können von anderen Mitgliedern auch gelesen und gesehen werden – die Fotos von der letzten Party bis morgens um 4 Uhr sind hierfür nicht für alle geeignet ...

Abb. 11.17: Die Startseite nach der Anmeldung eines Facebook-Profils

Hat man ein eigenes Profil, kann man Personen, die im selben Netzwerk sind, als »Freunde« einladen, das heißt, sie können dann mit Ihnen direkt in Kontakt treten, sie sehen die Informationen des Profils, die Sie ihnen freigeben, und können Ihre Beiträge und Bilder kommentieren. So entsteht eine virtuelle Gemeinschaft.

Ähnliches gilt für die eher geschäftlich orientierten Portale wie LinkedIn oder Xing. Nur steht hier das geschäftliche Interesse eher im Mittelpunkt.

Tipps zur Nutzung von sozialen Netzwerken:

- Schreiben Sie Ihre Zugangsdaten auf und bewahren Sie sie sicher auf.
- Privatsphäre-Einstellungen regelmäßig überprüfen (Änderungen).

- Keine unbekannten Personen als Freunde akzeptieren.
- Anstandsregeln gelten auch im Internet (auch rechtlich).
- Publizieren Sie keine Bilder von anderen (ungefragt!).
- Halten Sie beim Publizieren das Copyright ein.

11.4 Internet- und Mail-Verbindungen einrichten

Nachdem wir jetzt gezeigt haben, was man im Internet alles so machen kann, wenden wir uns kurz der Frage zu, auf was Sie bei der Einrichtung dieser Dinge achten sollten, damit Sie zu Hause auch wirklich ins Internet oder Mailprogramm kommen und damit arbeiten können.

11.4.1 Vom Computer in die weite Welt

Damit Sie ins Internet kommen, benötigen Sie zuerst ein Modem oder einen Router. Dieser stellt die Verbindung zwischen Ihrem lokalen Netzwerk und der Leitung her, die Ihnen Ihr Provider für den Internetzugang zur Verfügung stellt. Sie finden an so einem Gerät also mindestens einen LAN- und einen WAN-Port, meistens sind es aber sogar vier LAN-Ports, damit Sie auch zwei PCs oder noch einen Drucker mit ans Netzwerk anschließen können. Alternativ dazu können Sie auch Geräte mit einer DSL-Schnittstelle anstelle des WAN-RJ-45-Anschlusses kaufen, dann übernimmt der Router zugleich die Modemfunktion.

WAN-RJ45　　**4x LAN-RJ45**

Abb. 11.18: WAN-Port-Einstellungen auf einem Netgear-Router

Demzufolge müssen wir WAN und LAN getrennt konfigurieren. Beginnen wir mit den WAN-Einstellungen. Diese können Sie entweder manuell konfigurieren oder über DHCP beziehen. In beiden Fällen hängt die Konfiguration davon ab, was auf der WAN-Seite angeschlossen wird. Ist es ein DSL-Modem, das dem WAN-Port automatisch eine Adresse zuteilt? Verfügen Sie über einen Kabelanschluss mit fester IP-Adresse? Alle diese Informationen erhalten Sie von Ihrem Provider, der Ihnen den Internetzugang gewährt. Meistens erhalten Sie dazu ein Konfigurationsblatt oder Angaben dazu, wo Sie diese Informationen abrufen können.

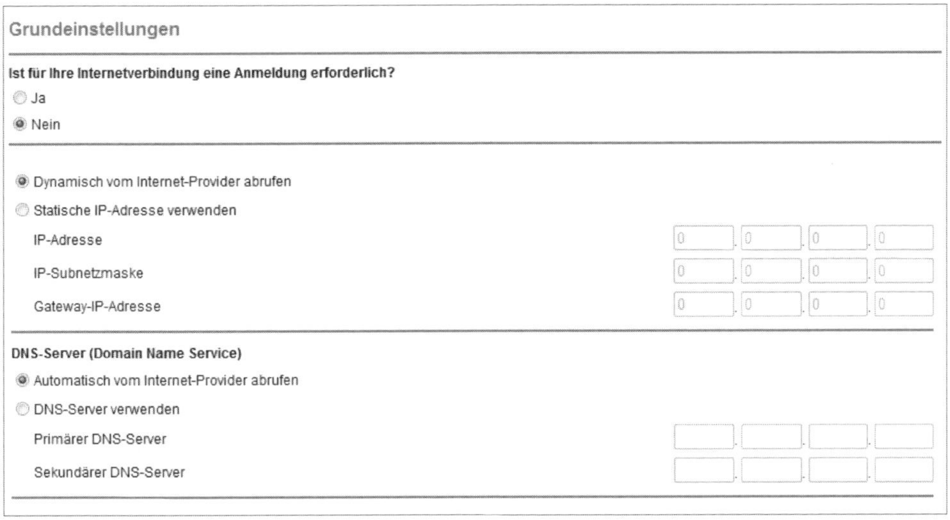

Abb. 11.19: WAN-Port-Einstellungen auf einem Netgear-Router

In der obigen Einstellung werden die Adressinformationen auf der WAN-Schnittstelle vom WAN-seitigen Modemrouter bezogen.

Anschließend konfigurieren Sie die LAN-Einstellungen. Hier gilt es, den Adressbereich für das LAN zu bestimmen sowie zu entscheiden, ob Sie den DHCP-Service für Ihre Clients aktivieren möchten oder nicht. Zugleich bildet die LAN-Adresse des Routers auch den Standard-Gateway für Ihre Clients.

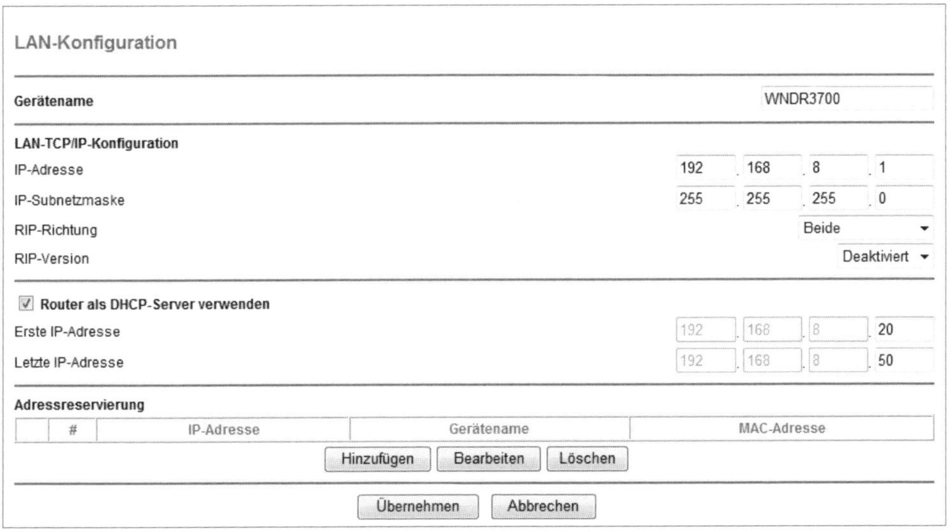

Abb. 11.20: LAN-Konfiguration des Routers

11.4.2 Router-Sicherheitseinstellungen

Die allermeisten Router enthalten neben den reinen Adresseinträgen auch noch eine Abteilung »Firewall«. Damit wird eine Schutzwand bezeichnet, die es Ihnen erlaubt, unerwünschten Verkehr von und zum Internet zu unterbinden. Genauer werden wir im nächsten Kapitel auf diese Geräte eingehen, aber da wir uns hier gerade mit der Konfiguration des Routers beschäftigen, folgen einige Hinweise.

Grundsätzlich schließen Sie auf einer solchen Firewall alle Dienste, die von außen nach innen möchten. Das heißt, Sie lassen es nicht zu, dass jemand aus dem Internet Ihnen direkt Datenverkehr zustellt. Im Unterschied dazu lassen Sie aber Abfragen aus Ihrem Netzwerk in das Internet zu. Das schließt auch die Antworten mit ein, also zum Beispiel das Empfangen von Mails.

In jedem Fall aktivieren Sie aber die Firewall-Funktion, da sie Ihnen einen Schutz gegen unerwünschte Anfragen bietet.

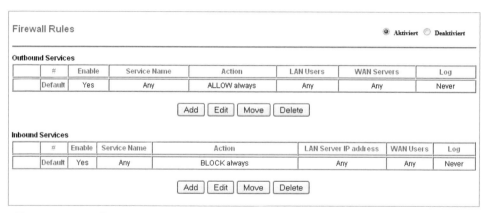

Abb. 11.21: Firewall-Regeln

Eine weitere Möglichkeit ist das Filtern von Inhalten, die aus dem Internet abgerufen werden können. Hier ordnen die einen Router dies bei den Firewall-Regeln ein, andere (korrekter) zu den sogenannten Proxy-Einstellungen.

In diesen Inhaltsfiltern können Sie Stichworte oder Webseiten eintragen, welche für den Nutzer gesperrt sind. Bei einigen Geräten ist es auch möglich, auf diese Weise bestimmte Dienste zu blockieren, was dann sinnvoll ist, wenn die geöffneten Ports oder Dienste nicht bereits über die Outbound-Regeln der Firewall eingestellt worden sind.

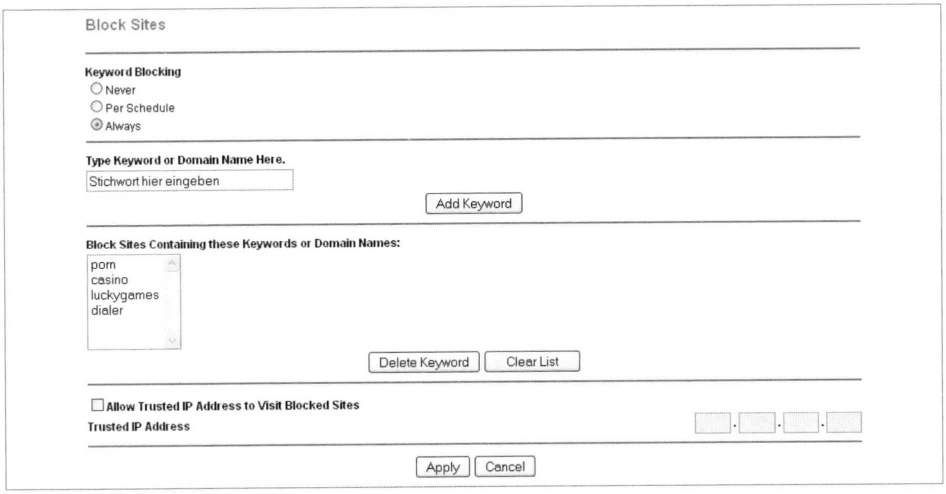

Abb. 11.22: Content-Filtering (Inhaltsfilter)

Damit haben wir die wesentlichen Einstellungen auf dem Router vorgenommen.

11.4.3 Web- und Maileinstellungen für Clients

Nachdem der Router konfiguriert ist, müssen die entsprechenden Informationen auch auf den Clients hinterlegt werden.

Für den Internetzugriff benötigen Sie dafür die IP-Einstellungen, wobei es sich in der Regel um DHCP-Einstellungen handeln wird. Das heißt, Sie stellen den Adressbezug im Windows-Client auf DHCP, und alle anderen Informationen wie Standard-Gateway und DNS-Server bezieht der Client von diesem DHCP-Service, den Sie zuvor im SOHO-Router aktiviert haben.

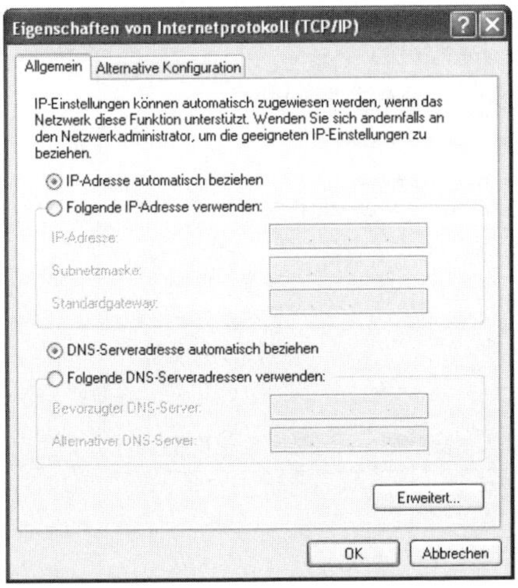

Abb. 11.23: Automatischer IP-Adressbezug

Außer den Internet- müssen Sie auch die Maileinstellungen konfigurieren, sofern Sie einen Mailclient wie Mozilla Thunderbird oder MS Outlook einsetzen.

Ein solcher Mailclient bietet Einstellungen für das Mailkonto an, damit Sie Mails versenden und empfangen können. Voraussetzung an dieser Stelle ist natürlich, dass Sie die entsprechenden Ports für eingehende und ausgehende Mails in der Firewall geöffnet haben.

Protokoll	Standard-Port	Verschlüsselter Port	Portdienstname
POP3	110	995	POP3 over SSL/TLS
IMAP4	143	993	IMAP4 over SSL/TLS
SMTP (1)	25	587	SMTP over SSL/TLS
SMTP (2)	25	465	Alternative zu 587

Tabelle 11.1: Ports für den Mailverkehr

Jetzt müssen Sie die Einstellungen im Mailprogramm einrichten. Als Beispiel verwenden wir hierzu den Mailclient von Microsoft Outlook 2010.

Wenn Sie ein neues Konto einrichten, benötigen Sie dazu grundsätzlich die Angaben Ihres Providers, bei welchem Sie das Mailkonto unterhalten. Dazu gehören der Benutzername, das (selbst gewählte) Passwort sowie die Angaben zu den Empfangs- und Sendeservern.

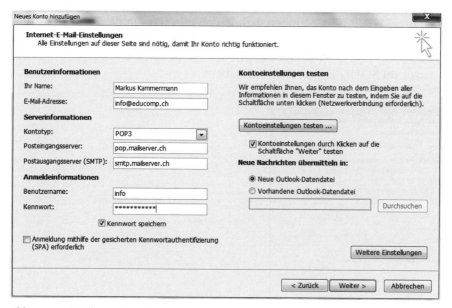

Abb. 11.24: Mailkontoeinstellungen

Besondere Aufmerksamkeit widmen wir dabei den erweiterten Einstellungen, in denen Sie die Ports für den Mailverkehr regeln.

Abb. 11.25: Maileinstellungen für ein POP3-Konto

Im Unterschied dazu sehen diese Einstellungen für ein IMAP-Konto wie folgt aus:

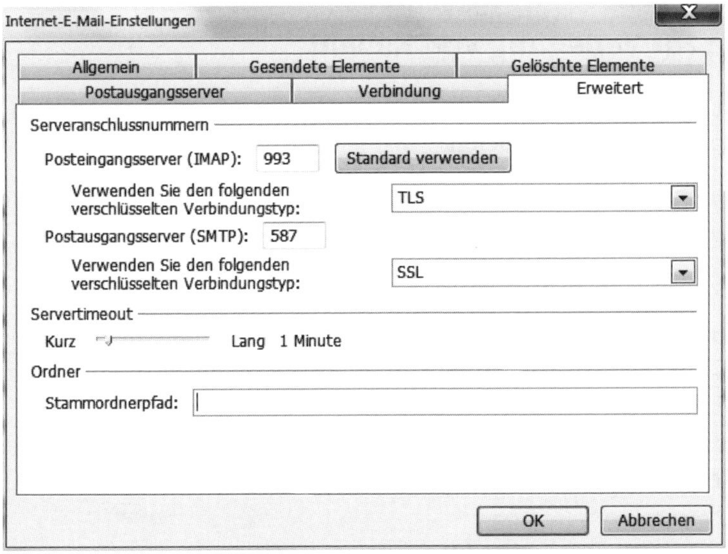

Abb. 11.26: Port-Einstellungen für ein IMAP-Konto

11.4.4 Den Internetzugang beschränken

Sie können unter Windows auch den PC selber so einrichten, dass Sie den Internetzugang inhaltlich oder zeitlich einschränken. Wie wir im nächsten Kapitel sehen, gibt es dazu auch spezifische Geräte, Firewalls genannt. Aber Windows 7 bietet Ihnen hierzu auch schon einige Möglichkeiten an:

- Sperrzeiten für Computernutzung möglich (Anmeldebeschränkung)
- Spielbeschränkungen nach PEGI
- Programme sperren

Das erfordert unterschiedliche Konten auf dem Windows-System. Sie benötigen mindestens ein Administratorenkonto für die Verwaltung der Einstellungen und zudem eingeschränkte Konten, um diese Rechte durchsetzen zu können. Die Kinder im Haus zum Beispiel erhalten dann ein solches eingeschränktes Konto und können damit gemäß den Einstellungen in der Kindersicherung das Internet nutzen.

Windows Live Essentials Family Safety bietet zudem weitere Möglichkeiten, die Sie kostenlos herunterladen und einsetzen können:

- Webfilter (Inhaltsfilter und Seitenfilter möglich)
- Aktivitätenbericht
- Zugriffsanfragen an Administrator
- Zeitlimits (dasselbe wie unter Windows selber)

11.5 Hinweise zur Verlegung von Kabeln

Bei der Verlegung und der Installation von Netzwerkkabeln ist einiges zu beachten, um eine optimale Leistung zu erzielen.

Als Erstes sollten Sie sich Folgendes überlegen:

- Wo werden die Kabel verlegt (Wohnung, Büros, Haus, Garage etc.)?
- Wie lang ist die zurückgelegte Strecke?
- Wo wird die Kabelführung verlegt (direkt neben der Stromleitung, in einem separaten Schacht, sind starke metallische Komponenten in der näheren Umgebung vorhanden etc.)?
- Welchen Durchsatz soll das Kabel bieten (soll es heutigen Mindestanforderungen genügen oder bereits für zukünftige Netzausbauten gerüstet sein)?

Je nachdem, wie Sie obige Fragen beantwortet haben, können Sie anschließend entscheiden, welche Art von Verkabelung eingesetzt werden muss. Eckpunkte zu dieser Entscheidung sind:

- Feste Verkabelung (Gebäudeverkabelung) oder freiliegend (Patchkabel)
- Geschirmte oder nicht geschirmte Kabel
- Kupferkabel oder Lichtwellenleiter
- Plenum- oder Non-plenum-Kabel (Feuerfestigkeit)
- IEEE-Standard für 100, 1000 oder gar 10.000 Mbit/s

Beachten Sie auch, welche Werkzeuge Sie je nach Kabel für die Verlegung benötigen. Beachten Sie zudem generell Folgendes:

- Datenkabel sind grundsätzlich mit großer Sorgfalt zu behandeln. Ihre Lagerung und Installation sollte nur in einer trockenen Umgebung erfolgen, um Schäden durch Korrosion (Kupferkabel) zu verhindern.

- Kanten und Ecken auf der Verlegestrecke müssen soweit möglich geglättet oder abgerundet werden, und beim Einziehen und Verwenden der Kabel sind Quetschungen sowie zu starker Druck und Zug auf die Kabel zu vermeiden.

- Vernachlässigen Sie beim Installieren den Biegeradius nicht: Zu starkes Biegen kann bei Kupferkabeln zu Aderrissen und damit zu massiven Leistungseinbußen führen.

Wenn Sie die Datenkabel parallel zu anderen Leitungen verlegen, achten Sie zudem darauf, dass Sie insbesondere Stromkabel in einer getrennten Bahn verlegen können, z.B. durch Abtrennungen in Kabelkanälen oder durch Auseinanderlegen der Kabelstränge. Ansonsten können Interferenzen auftreten und die Übertragungsqualität negativ beeinflussen.

11.6 Hinweise zum Aufbau drahtloser Netzwerke

Der Aufbau drahtloser Netzwerke nach den Standards der 802.11 erfordert in erster Linie ein präzises Einhalten der Anforderungen, wie wir sie bereits besprochen haben. Das heißt, die Einrichtung von SSID und Sicherheitsmerkmalen muss sorgfältig vorbereitet und auf allen beteiligten Systemen durchgeführt werden.

- Die Übertragungstechnik und die Frequenz. Damit alle angeschlossenen Clients einwandfrei kommunizieren können, müssen sie denselben Standard unterstützen. Dabei gibt es zwar eine gewisse Abwärtskompatibilität von 802.11n nach 802.11g und von dort nach 802.11b – nicht aber umgekehrt. Wenn Ihr Access Point also 802.11n anbietet und keinen Mischmodus, Ihr Client aber nur 802.11b unterstützt, kommt keine Kommunikation zustande.

- Die Kanalwahl. WLAN 802.11 b/g sendet in dem stark ausgelasteten Frequenz-bereich von 2,4 GHz. Um Interferenzen zu minimieren, sollten Sie nach Mög-lichkeit einen Kanal wählen, der nicht in der Nähe eines Nachbarnetzes liegt, oder gar in den Frequenzbereich von 5 GHz (802.11 a/n) ausweichen.

- Die Art der Verschlüsselung. Sie sollten nicht vergessen: je höher der Ver-schlüsselungsaufwand ist, desto eingeschränkter ist die effektive Bandbreite. Das ist zwar sicherer, bringt aber mehr Datenverkehr für dieselbe Informati-onsmenge (Verschlüsselungsdaten).

Darüber hinaus gilt: Bei allen drahtlosen Systemen wird die Gesamtleistung maß-geblich von ihrer physikalischen Umgebung bestimmt. Generell sind bei dem Ein-satz von drahtlosen LANs bautechnische und physikalische Gegebenheiten zu berücksichtigen, die die Übertragung und die Ausdehnung der LANs beeinträchti-gen.

Klassische Stör- und Dämpfungsfelder für Funknetze sind:

- Andere Access Points in Reichweite (Störung durch Kanalüberlappung)

- Funktelefone (Signalstörung durch Überlappung der Frequenz)

- Mikrowellengeräte (Arbeiten im selben Frequenzbereich, aber mit viel mehr Leistung)

- Halogen (Dämpfung aufgrund der starken Magnetfelder)

- Wasser, z.B. große Aquarien oder feuchte Wände (mittelstarke Dämpfung)

- Massive Mauern, Beton und Stahlbetonwände (starke Signaldämpfung)

- Massive Metallkörper (sehr starke Signaldämpfung)

Achten Sie also darauf, wo und wie Sie einen Access Point aufstellen, damit Sie eine möglichst optimale Leistung erzielen können. Setzen Sie wenn nötig auch Richtantennen oder Repeater ein.

Bei drahtlosen Netzen besteht darüber hinaus ein direkter Zusammenhang zwi-schen dem erreichbaren Durchsatz und der maximalen Entfernung zwischen den Knoten: je größer die Entfernung, desto kleiner der erreichbare Durchsatz. Zudem ist die verfügbare Bandbreite immer als Gesamtheit zu verstehen, die durch die Anzahl aktiver Benutzer zu teilen ist!

Von daher lohnt sich der Einsatz von Messgeräten, welche anzeigen, welche Kanäle innerhalb der Reichweite bereits belegt sind oder wie weit ein Signal ausge-strahlt bzw. empfangen werden kann. Dies können spezielle Geräte sein oder auch Programme, die auf normalen Systemen installiert werden können.

11.7   Fragen zu diesem Kapitel

1. Sie konfigurieren einen SOHO-Router für einen Kunden und möchten die Anfrage von SMTP-Meldungen auf den PC durchlassen. Welchen Port öffnen Sie?

   A   20

   B   25

   C   80

   D   443

2. Welches ist eine Verschlüsselung, die Sie für drahtlose Netzwerke einsetzen?

   A   WAP

   B   DHCP

   C   SSL

   D   WPA2

3. Was müssen Sie einrichten, damit Sie auf Xing Geschäftspartner einladen und Ihre Daten publizieren können?

   A   Ein Profil

   B   Einen Auftrag

   C   Eine Adresse

   D   Eine Auktion

4. Welcher drahtlose Standard kann im 5-GHz-Netzwerk eingesetzt werden?

   A   802.11n

   B   802.11i

   C   802.11g

   D   802.11b

5. Welchen Webdienst nutzen Sie, wenn Sie Hilfe zu einem Thema benötigen und sich darüber mit anderen austauschen möchten?

   A   Streaming

   B   Forum

   C   Skype

   D   eBay

6. Sie möchten gerne immer an derselben Stelle im Internet den Browser öffnen. Was unternehmen Sie dafür?

A   Sie installieren den passenden Browser.

B   Sie stellen die gewünschten Informationen im Mailprogramm ein.

C   Dafür benötigen Sie ein spezielles Programm, das Sie in den Browser integrieren müssen.

D   Sie richten in den Optionen des Browsers eine entsprechende Startseite ein.

7. Wo treffen Sie Ihre Freunde in der virtuellen Welt?

A   Auf einer Auktionsplattform

B   In einem Blog

C   In einem sozialen Netzwerk

D   Auf einer Streaming-Plattform

Kapitel 12

Sicherheit im Umgang mit Computern

Das Einrichten und Betreiben von Computern ist heute untrennbar mit dem Thema Sicherheit verbunden. Das hat wesentlich mit der weltweiten Vernetzung durch das Internet zu tun. Fast jedes System kann mit wenigen Schritten an das Internet angeschlossen werden, sei es um zu surfen, Mails zu versenden oder zu empfangen oder elektronische Einkäufe zu tätigen.

Wo so vielen Möglichkeiten entstehen, entsteht bei einigen leider auch das Bedürfnis, sich daran unrechtmäßig zu bereichern – sei es, dass man Ihnen unerwünschte Mails mit Werbung zustellt oder dass Viren auf Ihr System gelangen, die Daten löschen oder manipulieren, oder auch, dass man versucht, Ihre Benutzerdaten von Handels- oder Bankkonten auszulesen, um damit dann auf eigene Faust, aber zu Ihren Lasten, Geld auszugeben.

Dieses Kapitel dient daher dazu, die wichtigsten Bedrohungen und die besten Schutzmöglichkeiten zu beschreiben und zu erklären.

12.1   Es war einmal ein Benutzer

Damit Sie an einem Geldautomaten Geld beziehen können, müssen Sie sich in einem ersten Schritt identifizieren. Das tun Sie in der Regel, indem Sie eine Kontokarte mit Ihren persönlichen Angaben einführen. Damit geben Sie sich dem Geldautomaten zu erkennen. In einem zweiten Schritt authentifizieren Sie sich, meist mit einem Passwort. Damit sagen Sie dem Geldautomaten, dass Sie auch tatsächlich derjenige sind, den Sie auf der Kontokarte zu sein behaupten.

Was sagt uns dieses Beispiel? Erstens: Der Umgang mit Sicherheitsmerkmalen ist vielen bekannt und in bestimmten Bereichen des täglichen Lebens vertraut. Zweitens: Sicherheit besteht grundsätzlich aus zwei Schritten: *Identifizierung* und *Authentifizierung*: Oder übersetzt in deutsche Begriffe: *Wer bin ich* sowie *Ich bin der, der ich behaupte zu sein.*

Wenn wir jetzt den Geldautomaten verlassen und zu unseren Computersystemen wechseln, so bleibt der Grundsatz der gleiche: Identifikation und Authentifizierung. Nur die Mittel heißen jetzt anders: Benutzername und Passwort.

Der Benutzername dient zur Bestimmung der Person, die das System nutzen kann. Dabei können auf einem Computer durchaus verschiedene Benutzernamen eingerichtet werden. Der Sinn dieser Möglichkeit besteht darin, dass man unterschiedlichen Benutzern auch unterschiedliche Berechtigungen zuteilen kann. So darf etwa Benutzer »Albert« Programme installieren, Benutzer »Egbert« dagegen nur Programme starten. Unter Windows 7 z.B. nennt sich das auf einer einen Seite »Administratorkonto« (darf fast alles) und auf der anderen Seite »Eingeschränktes Konto« (darf vorwiegend ausführen und kaum etwas ändern).

Die Authentifizierung kann über verschiedene Mittel erfolgen. Klassisch wird das Passwort eingesetzt, mit dem man sich am System anmeldet. Aber auch andere Authentifizierungsmittel sind möglich, etwa die Verwendung eines Fingerabdrucklesegeräts (biometrisches Lesegerät) oder einer SmartCard.

Wenden wir uns dem Passwort noch etwas genauer zu. Passwörter sind natürlich nicht informatikspezifisch. Denken Sie etwa an das Passwort, meist PIN genannt, für Ihre VISA-Karte. Und ähnlich werden Passworte auch in der Informatik eingesetzt. Jeder Benutzer hat seine eigenen Daten, auf die er zugreifen möchte. Ohne Passwort ist aber nicht nachvollziehbar, ob dies auch tatsächlich der Benutzer ist oder jemand anders. Ohne Passwort gibt es also keine eindeutige Authentifizierung.

Aus diesem Grund bestehen Zugangsdaten im Netzwerk immer aus zwei Teilen: dem Benutzernamen UND dem Passwort. Dieses Passwort ist persönlich und an den Benutzernamen gebunden.

Was aber, wenn der Benutzername »Büro« und das Passwort »Büro« lautet? Dann ist das Prinzip ad absurdum geführt. Daher gibt es Passwortregeln, die Sie unbedingt befolgen sollten:

- Der Benutzername ist persönlich, aber öffentlich, d.h. anderen bekannt.
- Das Passwort ist persönlich, aber auch geheim, d.h. anderen nicht bekannt.
- Der Benutzername und das Passwort lauten NIEMALS gleich.

Je nach Vorgaben werden unterschiedliche Anforderungen an die Komplexität des Passworts gestellt.

Dazu gehören:

- Passwortlänge
- Komplexität (Groß- und Kleinschreibung, Sonderzeichen)
- Minimales und maximales Kennwortalter (wie lange das Passwort gültig ist)
- Chronik der Passworte (wie viele bisherige Passwörter sich das System merkt, sodass sie nicht erneut verwendet werden können)

Daneben wäre es eher ungünstig, das Passwort auf einen gelben Zettel zu schreiben und ihn an den linken Rand des sonst so grauen Monitors zu kleben – auch wenn er sich dort hübsch macht!

Auch der Name des Freundes, der Kinder oder der Chefin sind suboptimal. Ähnliches gilt für das Geburtsdatum des prämierten Riesenkaninchens zu Hause oder weitere geistreiche Vorschläge aus dem persönlichen Umfeld.

Ein sicheres Passwort lautet also weder denise und auch nicht esined oder meerschweinchen44, sondern GR43bd14Pt oder wenn möglich: wR5.1$GB9,2d.

Viele Hersteller bauen mittlerweile auch Schranken in ihre Software ein, sodass ein Passwort mindestens 6 oder gar 8 Stellen aufweisen muss, und manchmal wird auch verlangt, dass zumindest Zahlen und Zeichen gemischt eingesetzt werden müssen. Sonderzeichen wie im letzten Beispiel sind wiederum nicht immer möglich.

Zudem fordern auch die Hersteller von Betriebssystemen wie Windows oder MacOS die Anwender mittlerweile bei der Ersteinrichtung ausdrücklich auf, zum Starten des Systems ein Passwort anzulegen.

Zudem können Sie auch Einmalpasswörter einsetzen, um den Missbrauch zu reduzieren. Einmalpasswörter verwenden Sie etwa beim E-Banking: Jedes Mal wird ein anderes Passwort gültig, sodass man aus Ihren Anmeldevorgängen nicht auf das für das nächste Mal gültige Passwort schließen kann.

Eins noch: Damit man Passwörter einsetzen kann, braucht es natürlich auch Benutzer, denn ein Passwort kann nicht »niemandem« zugewiesen werden. Überlegen Sie sich also zuerst, welche Benutzer ein System benötigen, erfassen Sie diese, und vergeben Sie dann die Passwörter.

Gerade im Zusammenhang mit mobilen Geräten sind auch biometrische Eingabegeräte für die Authentifikation zunehmend im PC-Bereich vertreten.

Damit ein biometrisches Erkennungssystem zuverlässig funktioniert, benötigt es gut definierbare Messgrößen sowie eindeutige und konstante Merkmale, um eine Person zweifelsfrei und unabhängig von Alter oder Gesundheit zu identifizieren.

Das können Fingerabdrücke oder auch Gesichts- oder Spracherkennung sein. Je komplexer oder wichtiger das System, desto anspruchsvoller ist in der Regel auch die Technik, welche eingesetzt wird. Am bekanntesten im PC-Bereich sind sicher die Fingerabdrucklesegeräte.

Damit ein biometrisches System funktioniert, muss es mit den individuellen Daten der Berechtigten »gefüttert« werden. Dazu benötigt das Lesegerät einen Sensor zur Merkmalsextraktion sowie eine Software zur Berechnung des erfassten Merkmals mit der sich identifizierenden Person (Merkmalsvergleich).

Die Sensoren lesen zuerst ein biometrisches Beispiel ein, welches digital verschlüsselt abgespeichert wird und damit auch nicht gestohlen oder missbraucht werden kann. Dieses erste Beispiel (manchmal werden auch mehrere Beispiele genommen, um Abweichungen zu verarbeiten) dient bei zukünftigem Einsatz des Sensors als Referenz für den Merkmalsvergleich mit der Person, die sich aktuell am System identifizieren möchte.

Wird das System neben der Identifikation auch zur Verifikation (z.B. zur Anmeldung an einem System) eingesetzt, wird es mit SmartCards, PINs oder Usernames kombiniert. In diesem Fall wird zuerst die Verifikation durchgeführt: Gibt es diesen Benutzer? Anschließend wird die Identifikation durch das biometrische Erkennungsgerät durchgeführt: Handelt es sich um diese Person?

Abb. 12.1:   Biometrisches Fingerprint-Modul, kombiniert dazu ein USB-SmartCard-Reader

Ein Passwort ist eine sinnvolle Sache. Aber sobald wir unser Passwort im Internet einsetzen, müssen wir es ja über das Netz versenden. Damit setzen wir das Passwort natürlich dem Risiko des Diebstahls oder Missbrauchs aus. Zudem gibt es einige Protokolle wie SMTP oder POP3, welche Passworte im Klartext übermitteln, d.h. sodass sie jeder lesen kann.

Um dieses Lesen von Daten und speziell von Passwörtern zu verhindern, wurde die Verschlüsselung von Texten entwickelt. Dies bedeutet, man nimmt den Text und kodiert diesen anhand eines festgelegten Schemas. Das war schon zu Cäsars Zeiten in Rom so, wurde im 2. Weltkrieg durch das Thema »Enigma-Verschlüsselung« sehr bekannt und heißt heute in der Informatik »Einsatz von Schlüsseln«. Die Verschlüsselungsvorschrift selber wird Algorithmus genannt und ist in der Regel ein mathematisches Verfahren. Die Güte bzw. Sicherheit einer Verschlüsselung hängt sowohl von der Qualität des Algorithmus wie auch von der Schlüssellänge ab. Als Kern eines guten Algorithmus gilt heute die Bedingung, dass er aus den übertragenen Daten selber nicht mehr herleitbar ist.

Verschlüsselungen werden ständig weiterentwickelt, denn wenn die einen *ver*schlüsseln, versuchen die anderen genauso hartnäckig, Wege zum *Ent*schlüsseln zu finden. Die zweite Sorte netter Menschen nennt man dann Hacker, weil sie den Schlüssel hacken, der die Daten vor dem Lesen schützen soll.

12.2 Datensicherung und Datenlöschung

Wenn Daten nicht mehr benötigt werden, müssen sie gelöscht werden. Viele Benutzer gehen dabei davon aus, dass das Betätigen der DELETE-Taste dies für sie erledigt. Doch dem ist nicht so.

Durch das Löschen von Daten im Betriebssystem werden lediglich die Einträge in der Dateizuordnungstabelle gelöscht, aber die Daten selber bleiben unversehrt erhalten, bis der Platz möglicherweise wieder für neue Daten gebraucht wird.

In zwei Fällen ist dieses Verhalten problematisch: wenn Sie Datenträger entfernen oder entsorgen und wenn Sie Systeme weitergeben oder verkaufen. In diesen Fällen müssen Sie sicherstellen, dass die Daten auch wirklich nicht mehr auf dem Datenträger enthalten sind.

Die einfachste Methode, um dies zu verhindern, ist die physikalische Zerstörung des Datenträgers. Sie können eine SD-Karte, eine Festplatte oder eine DVD mit dem Hammer oder einem Shredder zerstören, sodass sicher keine Daten mehr gelesen werden können. Banken oder Versicherungen wählen z.B. diesen Weg, wenn eine Festplatte bei Austausch oder Ersatz das Gebäude verlässt.

Falls Sie aber den Datenträger nur neu einrichten möchten oder den Datenträger mit dem System weiterverkaufen, dann gibt es spezielle Verfahren, sogenannte Datenlöschverfahren. Mithilfe dieser Verfahren werden die Datenträger nach einem bestimmten Verfahren mehrfach mit Werten überschrieben, sodass es unmöglich ist, die vorherigen Daten je wieder herzustellen.

Da die Betriebssysteme diese Verfahren nicht selber bereitstellen, gibt es dafür spezielle Programme, auch als Freeware, d.h. kostenfrei zu nutzende Software.

Mit obigen Anmerkungen sind wir aber erst am Anfang des Themas Datensicherheit. Denn nicht nur das Gerät, sondern auch die Daten wollen geschützt sein. Neben dem Passwortschutz gegen Missbrauch der Daten kommt hier Datensicherung als Schutz vor Datenverlust eine große Bedeutung zu. Warum sollte man Daten sichern?

- Ein Unternehmen, welches länger als 15 Arbeitstage ohne funktionierende EDV auskommen muss, hat eine Überlebenschance von 25 %.

- Eine durchschnittliche Firma, die einen Computerausfall erleidet, der länger als 10 Tage dauert, kann sich zu 50 % nie mehr ganz erholen. Die Hälfte dieser Firmen gibt innerhalb von fünf Jahren den Betrieb auf.

- Die Chance, ein Desaster zu überleben, welches das Datenverarbeitungszentrum der Firma betrifft, stehen 7:100. Die Chancen, einen solchen Fall zu erleben, stehen 1:100.

Das sind nur ein paar Ergebnisse unterschiedlicher Studien zum Thema Datenverlust in den letzten Jahren (Quelle: Egbert Wald: »Backup und Disaster Recovery«, MITP-Verlag [vergriffen]). Und Sie finden leicht mehr solcher durchaus seriös erarbeiteten Analysen zu diesem Thema.

Sowohl Windows 7 wie auch MacOS bieten mit systemeigenen Programmen die Möglichkeit, den Rechner und die Daten zu sichern.

Unter Sichern und Wiederherstellen haben Sie unter Windows 7 die Auswahl zwischen DATEIEN SICHERN und COMPUTER SICHERN. DATEIEN SICHERN ermöglicht das Sichern von Dateien mit einer bestimmten Dateiendung (nur falls diese auch von Windows erkannt und unterstützt werden).

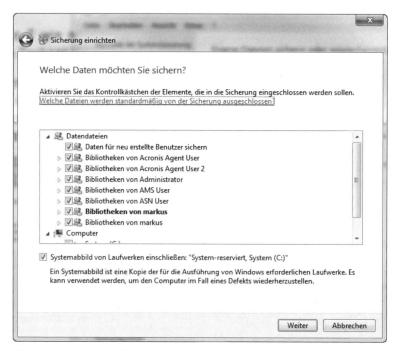

Abb. 12.2: Dateien sichern

SYSTEMABBILD VON LAUFWERKEN EINSCHLIEßEN hingegen erlaubt es, ein Image der gesamten Festplatte zu erstellen. Dies wird auch »Windows Complete PC-Sicherung« genannt. Als Speichermedium kann eine Festplatte oder Partition gewählt werden (außer derjenigen, auf der das aktuell zu sichernde Windows installiert ist) oder eine CD/DVD. Achtung: Die Windows Complete PC-Sicherung ist für die Home-Versionen nicht verfügbar! Der Datenträger, auf den gesichert wird, muss zwingend im NTFS-Format vorliegen, da sonst kein Abbild erfolgen kann.

Sie können zudem die Sicherung auch planen, sodass sie automatisch durchgeführt werden kann.

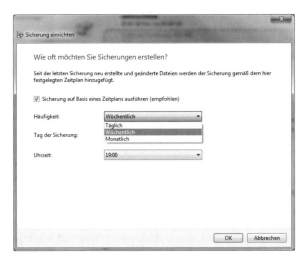

Abb. 12.3:   Sicherung einrichten

Eine Warnung möchte ich aber nicht vergessen: Die Sicherungen sind für jeden Benutzer einsehbar, der Zugriff auf den Sicherungsdatenträger hat! Die Idee von Microsoft ist natürlich, dass der User die Sicherungsdateien, falls nötig, über die Möglichkeit »Wiederherstellen« holt. Selbstverständlich kann man mit Wiederherstellen auch eine Sicherung einlesen, die nicht mit dem aktuellen System erstellt wurde.

Um ein komplettes Abbild der Festplatte (Image) wiederherzustellen, kann man unter Windows 7 einen Systemreparaturträger erstellen (eine bootbare CD/DVD). Dies hilft, den Rechner zu starten und das gespeicherte Abbild wieder herzustellen. Es reicht aber auch ein Windows-Installationsdatenträger. Einige Computerhersteller bieten von Haus aus auch eine Wiederherstellungspartition an, worin das Abbild vorhanden ist. Dies kann aber nur gebraucht werden, falls die vorhandene Festplatte nicht defekt ist und wieder eingesetzt werden soll.

Bei Apple nennt sich diese Software TimeMachine und kann ebenfalls manuell oder nach Plan Sicherungen durchführen, die auch das ganze System einschließen.

Daneben gibt es zahlreiche Hersteller, die sogenannte Backup-Programme zur Sicherung anbieten, etwa Symantec oder Acronis.

12.3 Sicherheit für das System

Je nachdem ob Sie ein Desktopgerät oder ein Notebook bzw. ein mobiles Gerät einsetzen, benötigt es mehr oder weniger physische Sicherheitsmaßnahmen.

Dazu gehören:

- Aufstellung: Wie sicher ist das Gerät aufgestellt? Kann man es einfach mitnehmen oder ist es, z.B. im Fall eines Notebooks, durch ein Schloss gesichert?

- Ist das Gerät großer Wärme oder direkter Sonneneinstrahlung ausgesetzt? Diese Faktoren erhitzen das Innere des Gerätes schnell übermäßig, was zu Fehlfunktionen und Schäden führen kann.

- Wie ist die Stromversorgung aufgebaut? Besteht eine USV für einen Rechner oder ist er direkt an der Stromversorgung angeschlossen?

Auch das Abschließen von Geräten ist eine Möglichkeit. Entsprechend dem bekanntesten Hersteller nennen sich diese Schlösser Kensington Lock. Es handelt sich dabei um Schlösser, die auf ein Gegenstück im System (vorwiegend mobile Systeme) aufbauen und eine hohe Sicherheit auch gegen Diebstahl gewährleisten.

Nicht zuletzt ist es auch wichtig, sein eigenes Verhalten so zu gestalten, dass die Sicherheit gewährleistet ist. Dazu gehört das Abmelden vom Arbeitsplatz, wenn man weggeht, sodass der Bildschirm gesperrt wird. Ein gutes Hilfsmittel kann hierzu auch der Bildschirmschoner sein. Viele Bildschirmschoner ermöglichen es Ihnen, dass Sie beim Zurückkehren an den Arbeitsbildschirm zuerst Ihr Passwort wieder eingeben müssen, damit dieser freigegeben wird. Damit kann auch dann niemand an Ihren Computer, wenn Sie länger wegbleiben und eventuell vergessen haben, sich abzumelden – eine sinnvolle Sache, oder?

Auch Bildschirmfilter können Sie einsetzen, was vor allem bei mobilen Geräten sinnvoll sein kann, damit Ihnen niemand von der Seite oder von hinten in den Bildschirm blicken und Informationen entwenden kann. Die Amerikaner haben dafür den schönen Begriff »Shoulder Surfing« geprägt, also über die Schulter hinweg mitlesen. Sie kennen das ja auch von den Geldautomaten, wo man uns immer rät, das Eingabefeld mit der anderen Hand abzudecken, damit niemand mitlesen kann, wie wir unsere Geheimzahl eintippen.

Auch Datenträger gehören weggeschlossen und liegen nicht offen herum. Besonders problematisch sind in diesem Zusammenhang mobile Datenträger wie CDs, DVDs oder Speicherkarten und USB-Sticks. Achten Sie hier besonders darauf, dass Sie diese Datenträger nicht verlieren oder liegen lassen.

Eine weitere Möglichkeit, Daten oder Datenträger vor dem unberechtigten Lesen von Daten zu schützen, ist das Verschlüsseln. Das Dateisystem NTFS bietet die Verschlüsselung als Option an, doch auch bei vielen mobilen Datenträgern oder auch Festplatten in Notebooks ist die Option zur Datenverschlüsselung verfügbar.

Wenn Sie diese Option nutzen, müssen Sie auf jeden Fall die zur Verschlüsselung eingesetzten Passwörter gut aufbewahren. Denn einmal verschlüsselt, sind die Daten ohne diese Passwörter nie mehr lesbar.

12.4 Gefahren im lokalen Netzwerk

Nicht nur das System muss über eine Authentifikation verfügen, sondern auch das lokale Netzwerk. Hier sind besonders die Freigaben zu erwähnen.

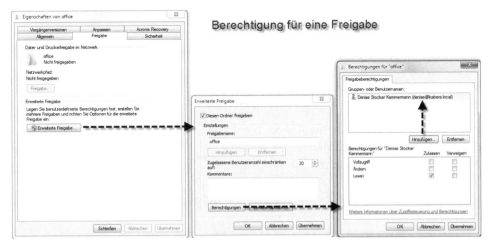

Abb. 12.4: Freigaben mit Berechtigungen einrichten

Richten Sie Freigaben immer mit Benutzernamen und sicherem Passwort ein und lassen Sie Daten nicht ohne einen solchen Schutz zugänglich. Dazu weisen Sie die Rechte am Besten immer bestimmten Gruppen oder Benutzern zu, sodass nur auf die Daten Zugriff erhält, wer dazu berechtigt ist.

Bei drahtlosen Netzwerken kommt hinzu, dass Sie keine offenen Netzwerke zulassen dürfen, d.h. Netzwerke ohne Verschlüsselung. Natürlich hat auch ein verdrahtetes Netzwerk keine sehr hohe Sicherheit von sich aus. Aber erstens können Sie nicht benötigte Ports an Switches ohne Anschluss lassen, sodass man sich nicht irgendwo im Gebäude einfach verbinden kann, und zweitens ist das Netzwerk im Gebäude begrenzt, d.h. es bietet eine Grundsicherheit gegen außen. Anders bei drahtlosen Netzwerken. Hier können sogenannte War Driver von außen versuchen zu erkennen, wo sie auf offene Netzwerke stoßen. Diese können dann entsprechend gekennzeichnet werden und sind für alle, welche Zugriff auf diese Liste haben, verfügbar – auch für missbräuchliche Verwendung. Lassen Sie es also gar nicht erst so weit kommen und sichern Sie Ihr Netzwerk ab.

12.5   Gefahren im Internet

Der Browser ist Ihr Instrument, um sich im Internet zu bewegen. Damit ist er auch der erste Angriffspunkt für Schadsoftware und Missbrauch. Die Browser sind an sich natürlich ein Risiko, denn da sie benötigt werden, um bestimmte Inhalte anzuzeigen, riskieren Sie immer auch, dass damit Aktionen wie beispielsweise die Installation fehlerhafter Plugins oder die Anzeige von verseuchtem Code möglich wird.

Die Hersteller sind sich dieser Risiken durchaus bewusst, aber es ist das berühmte Katz-und-Maus-Spiel, bei dem jede Seite versucht, der anderen wieder einen Schritt voraus zu sein.

Besonders anfällig sind selbstausführende Plugins, Active-X-Programme oder JavaScript. Diese können mit schadhaften Routinen (Befehlsfolgen) oder mit Code verseucht sein, der versucht, sich auf Ihrem Computer einzurichten und so Schaden anzurichten oder Informationen zu stehlen.

Auch Pop-ups sind so eine nervige Sache. An sich sollten diese selbst aufspringenden Fenster die Konzentration auf eine neue Seite leiten oder wichtige Hinweise anbieten. Doch bald schon wurden Pop-ups dazu missbraucht, Werbung aufzurufen, wenn man eine bestimmte Webseite besuchte, oder noch schlimmer: Es werden Fenster mit Schadcode eingeblendet wie in folgendem Beispiel:

Abb. 12.5:   Pop-up-Fenster mit einer Virenmeldung – ist selber ein Schadprogramm

Dagegen sind die meisten Browser heute insofern geschützt, als sie in den Konfigurationseinstellungen alle den Punkt »Pop-up unterdrücken« anbieten, sodass solche Fenster sich gar nicht erst von selber öffnen können.

Kontrollieren Sie auch von Zeit die Interneteinstellungen daraufhin, ob Sie noch alles so eingerichtet haben, wie es sein soll, damit nicht Fehlkonfigurationen entstehen, weil man immer mal wieder etwas einstellt und nie den ganzen Konfigurationsvorgang im Auge behält.

12.5.1 Schadsoftware

Es gibt mittlerweile eine ganze Familie von unterschiedlichen Programmen, welche unter dem Begriff Schadsoftware zusammengefasst werden können.

Am harmlosesten ist noch die Adware, also Werbung, die angezeigt wird, z.B. wenn man Webseiten besucht, oder Programme, die man kostenlos benutzen kann, die dafür aber Werbung einblenden. Solche Programme können allerdings recht lästig werden, wenn sie sich beispielsweise als Symbolleiste in den Browser einnisten und auch dann Werbung bringen, wenn Sie gar keine entsprechende Webseite aufrufen möchten.

Werbung, die per Mail ungefragt zugestellt wird, nennt man dagegen Spam. Spam wird Ihnen über das Mailprogramm zugestellt und macht je nach Erhebung bis zu drei Viertel aller Mails dieser Welt aus.

Spyware geht einen Schritt weiter. Es handelt sich dabei um Programme, welche Ihre Surfgewohnheiten im Internet aufzeichnen und die Daten ungefragt an Dritte weiterleiten. Ein Grenzfall hierzu ist auch Google Analytics, ein Programm, das im Hintergrund vieler Webseiten arbeitet und die Aufrufe analysiert und diese Analyse weiterleitet. Grenzfälle werden auch als Grayware bezeichnet.

Spyware-Programme funktionieren auf verschiedene Weise. Sie können Schadprogramme auf Ihrem Rechner ablegen, welche die gesammelten Daten weiterleiten, sobald eine Internetverbindung besteht. Sie können aber auch versuchen, Sie auf bestimmte Seiten zu leiten, etwa indem sie die Startseite des Browsers ändern. Der Übergang zum Virus kann letztlich fließend sein, indem die Spyware auch das System verändert, die Systemsteuerung blockiert oder es Ihnen auf andere Weise verunmöglicht, die Kontrolle über Ihren Rechner wieder selber zu erlangen.

Viren sind ein Ärgernis für alle Computerbenutzer, da ihre Folgen nicht selten verheerend sind. Angefangen vom Verlust von Daten über veränderte Einstellungen im System bis hin zur kompletten Zerstörung des Betriebssystems reicht die Palette der möglichen Schäden. Die Ansicht, dass nur Software-Raubkopierer mit Viren zu kämpfen haben, ist seit der Verbreitung des Internets deutlich überholt. Das Internet mit seinem globalen Austausch von Informationen ist geradezu ein Eldorado für Viren und begünstigt in hohem Maße deren Weiterverbreitung rund um den Globus.

Dabei geht es längst nicht mehr um das Programmieren eines Schädlings an sich, hinter der Verbreitung von Malware (Überbegriff für Viren und andere Schädlinge) stehen heute handfeste wirtschaftliche Interessen.

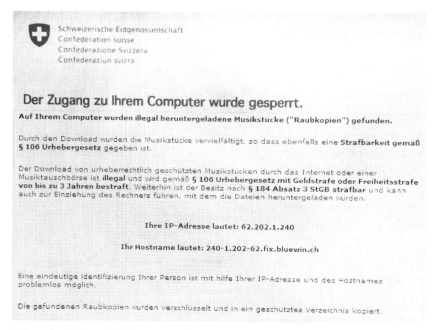

Abb. 12.6: Sieht offiziell aus – ist aber ein bösartiger Virus

Malware wird in ein- und ausgehende Bedrohungen unterschieden. Diese wiederum werden in verschiedene Klassen unterteilt, wie die folgende Übersicht zeigt:

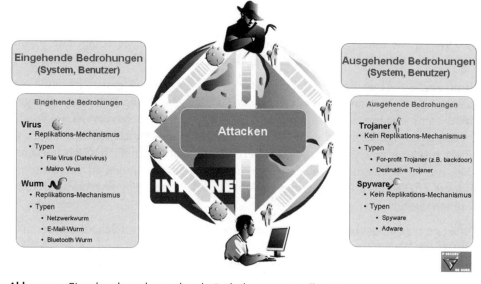

Abb. 12.7: Eingehende und ausgehende Bedrohungen (Quelle: F-Secure)

12.5.2 Virenarten

Klassische Computerviren sind ausführbare Programme, für die die Fähigkeit der Selbstreproduktion über ein Wirtsprogramm besonders charakteristisch ist. Unabhängig von der Selbstreproduktion verfügen Viren über eine Wirkfunktion, in der Literatur auch als Fracht oder »Schadroutine« bezeichnet. Sie waren die Viren der ersten Stunde, befinden sich aber in den letzten Jahren stark auf dem Rückzug.

Klassische Wirtsprogramme für Viren sind ausführbare Dateien (Programme) mit den Endungen »EXE« und »COM«. Aber auch dynamische Bibliotheken unter Windows (Endung »DLL«) sind mögliche Träger von Viren.

Früher weit verbreitet waren auch sogenannte Bootsektor-Viren, die sich nicht an Programme, sondern direkt an den Boot-Code des Systems klammern. Dieser Boot-Code befindet sich auf Disketten und/oder Festplatten und sorgt eigentlich für den Start eines Betriebssystems.

Makroviren

Makroviren sind in der Makrosprache eines Anwendungsprogramms geschriebene Routinen. Diese Makroroutinen sind in den zu bearbeitenden Text, die Tabelle o.Ä. eingebettet und für den normalen Anwender meist unsichtbar. Der Anwender aktiviert diese Routinen automatisch, wenn er den Text oder die Tabelle mit dem entsprechenden Anwendungsprogramm lädt, bearbeitet oder speichert.

Gegenüber klassischen Viren müssen sich Makroviren an die Funktionalität des Anwendungsprogramms anbinden. Damit der Anwender jedoch nicht mitkriegt, dass er zu den scheinbaren Informationen noch einen Virus bekommen hat, benutzt ein Makrovirus sogenannte Automakrofunktionen. Ein Automakro besitzt einen vordefinierten Namen und wird ohne Bestätigung des Anwenders bei den entsprechenden Aktionen automatisch ausgeführt.

Die Firma Microsoft ist sich der Makroproblematik bei ihren Office-Produkten bewusst und zeigt eine Warnung beim Öffnen von Dokumenten, in denen Makros gefunden werden. Makros lassen sich aktivieren oder im Zweifelsfalle deaktivieren.

Somit ist klar, wo Makroviren zu finden sind. Nun stellt sich aber die Frage, was Makroviren eigentlich alles tun können.

Zum einen ist es Makros erlaubt, sämtliche Office-Komponenten wie Word, Excel, Access, PowerPoint und Outlook fernzusteuern. So kann also ein Word-Makro mit Outlook eine E-Mail versenden oder direkt in ein aktuell in Bearbeitung befindliches Dokument eigenen Text einfügen. Das Beispiel des Melissa-Virus zeigte dies auf sehr eindrückliche Art und Weise. Melissa war ein Word-Makrovirus und erschien am 26.3.1999. Innerhalb eines Wochenendes verbreitete er sich weltweit. Von einem befallenen Computer aus versandte der Virus mittels Microsoft Outlook Mails an bis zu 50 gespeicherte Einträge aus jedem Adressbuch, das er fand. Dies hatte bei etlichen größeren Organisationen zu einer Überlastung des Mail-Systems geführt. Eine weitere Schadensfunktion bestand darin, dass ein mehrzeiliger Text in das gerade geöffnete Dokument geschrieben wird, wenn die Minuten der aktuellen Uhrzeit dem laufenden Tag des Monats entsprechen. (z.B. am 30.3. jeweils um 8:30, 9:30 usw.) Zudem schaltete er den Makrovirus-Schutz in Office ab.

Wurm

Würmer sind eine ganz besondere Art von Viren, denn sie benötigen kein Wirtsprogramm zu ihrer Weiterverbreitung. Sie vermehren sich fast ausschließlich über Netzwerkverbindungen, befallen aber keine Dateien, sondern sind komplett eigenständige Programme. Der Schaden für den Anwender liegt meistens darin, dass sie die vorhandene Rechenzeit und Speicherkapazität eines Computers verbrauchen. Dies kann im Extremfall (falls sämtliche Rechenzeit nur für den Wurm verbraucht wird) zu einem Ausfall des befallenen Rechners führen, was im Fachjargon auch als »Denial of Service« bezeichnet wird.

Trojanisches Pferd

Trojanische Pferde sind Programme, die vorgeben, etwas Nützliches zu leisten, oder unbemerkt an fremde Software angehängt wurden. Sie nisten sich unbemerkt im (ungeschützten) System ein und spionieren es aus. Die so gesammelten Informationen werden meistens ins Internet weitergeleitet. Zudem besteht auch die Möglichkeit, dass der infizierte Rechner von außen manipuliert werden kann.

Die Bedrohung für den Benutzer besteht in erster Linie im Verlust der Vertraulichkeit von eigenen Dateien und Passwörtern. Basierend auf diesen gestohlenen Informationen sind jedoch bösartige Manipulationen oder sonstige Schäden möglich.

Verbreitet werden trojanische Pferde wie das klassische Virus: durch Programme bzw. Codefragmente. Es ist auch möglich, die Funktionen des klassischen Virus und eines trojanischen Pferdes zu kombinieren.

Neben eher belustigenden Gags wie zum Beispiel das automatische Aus- und Einfahren des CD-ROM-Schlittens im 5-Sekunden-Intervall können Screenshots (Funktion SCREENDUMP) gemacht oder die Tastatureingaben (Funktion LISTEN) aufgezeichnet werden. Mit Letzterem lassen sich auf einfachste Weise Passwörter und sonstige Eingaben protokollieren und sammeln.

Botnetze

Ein Botnet oder Botnetz ist ein hierarchisch aufgebautes Rechnernetzwerk mit einem Master-Server als Auftraggeber. Dieser verteilt Befehle und Anweisungen an alle an ihn angeschlossenen Rechner. Mittels dieser Befehle nutzt der Master-Server seine Macht, um gezielt Systeme von vielen Rechnern aus anzugreifen und lahmzulegen. Man nennt diese eine Distributed Denial of Service Attacke (DDoS), das heißt, man belastet ein System so stark, dass es keine Anfragen mehr entgegennehmen kann. Von dieser Verwendung her kann man rückschließen, dass Botnets vor allem von Hackern gepflegt und verwendet werden.

Der Begriff Bot kommt von Robot und bezeichnet einen Rechner, der ohne Einwilligung des Besitzers automatisch läuft. Manchmal wird auch der Begriff Zombie genannt, weil die Rechner ohne Kontrolle durch den Besitzer agieren.

Die Zukunft in diesem Gebiet liegt somit weniger in der Entdeckung der zweihunderttausendsten Windows 7-Sicherheitslücke, sondern in Folgendem:

- Angriffe mit gezielten Attacken
  - Vor allem in der Nutzung von »Zero Hour«-Schwachstellen, d.h. Sicherheitslücken, die noch von keiner Sicherheitssoftware gefunden und gesichert werden konnten.

- Trojaner im Finanzsektor, hier stehen noch einige Entwicklungen an:
  - Phishing: Hierbei wird der Benutzer durch das Angebot eines Hyperlinks (z.B. via E-Mail) dazu verleitet, auf diesen Link zu klicken und damit den Benutzer auf eine gefälschte Webseite zu locken. Diese sieht beispielsweise der Webseite der eigenen Bank so ähnlich, dass der Benutzer die Täuschung nicht bemerkt und seine Zugangsdaten fälschlicherweise dort einträgt.
  - Pharming: Hierbei wird die lokale »Hosts«-Datei durch einen Virus oder einen Trojaner so manipuliert, dass sie beim Aufruf bestimmter Webseiten automatisch eine gefälschte Version dieser Seite anzeigt – mit demselben Ziel wie beim Phishing. Beiden Methoden gemeinsam ist das Ziel, an die vertraulichen Daten der Benutzer zu gelangen, um sich damit Zugang zu deren Geld zu verschaffen.

12.5.3 Social Engineering

Unter Social Engineering verstehen wir keine technische Bedrohung, sondern einen Angreifer (als Social Engineer bezeichnet), der auf sozialer Ebene, sprich von Mensch zu Mensch, an Daten oder Informationen gelangt, um sie danach zu seinen Gunsten zu verwenden.

Social Engineering beruht auf den Eigenschaften der meisten Menschen, dass ...

- sie das Bedürfnis haben, anderen Menschen helfen und ihnen vertrauen zu können,
- sie selber gerne geachtet oder beliebt sein möchten,

- sie Ärger und Konflikten tendenziell ausweichen.

Diese Eigenschaften machen sich Social Engineers zunutze, indem sie beispielsweise an die Hilfsbereitschaft appellieren. Beispiele dazu:

> *Ich bin ein Kollege aus der Abteilung in Bern, ich muss nur schnell meine E-Mails abrufen. Darf ich kurz dein System benutzen?«*

> *Ich bin Journalist und mache einen Artikel über kreative Unternehmer. Erzählen Sie mir doch etwas über Ihren Werdegang und die aktuellen Vorhaben.«*

Ziele der Social Engineers sind:

- Industriespionage: Durch Zugriff ins Unternehmensnetzwerk heikle Informationen über neue oder einzigartige Produkte beschaffen

- Datendiebstahl: Durch Zugriff auf Unternehmensdatenbanken Adress- oder sogar Kreditkarteninformationen der Kunden erlangen

- Identitätsdiebstahl: Durch Zugriff auf die Netzwerkanmeldeserver Benutzernamen und Passwörter der Mitarbeiter erlangen

12.6 Schutz gegen Schädlinge

Wie wir gesehen haben, gibt es verschiedene Arten von Schadsoftware: von der relativ harmlosen Adware bis hin zu Trojanern. Um gegen diese Gefahren gewappnet zu sein, setzen Sie auf Ihren System Sicherheitsprogramme ein, vom im Betriebssystem Windows 7 eingebauten Windows Defender über Antivirenprogramme bis hin zu ganzen Sicherheitsanwendungen, die eine Software-Firewall oder auch einen Registry-Schutz enthalten. Die Zeiten, in denen Benutzer anderer Betriebssysteme sich über Windows-Benutzer deswegen lustig gemacht haben, sind übrigens definitiv vorbei. Auch Apple-Computer können von Viren befallen werden und Linux- oder Android-Systeme genauso – und die Fälle häufen sich.

Als Erstes wenden wir uns wieder direkt dem Browser zu. Hier gilt wie so oft: Seien Sie vorsichtig, versichern Sie sich, ob die angefragte Installation notwendig ist, und lassen Sie es im Zweifelsfall lieber einmal zu viel bleiben, als dass Sie voreilig einen Schädling installieren.

Zusatzprogramme wie Java oder Active X lassen sich zudem zumindest vorübergehend im Browser deaktivieren, um die Risiken einer Infektion zu minimieren.

Zudem installieren Sie immer eine Antivirenlösung, angefangen vom hauseigenen Windows Defender bis einer kompletten Antivirenlösung, die Sie gegen Spam, Viren und andere Schädlinge schützen kann. So erhalten Sie auch im Browser einen zuverlässigen Schutz.

12.6.1 Virenbekämpfung

Ein gut durchdachter Virenschutz basiert immer auf zwei Säulen: zum einen auf einer **funktionierenden Datensicherung**, damit verloren gegangene Informationen wieder restauriert werden können, und zum anderen auf der Basis von Kontrollen. Damit sind Kontrollen zur Prävention (Virenvorbeugung) oder Inspektionen gemeint, welche den aktuellen Datenbestand nach Viren überprüfen. Auch die Schulung und Sensibilisierung der Anwender muss Teil eines solchen Konzepts sein, damit alle wissen, wie man mit unbekannten Mailanhängen, beim Surfen im Internet oder beim sicheren Öffnen von Daten umgeht und dabei die Sicherheitsrichtlinien einhält. Dazu finden Sie am Ende dieses Abschnitts mehr Informationen.

Grundsätzlich gilt ein System so lange als infiziert, bis man sich vom Gegenteil überzeugt hat. Diese Kontrolle ist zwingend periodisch durchzuführen, da selbst die beste Prävention nicht hundertprozentig vor einer Infizierung mit Viren schützen kann. Weiter ist zu beachten, dass fast täglich neue Viren programmiert werden. Dies bedeutet, dass auch die Programme zum Aufspüren von Viren durch regelmäßige Aktualisierung der Virendefinitionen dem aktuellen Stand anzupassen sind. Dies geschieht meistens durch die automatischen Updates dieser Programme, die sich täglich aktualisieren. Überprüfen Sie, ob dies auch wirklich der Fall ist.

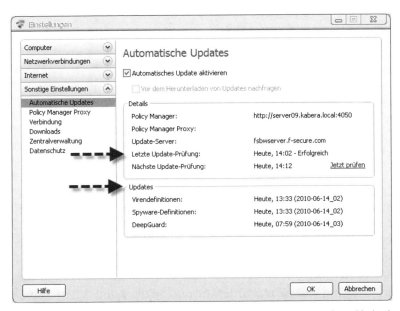

Abb. 12.8: Überprüfen Sie, ob die Antivirenaktualisierungen auch wirklich aktuell sind.

Viren lauern in Programmen, Dokumenten, auf austauschbaren Medien (z.B. USB-Sticks). Vereinfacht könnte man also als erste präventive Maßnahme formulieren: Tausche weder Programme, Dokumente noch Medien mit anderen Personen.

In der heutigen vernetzten Welt ist eine solche restriktive Forderung nicht mehr denkbar. Aber sie weist den Weg für mögliche Ansätze. Viren können sich erst weiterverbreiten, wenn das Wirtsprogramm gestartet bzw. das Wirtsdokument bearbeitet wird. Sie müssen also dafür sorgen, dass jedes fremde Programm, jeder unbekannte USB-Stick und jedes zu bearbeitende Dokument zuerst auf Viren untersucht wird. Die Untersuchung kann automatisch im Hintergrund erfolgen (Stichwort: Virenwächter). Alle aktuellen Virenschutzwerkzeuge bieten die Installation eines solchen Wächters an.

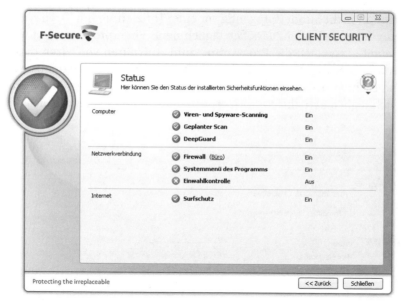

Abb. 12.9: Antivirenprogramm mit aktivierter Echtzeitüberwachung

Des Weiteren müssen die Anwender für das Thema Viren sensibilisiert werden, sodass sie selber den ersten Schritt gegen eine Weiterverbreitung bzw. eine Infektion ausführen können und sich der möglichen Gefahren bewusst sind. Die Mentalität »Mir passiert das schon nicht« muss aus den Köpfen verschwinden, da sie mit der heutigen Realität nichts mehr gemein hat. Schulen Sie Ihre Umgebung auf den sicheren Umgang mit Daten, Internet und Mail, damit Viren keinen Erfolg haben.

Diese Sensibilisierung ist zwingend notwendig, sie umfasst den sicheren Umgang mit Mail und Internet genauso wie den Umgang mit Daten von mobilen Datenträgern. Dabei gilt immer der Grundsatz: Zuerst scannen, dann öffnen. Bei Mails heißt das, Anhänge zuerst zu speichern. Handelt es sich dann um einen Virus, wird das Antivirenprogramm die Datei beim Speichern erkennen und den Anwender zum Handeln auffordern.

12.6.2 Suchen und Entfernen von Viren

Wenn ein Rechner zunehmend langsam wird oder nicht mehr reagiert, ungewohnte Software-Fehler und Abstürze auftreten oder ungefragt Pop-up-Fenster erscheinen, kann dies auf das Vorhandensein von Malware hindeuten.

Mitunter reagieren auch die Provider, indem sie eine Mail schicken, dass Ihr System verseucht ist. In der Schweiz wissen wir von Providern, die nach wiederholter Mahnung das System vom Internet trennen, bis man bestätigt, dass das Problem wirklich behoben ist.

Abb. 12.10: Entfernen von Viren nach einer Prüfung

Die Hersteller von Antivirensoftware liefern dazu sogenannte Viren-Enzyklopädien, in denen der Virus, seine Verbreitung und sein Gefahrenpotenzial beschrieben werden. Dazu gibt es auch Hinweise, wie das System korrekt von diesem Schädling befreit werden kann.

Das Entfernen von Viren umfasst im Grunde zwei Schritte. Zuerst muss das Virus gesucht und dessen Typ bestimmt werden. Das geschieht am zuverlässigsten anhand der oben erwähnten Herstellerdatenbanken. Ist Standort und Virustyp bekannt, kann das Virus, falls möglich, gelöscht werden. Auch hier gilt: Halten Sie sich wo irgend möglich an die Anleitung der Hersteller von Antivirensoftware. Leider ist es nicht immer möglich, das Virus ohne Zerstören des Wirtprogramms bzw. Wirtdokuments zu löschen. Es ist also wichtig, neben den Virenschutzwerkzeugen ein organisiertes und funktionierendes Backup-Wesen aufzuziehen. Ausfälle aufgrund nicht wiederherstellbarer Dokumente lassen sich so vermeiden. Insbesondere muss hier auf Viren hingewiesen werden, welche die Partitionstabelle modifizieren. Meistens lassen sich diese nur mit einer kompletten Neupartitionierung und Neuformatierung der Festplatte mit anschließender Systeminstallation entfernen. Wer für solche Fälle ein Backup vorbereitet hat, spart einiges an Zeit und Nerven, weil man das verloren gegangene System relativ einfach wieder einspielen kann.

Besonders hartnäckig sind Bootsektor-Viren und/oder aktive, speicherresistente Viren. Diese lassen sich nur bedingt mit einem Virenscanner beheben. Meistens ist ein Systemstart von einem »sauberen«, sprich: nicht infizierten Bootlaufwerk nötig. Nur so lassen sich die ansonsten im Speicher befindlichen Viren eliminieren. Aktuelle Virenscanner liegen zum Teil auf CD-ROM vor und können von dort direkt gestartet werden.

Neben der Bereinigung durch Löschen ist es auch möglich, infizierte Dateien in die Quarantäne zu stellen. Das bedeutet, dass die Datei nicht mehr aktiv ist und nicht mehr auf sie zugegriffen werden kann. Sie bleibt aber im System (geschützt) vorhanden.

Planen Sie neben der Echtzeitüberprüfung, die standardmäßig immer eingeschaltet ist, auch regelmäßige Datenträgerüberprüfungen ein, die ein System in festen Abständen nach Viren durchsuchen. Auch das hilft, die Sicherheit zu erhöhen.

Etliche Hersteller von Antivirenprogrammen bieten Ihnen zudem die Möglichkeit, ein System ab einer »sauberen« CD/DVD zu booten, auf der im Wesentlichen nur der Virenscanner und ein kleines Boot-Programm installiert sind, meistens ein Linux-System. Mithilfe dieser Boot-Umgebung können Sie dann das System auf Viren hin überprüfen, ohne dass das eigentliche Betriebssystem dazu gestartet werden muss. Auf diese Weise können auch Viren gefunden werden, die sich im Betriebssystem verbergen (sogenannte Rootkits) oder die das System beim Starten unter ihre Kontrolle bringen wollen. Auch der abgesicherte Modus von Windows kann hier behilflich sein, weil er nur die notwendigsten Treiber lädt.

12.6.3 Mailprogramme

Moderne Antivirensoftware unterstützt Sie auch im Bereich Spam bzw. enthält entsprechend eine Antispam-Komponente. Damit werden Spam-Mails (auch Junk genannt) beim Eintreffen in Ihrem Posteingang identifiziert und entfernt.

Auch die Mailprogramme selber enthalten Möglichkeiten, um unerwünschte Mails zu filtern, etwa der Junkmail-Filter von Outlook. Dort können Sie unerwünschte Absender eintragen, und von da an werden diese Mails automatisch in einen entsprechenden Ordner »entsorgt«. Nach einer kurzen Kontrolle, ob auch keine »richtigen« Mails versehentlich dort gelandet sind, können Sie diesen Ordner regelmäßig einfach leeren und sparen sich das einzelne Löschen solcher Spam-Mails.

Wenn Sie Mailprogramme wie Mozilla Thunderbird oder MS Outlook einsetzen, richten Sie ja dort auch Ihre Mailkonten ein, sei es als POP3-Konto oder als IMAP4-Konto. Um den Datenverkehr mit diesen Mailclients sicherer zu gestalten, können Sie sowohl den Empfang wie auch den Versand von Mailnachrichten verschlüsseln. Dies führt dazu, dass Sie im Mailclient die Einstellungen für den Server und den zu benutzenden Port anpassen müssen.

Als Verschlüsselungstechnologie wird anschließend SSL/TLS eingesetzt.

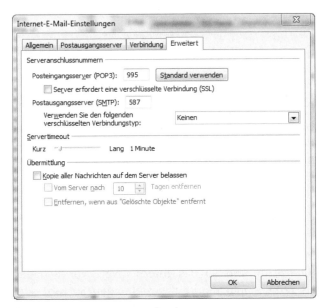

Abb. 12.11: Port-Anpassung für die Postserver

12.6.4 Einsatz im Internet

Auch im Internet werden Daten für die Übertragung verschlüsselt. Hierbei handelt es sich um die SSL-Verschlüsselung bzw. deren Nachfolger TLS.

Sie erkennen solche Seiten am »HTTPS« anstelle von »HTTP« am Anfang der URL. Wenn Sie mehr Informationen dazu möchten, klicken Sie auf das Schloss-Symbol zu Beginn der Adresszeile und lesen Sie die Details zur Verbindung.

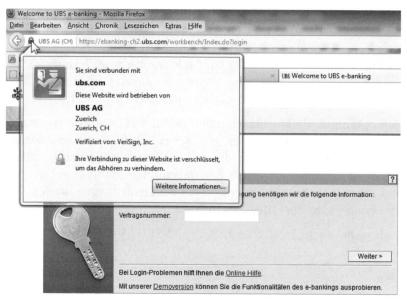

Abb. 12.12: Verschlüsselte Seite mit HTTPS und Zertifikatsanzeige

12.7 Die Verteidigung des Netzwerks

Natürlich muss auch technisch alles getan werden, um Angreifern den Zugriff auf das firmeninterne Netzwerk zumindest zu erschweren. Dazu können an der Schnittstelle nach außen Geräte wie Firewalls installiert werden. Aber das ist längst nicht mehr alles. Firewalls werden heute auch innerhalb eines Unternehmens eingesetzt, um Angriffe auch dann zu blockieren, wenn sie innerhalb der Firma starten. Zudem werden Systeme zur Angriffserkennung und sogar Angriffsbekämpfung eingesetzt, um das Netzwerk immer besser zu schützen.

Als Firewall wird verallgemeinernd eine Applikation bezeichnet, welche den eingehenden Netzwerkverkehr überprüft und so das interne Netz vor Schaden schützt. Eine Firewall kann als reine Applikation auf bestehenden Servern oder Rechnern installiert oder als dedizierte Firewall eingesetzt werden, d.h. als Gerät. Man spricht in diesem Zusammenhang auch von Hardware-Firewalls und Software-Firewalls, obwohl dies höchstens umgangssprachlich richtig ist, da die Funktionalität einer Firewall immer softwaregesteuert ist.

Eine Software-Firewall wird auf bestehenden Rechnern installiert. Sie ist abhängig vom Betriebssystem und setzt auf den Netzwerkschnittstellen auf.

Eine Hardware-Firewall ist ein eigenständiges Gerät mit eigenem Betriebssystem. Sie wird zwischen das äußere und das interne Netzwerk geschaltet und trennt die Netze physisch. Wir haben dies ja bereits im Zusammenhang mit der Einrichtung eines Routers angesprochen.

Abb. 12.13: Netgear ProSafe Firewall

Unabhängig von obiger Definition ist die eigentliche Funktionalität der Firewall eine Software, die den Netzwerkverkehr nach verschiedenen Gesichtspunkten überprüft.

Es gibt drei Arten von Firewalls:

Paketfilter   Absender und Empfängeradresse werden überprüft, der Verkehr wird aufgezeichnet.

Stateful inspection   (SPI) Wie Paketfilter-Firewall, zusätzlich: Traffic Control, Port Filtering, Encryption Control

Application Level Gateway Proxy Content Scanning (oberhalb Transport Layer)

Die Firewall kann also auf verschiedenen Schichten des Netzwerks aktiv sein, vom Senden und Empfangen von Datenpaketen (Paketfilter) bis zur Untersuchung von einzelnen Anwendungen.

Damit eine Firewall effektiv ist, müssen auf ihr Regeln definiert werden. Auf einer Firewall definieren Sie, auf welchen Ports Netzwerkverkehr nach außen und innen die Firewall passieren darf. Im folgenden Beispiel wurde die Firewall mit Regeln für den Zugriff »nach innen« definiert.

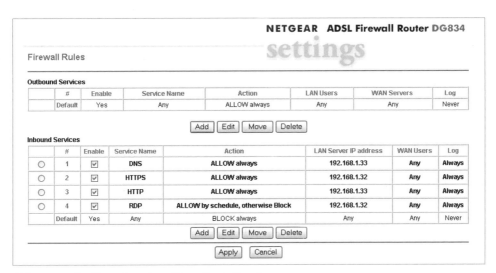

Abb. 12.14: Konfiguration einer Firewall mit Regeln

Firewalls können auch um weitere Funktionen erweitert und ergänzt werden. Wenn der ausgehende Verkehr überprüft und gespeichert wird, hat er eine Proxy-Funktion, man kann Spam-Schutz integrieren oder auch den Virenschutz.

Standardmäßig werden nach innen (inbound) alle Ports geschlossen, sodass keine direkten Abfragen von außen auf Ihr Netzwerk erfolgen können. Hierzu können Sie aber bei Bedarf auch Ausnahmen formulieren, etwa wenn Sie einen Webserver im eigenen Netz betreiben, den Sie dann von außen über Port 80 zugänglich machen möchten, ähnlich wie es im obigen Beispiel auch schon erwähnt ist.

12.8 Sicherheit in drahtlosen Netzwerken

Wir haben bereits über die Einrichtung von drahtlosen Netzwerken gesprochen. Der Umstand, dass die Signale nicht kabelgebunden, sondern »frei« durch die Luft übertragen werden, führt dazu, dass für drahtlose Netzwerke besondere Überlegungen zum Schutz vor fremdem Zugriff gemacht werden müssen.

Hierzu zählt vor allem die Verschlüsselung der Daten für den Transport, aber auch sekundäre Mittel wie eine richtig eingerichtete Zugangsliste. Gesteuert werden diese Möglichkeiten von den Fähigkeiten der installierten Hardware, sei es vom Access Point oder durch die installierte drahtlose Netzwerkkarte.

Wie wir gesehen haben, benötigen wir unabhängig vom Aufbau des Netzwerks zumindest eine eindeutige Adresse, welche das Netzwerk identifiziert. Diese Identifikation nennt sich Service Set Identifier (SSID).

Die SSID kann in der Regel durch Scannen mit der Verbindungssoftware der drahtlosen Netzwerkkarte gesehen werden. Zahlreiche Access Points bieten aber die Option, die Übermittlung der SSID zu unterdrücken. Das Beacon-Frame wird dadurch um einen Teil seiner Information beschnitten, und der Client muss die SSID selber kennen (Wissen statt Suchen).

Das ist allerdings nicht die ganze Wahrheit. Denn diese SSID wird trotzdem bei jedem Verbindungsversuch eines Clients unverschlüsselt ausgesendet und kann dadurch mit gängigen Netzwerkanalyseprogrammen ausgelesen werden.

Weitaus wichtiger ist für die Sicherheit daher die Einrichtung einer guten Verschlüsselung. Hierzu stehen verschiedene Verfahren zur Auswahl.

WEP ist die älteste Verschlüsselungstechnik. Die Abkürzung heißt ausgeschrieben »Wired Equivalent Privacy« und bedeutet damit »Sicherheit wie bei einem Kabelnetz«. Diese Technik benutzt entweder einen 40-Bit-, einen 64-Bit- oder in neuerer Ausführung einen 128-Bit-statischen Schlüssel, um die Kommunikation zu verschlüsseln. Bald zeigte sich, dass dieser Schlüssel relativ einfach geknackt werden kann und daher zumindest aus heutiger Sicht als nicht mehr sicher gilt.

Wi-Fi Protected Access (WPA) ist ein Zwischenschritt, um die bekannten Mängel von WEP zu beheben, aber noch bevor der Standard 802.11i endgültig verabschiedet worden ist. Der durch die IEEE in 802.11i verabschiedete Standard ist dann WPA2.

WPA2 setzt zwar auf den gleichen Algorithmus auf wie WEP, nutzt aber dynamische Schlüssel durch das Protokoll TKIP (Temporal Key Integrity Protocol), was Angriffe deutlich aufwendiger macht. Mit AES (Advanced Encryption Standard, mit Schlüssellängen von 256 Bit) verfügen WPA2-Geräte zudem über erweiterte Sicherheitsmechanismen, welche die Sicherheit zusätzlich erhöhen.

Da alle diese Verfahren in der Regel mit einem für Sender und Empfänger gleichen Schlüssel versehen sind (sogenannte symmetrische Schlüssel), müssen die Schlüssel selber zudem eine minimale Länge und Komplexität enthalten, sonst können sie genauso leicht geknackt werden wie ein WEP-Schlüssel.

Wählen Sie also auch hier nicht ein Schlüsselwort wie »12345«, sondern einen mindestens 16 Zeichen langen Schlüssel. Einige Hersteller schreiben auch schon 22 Zeichen vor.

Wichtig

Die verwendete Verschlüsselung muss bei Sender und Empfänger gleich eingestellt sein, nur dann kann eine gültige Kommunikation hergestellt werden.

Als letzte Möglichkeit können Sie eine Zugangsliste, auch MAC-Filter genannt, einrichten. Hierdurch erstellen Sie im Access Point eine Liste mit den MAC-Adressen der Geräte, welche für den Netzzugriff zugelassen sind. Dies ist aber nur als Ergänzung und nicht etwa als Alternative zur Verschlüsselung zu verstehen.

Und so kann dies dann in der konkreten Konfiguration aussehen:

Abb. 12.15: Konfiguration einer drahtlosen Netzwerkkarte

Seitens des Access Points wird dies wie folgt konfiguriert (hier als Beispiel mit WPA-PSK anstelle von WEP):

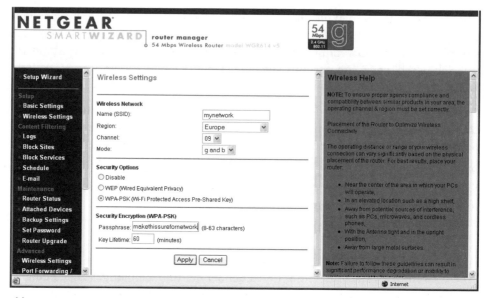

Abb. 12.16: WLAN-Einstellungen im Router

12.9 Fragen zu diesem Kapitel

1. Ein Techniker stellt fest, dass die BIOS-Ereignisanzeige eine »Chassis-Intrusion«-Meldung anzeigt. Was dürfte der Grund dieser Meldung sein?

   A   Es liegen lose Teile im Gehäuse.

   B   Eine Schraube eines DVD-Laufwerks ist locker.

   C   Das Gehäuse des Computers wurde geöffnet.

   D   Ein Hacker versuchte, in den PC einzudringen.

2. Ein Kunde möchte einige Benutzer seines Haushalts davon abhalten, dass sie abends zu lange im Internet sind. Er besitzt ein Windows 7-System. Welches Hilfsmittel des Betriebssystems kann er dazu einsetzen?

   A   Windows Defender

   B   Windows Firewall

   C   User Account Control (UAC)

   D   Jugendschutz einrichten (Parental Control)

3. Sie möchten Ihr Windows 7-System gegen Spyware schützen. Welches Programm ist dazu standardmäßig bereits installiert?

A   Windows Firewall

B   Windows Defender

C   User Account Control (UAC)

D   Jugendschutz (Parental Control)

4. Eine Kundin beschwert sich, dass ihr drahtloses Netzwerk in letzter Zeit langsam geworden ist, vor allem seit das Stockwerk über ihr neu bezogen worden ist. Welche wirksame Sicherheitsmaßnahme werden Sie einrichten, um das Netz gegen Missbrauch von außen besser zu schützen?

A   SSID ändern

B   DHCP abschalten

C   Firmware im Access Point aktualisieren

D   MAC-Filter aktivieren

5. Sie haben eine Freigabe eingerichtet, auf die verschiedene Benutzer zugreifen können. Da Sie aber die Rechte differenzierter vergeben möchten, setzen Sie welches Rechtesystem ein?

A   FAT32-Berechtigungen

B   Windows-Freigaberechte

C   Unix-Berechtigungen

D   NTFS-Berechtigungen

6. Sie klicken sich durch das Ordnersystem auf dem PC. Plötzlich erhalten Sie bei einem Ordner beim Anklicken die Meldung »Zugriff verweigert«. Was ist die wahrscheinlichste Ursache?

A   Der Ordner enthält versteckte Dateien.

B   Sie haben auf diesem Ordner das Passwort nicht eingegeben.

C   Sie haben auf diesem Ordner keine entsprechenden Zugriffsrechte.

D   Der Ordner existiert nicht mehr.

7. In der Firma wurden in den letzten drei Monaten mehr als zehn Notebooks entwendet. Mit welcher Methode kann die Firma wenigstens dafür sorgen, dass die Firmendaten möglichst gut geschützt sind?

A   Installation einer umfassenden Antivirenlösung

B   Installation einer Sicherheitsrichtlinie mit komplexen Passwörtern

C   Installation von VPN für alle, die ein Notebook nutzen wollen

D   Installation einer Dateiverschlüsselungssoftware auf den Notebooks

8. Ihre Mitarbeiter sind viel unterwegs und greifen von verschiedensten Standorten mit Notebooks auf das Firmennetz zu. Mit welcher Methode kann die Firma dafür sorgen, dass Firmendaten und deren Übertragung sicher sind?

A   Installation einer umfassenden Antivirenlösung

B   Installation einer Sicherheitsrichtlinie mit komplexen Passwörtern

C   Installation von VPN für alle, die ein Notebook nutzen wollen

D   Installation einer Dateiverschlüsselungssoftware auf den Notebooks

Kapitel 13

Wall·E hätte keine Freude

Zu Beginn des zweiten Kapitels in Abschnitt 2.1 habe ich geschrieben:

> *Computer und Informatik haben in praktisch allen Bereichen des modernen Lebens Einzug gehalten, zuletzt verstärkt durch den immer größer werdenden Einfluss des Internets. Gerade die weltweite Vernetzung hat nicht nur die Telekommunikation, sondern auch die Medien, die Logistik und generell die Informationsverarbeitung bei Privaten und Unternehmen stark verändert. Weniger offensichtlich, aber mindestens so allgegenwärtig sind Computer heute Bestandteil von alltäglichen Gegenständen wie Telefonen, aber auch Kaffeemaschinen und Autos verfügen über Komponenten zur Steuerung, die ohne Informatik nicht denkbar sind.*

Im selben Kapitel etwas weiter hinten habe ich dann notiert:

> *Der Computer aber kennt nur zwei Zustände in seinem Inneren: Strom oder kein Strom.*

Mit diesen beiden Aussagen ist das Dilemma moderner Informatik gut beschrieben. Wir benötigen immer mehr Computer für immer mehr Aufgaben – und Computer benötigen Energie, genauer Strom.

Immer mehr Computer benötigen daher auch immer mehr Strom. Zudem haben sie eine recht kurze Lebensdauer, was bedeutet, dass wir auch eine Menge Material verbrauchen, verschiedenste Metalle, Kunststoffe – das alles belastet die Umwelt zunehmend und rückt daher auch immer mehr in das öffentliche Interesse.

Den Animationsfilm »Wall·E – Der Letzte räumt die Erde auf« kann ich Ihnen an dieser Stelle nur herzlichst empfehlen. Denn er zeigt beide Dimensionen dieser Problematik (und noch ein paar andere) sehr deutlich auf. Doch Film schauen allein reicht leider nicht.

Dieses Kapitel will Ihnen zeigen, was Sie selber unternehmen können, damit die Umwelt nicht immer noch mehr belastet wird – und zwar von der Entscheidung zum Kauf über den eigenen Betrieb von Computern bis zur Entsorgung.

Auch die größere Sichtweise soll angesprochen werden: Wie können wir die Arbeitswelt mit Computern umwelttechnisch besser organisieren, was kehren große Unternehmen diesbezüglich vor?

Sie sehen, es gibt viele Aspekte dieser Umweltthematik, die heute allgemein unter dem Begriff »Green IT« zusammengefasst werden.

13.1 Umweltschutz beginnt vor dem Kauf

Wenn Sie sich ein System oder Zubehör kaufen möchten, können Sie sich an verschiedenen internationalen Standards orientieren, welche Ihnen zeigen, ob und in welchem Umfang ein Gerät umweltverträglich produziert wurde und wie energieeffizient es im Alltag ist.

Dabei gibt es nach wie vor große Unterschiede bei den Herstellern, es lohnt sich also auf jeden Fall, diesen Aspekt genau anzusehen vor einer Kaufentscheidung.

Hierbei können Sie schon bei der Zusammenstellung des Equipments wesentliche Vorteile erzielen:

■ Wählen Sie einen LCD-Bildschirm anstelle eines CRT. In vergleichbarer Größe sparen Sie weit mehr als 60 % Energie. Zudem enthalten CRT-Monitore einen hohen Bleianteil.

■ Wählen Sie eine LED-Hintergrundbeleuchtung beim LCD anstelle einer herkömmlichen Hintergrundbeleuchtung aus. Auch das spart Strom.

■ Entscheiden Sie sich für eine SSD anstelle einer Harddisk, das macht wiederum 15 – 20 % weniger Stromverbrauch.

■ Wählen Sie Farbtintenstrahldrucker statt eines Laserdruckers aus, wenn Sie nur geringe Druckaufkommen haben. Dies benötigt über 80 % weniger Energie im Betrieb.

■ Wählen Sie Drucker aus, die doppelseitig drucken können, das spart Energie und Papier.

■ Nehmen Sie ein MFP-Gerät anstelle einzelner Komponenten, auch hierbei sparen Sie sowohl Material (weniger Geräte) als auch Energie.

Unter dem Begriff der »Green IT« werden zudem unterschiedliche Begriffe zusammengefasst, welche dazu dienen, mit Rohstoffen und Energie in der Informatik sorgsamer umzugehen. Folgende Qualifikationen sind von Bedeutung für diese Auswahl:

RoHS

2003 hat die EU die Richtlinie *Restriction of Hazardous Substances* (RoHS) verabschiedet. Kurz gefasst heißt dies auf Deutsch: »Beschränkung von riskanten Stoffen/Materialien«. Damit keine Missverständnisse aufkommen, werden diese Substanzen auch gleich genannt.

Dazu zählen Blei, Quecksilber, Cadmium, industriell hergestelltes Chrom (sechswertiges Chrom genannt), polybromierte Biphenyle (PBB) und polybromierte Dyphenylethere (PBDE). Bei den letzteren beiden Substanzen wurden hohe gesundheitliche Risiken für Mensch und Umwelt nachgewiesen, und sie sind auf natürliche Weise praktisch nicht abbaubar.

Die komplette Vermeidung dieser Substanzen kann die Industrie aber nicht gewährleisten, und somit wurden 2006 zusätzlich Grenzwerte eingesetzt. Die neue Richtlinie 2011/65/EG mit CE-Kennzeichnungspflicht ist spätestens ab 3. Januar 2013 anzuwenden, die bisherige Richtlinie ist seit 1. Juli 2006 europaweit anzuwenden

- Blei, Quecksilber, sechswertiges Chrom, PBB und PBDE: 0,1 % des Gewichts
- Cadmium: 0,01 % des Gewichts

Dazu gehört auf der anderen Seite dann auch die WEEE-Direktive (Waste Electrical and Electronic Equipment) die europaweit bestimmt, wie elektronische Waren wieder eingesammelt und recycelt werden können.

Blauer Engel

Der Blaue Engel ist ein Prüf- und Gütesiegel für umweltschonende Produkte und Dienstleistungen (RAL-ZU 78). 1978 ins Leben gerufen, wurde das Gütesiegel 2006 komplett überarbeitet und angepasst. Damit ein Produkt das Siegel Blauer Engel erhält, muss es die festgelegten Kriterien erfüllen. Die Kriterien werden geprüft, und erst wenn das Gerät als umweltverträglich eingestuft wird, erhält es den Blauen Engel.

Abb. 13.1:   Blauer Engel-Zertifikate

Die Regelungen sind mehrere Seiten lang und nach Produktkategorien aufgeteilt. Hier ein Auszug aus den Vergabegrundlagen für die Umweltzeichen Arbeitsplatzcomputer und tragbare Computer:

»3.1.2   Materialanforderungen

3.1.2.1   **An die Kunststoffe der Gehäuse, Gehäuseteile und Chassis sowie Tastaturen**

Halogenhaltige Polymere sind nicht zulässig. Halogenorganische Verbindungen als Flammschutzmittel sind nicht zulässig und dürfen den Kunststoffteilen nicht zugesetzt werden.

Von dieser Regelung ausgenommen sind:

– Fluororganische Additive (wie zum Beispiel Anti-Dripping-Reagenzien), die zur Verbesserung der physikalischen Eigenschaften der Kunst-

stoffe eingesetzt werden, sofern sie einen Gehalt von 0,5 Gewichtsprozent nicht überschreiten.

- Kunststoffteile, die weniger als 25 Gramm wiegen. Diese dürfen jedoch keine PBB (polybromierte Biphenyle), PBDE (polybromierte Diphenylether) oder Chlorparaffine enthalten. Diese Ausnahmeregelung gilt jedoch nicht für Tastaturen.«

Energy Star

Energy Star ist ursprünglich eine US-Produktbezeichnung aus dem Jahre 1992, die in der Computer- und Unterhaltungselektronik besonders energiesparende Geräte auszeichnet. In den USA finden wir diese Label allerdings auch bei Baustoffen, Gebäuden und Wohnbauten. 2003 wurde das Label durch eine EU-Verordnung auch in Europa eingeführt. Energy Star berechnet den Energieverbrauch im eingeschalteten Zustand (Leerlauf), im Standby und im ausgeschalteten Zustand.

Dieser Energie-Rechner ist für Private wie auch für Firmen elektronisch unter *http://www.eu-energystar.org/de/calculator.shtml* abruf- und ausführbar. Zudem finden sie auf den Seiten der Energy Star-Organisation zahlreiche interessante Hinweise auf den Energieverbrauch von elektronischen Geräten.

Abb. 13.2: Das Signet von Energy Star

Hersteller errechnen die Verbrauchswerte ihrer Produkte selbst und tragen diese in eine Tabelle ein, welche dann eingereicht wird. Die Werte müssen der durch Energy Star festgelegten Norm entsprechen. Eine direkte Überprüfung der Werte seitens der Behörden erfolgt nicht, somit sind heute über 70 % aller verkauften elektronischen Geräte Träger dieses Siegels. Das neueste erhältliche Siegel ist Energy Star Version 5 (seit Oktober 2009).

EPEAT

Das EPEAT-Zertifikat ist unterdessen in 41 Ländern verfügbar. Dabei werden giftige Materialien verboten oder die Verwendung eingeschränkt. Ein Produkt muss nach bestimmten Kriterien recycelt werden können, der Stromverbrauch wird über Energy Star geprüft, und bis hin zur Verpackung des Artikels geht die Überprüfung. Um das Bronzeabzeichen zu erhalten, muss ein Produkt 23 von 51 Kriterien erfüllen. Die Silberauszeichnung erhält das Produkt, wenn 23 Kriterien und 50 % der optionalen Kriterien erfüllt werden, und Gold geht an die Einhaltung von 23 Kriterien und 75 % optionale Kriterien. Viele Hersteller richten sich unterdessen nach EPEAT, weil das Zertifikat sehr umfassende Anforderungen stellt und sich nicht nur auf einen Bereich der Green IT konzentriert. In den USA müssen Geräte ein EPEAT-Siegel besitzen, damit diese in Ausschreibengen von Behörden überhaupt in die engere Wahl kommen.

Zahlreiche Hersteller werben unterdessen auch aktiv damit, dass ihre Produkte EPEAT-zertifiziert sind. Achten Sie einmal in den entsprechenden Beschreibungen darauf.

Compliance	
Product	ESPRIMO Q910
Model	MPC2
Europe	CE Nordic Swan in progress
USA/Canada	FCC Class B cCSAus
Global	RoHS (Restriction of hazardous substances) WEEE (Waste electrical and electronic equipment) Microsoft Operating Systems (HCT / HCL entry / WHQL) ENERGY STAR® 5.0 (dedicated regions) EPEAT® Gold (dedicated regions)
Compliance notes	This product is free of polyvinyl chloride (PVC) when ordered with the optional PVC free power cord
Compliance link	https://sp.ts.fujitsu.com/sites/certificates/

Abb. 13.3: Konformitätsbeschreibung eines Fujitsu-Systems

13.2 Die eigene Informatik richtig konfigurieren

Nachdem Sie die Geräte angeschafft haben, geht es um eine energieverträgliche Nutzung. Stellen Sie stromsparende Optionen ein, bei Druckern oder auch bei externen Netzwerkgeräten, achten Sie auf einen raschen Standby-Mode und stellen Sie Geräte ab, welche Sie nicht mehr benötigen.

13.2.1 Konfiguration der Energieoptionen

Jedes Betriebssystem bietet Ihnen Optionen zur Energieverwaltung. Unter Windows 7 stehen standardmäßig drei vorkonfigurierte Energieeinstellungsoptionen zur Auswahl: Ausbalanciert, Energiesparmodus und Höchstleistung. Je nachdem, ob es sich um einen Desktop-Rechner oder Laptop handelt, sind diese etwas anders vorkonfiguriert. Diese lassen sich unter ERWEITERTE ENERGIEEINSTELLUNGEN ÄNDERN fast nach Belieben ändern und konfigurieren. Es ist jederzeit möglich, die Standardeinstellungen wiederherzustellen.

Abb. 13.4: Energieoptionen

Wichtig ist für einen vernünftigen Betrieb die Aktivierung des Standby-Modus für kurzfristige Abwesenheiten, etwa für Monitore oder externe Festplatten, aber auch PCs können in den Standby-Modus. Damit wird der Energieverbrauch deutlich abgesenkt, ohne dass sich die Komponente oder das System abschalten.

Der Ruhemodus wiederum schreibt die aktiven Einstellungen des Arbeitsspeichers in eine Datei, die sogenannte Hibernation-Datei, und schaltet sich dann aus. Beim Hochfahren muss der Startprozess nicht wiederholt werden, sondern das Betriebssystem liest die Einstellungen (geöffnete Programme, offene Daten etc) aus der Hibernation-Datei und setzt die Arbeit an der Stelle fort, wo Sie das System zuletzt verlassen haben.

13.2.2 Einsatz von Verbrauchsmaterial

Ein besonderes Augenmerk für den Umweltschutz liegt in der Handhabung von Verbrauchsmaterialien wie Toner, Tinte oder Datenträgern. Hier gibt es zwei sehr unterschiedliche Ansätze.

Wiederauffüllen: Toner- und Tintenbehälter lassen sich wieder auffüllen. So setzt etwa Lexmark mit der Tonerreihe »Prebate« bewusst auf umweltfreundlichen Umgang, indem die Firma die leeren Kartuschen selber wieder aufbereitet und erneut verkauft und damit die Rohstoffe schont.

Vorsicht ist eventuell geboten, wenn solche Wiederauffüllungen von Drittherstellern angeboten werden. Es ist darauf zu achten, dass die Druckgeräte nicht Schaden nehmen oder die Qualität der Ausdrucke leidet.

Recyceln: Bei Datenträgern, aber auch bei vielen Druckerverbrauchsmaterialien wird das Recycling aktiv gefördert. So können Sie bei den meisten Herstellern verbrauchte Toner- oder Tintenkartuschen an die Verkaufsstelle zurückgeben, wo sie entweder fachgerecht entsorgt oder recycelt werden. Werfen Sie die Kartuschen und Toner nie weg – fragen Sie immer zuerst nach der entsprechenden Recycling-Möglichkeit.

In der Schweiz kann man auch CDs und DVDs an Verkaufsstellen zurückgeben, sodass das darin enthaltene PET wieder verwendet werden kann.

13.3 Nach dem Gebrauch: die Entsorgung

Computer bestehen zum größten Teil aus Sondermüll, welcher nach Gebrauch fachgerecht entsorgt werden muss. In einem Computer befinden sich heute bis zu 1.000 verschiedene Materialien. Allein in einem Computerchip befinden sich über 350 verschiedene Stoffe, von denen eine stattliche Anzahl toxische Wirkungen haben. In elektronischen Teilen können unter anderem folgende Stoffe vorkommen:

- Halogenhaltige Verbindungen wie PCB für Kondensatoren und Transformatoren und TBBA als Flammschutzmittel für Leiterplatten und Umhüllungen
- Schwermetalle: Barium (CRT), Cadmium (CRT, Tinte, Toner, Druckertrommel), Blei (CRT, Akkus, Leiterplatten), Quecksilber (LCD, Alkali-Batterien), Nickel (NiMH-Akkus).

In den letzten Jahren macht man sich daher zu Recht vermehrt Gedanken darüber, wie man der Umweltschädlichkeit der Informatiksysteme begegnen kann.

Aus Computern können unterschiedliche Kunststoffe, Kupfer, Glas, Silber, Gold und weitere Inhaltsstoffe herausgefiltert und für neue Zwecke eingesetzt werden. Aus fünf Computern kann ein Gramm Gold recycelt werden. Im Vergleich dazu müssen für dieselbe Menge im Bergbau zwei Tonnen Gestein verarbeitet werden! Damit kann man durch Recycling auch direkt Energie und Kosten sparen.

Recyclinggerechte Konstruktion

Eine unterstützende Möglichkeit, der Müllproblematik Herr zu werden, ist die recyclinggerechte Konstruktion.

Anforderungen an eine recyclinggerechte Konstruktion von Computersystemen sind im Allgemeinen:

- Modularer Aufbau zur Anpassung an neue Prozessorgenerationen und für Speichererweiterungen
- Funktionserweiterungen durch Steckplätze

- Mechanische Verbindungen, z.B. Schnapp- oder Schraubverbindungen für leichte Demontierbarkeit
- Möglichst viele wiederverwendbare Teile und Baugruppen
- Reparaturfreundlichkeit und dadurch lange Lebensdauer
- Materialkennzeichnung für alle Kunststoffteile
- Reduktion der Anzahl der Inhaltsstoffe, insbesondere der Schwermetalle

Recycling Schweiz: In der Schweiz wird auf allen elektronischen Geräten eine vorgezogene Recyclinggebühr eingezogen. Dadurch kann der Konsument das gekaufte Gerät bei jedem Händler zurückgeben, welcher Produkte der gleichen Warengruppe verkauft, ohne einen Kassenbeleg vorlegen zu müssen oder eine zusätzliche Gebühr zu entrichten. Die Händler wiederum geben die Produkte an die SWICO zurück, ebenfalls kostenlos, da diese Dienstleistung ja durch die Gebühr vorfinanziert ist. Die SWICO recycelt die Produkte fachgerecht.

Recycling Deutschland/Österreich: Es bestehen zwar Regeln bezüglich der Entsorgung, doch muss sich jeder Entsorger selbst informieren. Am besten besucht man die Website des Wohnortes oder des Firmensitzes oder spricht mit der jeweiligen Gemeinde oder den Stadtwerken, um an die nötigen Informationen zu gelangen, wenn man nicht schon schriftlich oder mündlich über die jeweiligen Regelungen informiert wurde. Ausgediente Geräte können dann zum Werkstoffhof (Recyclinghof, Altstoffsammelstelle) zurückgebracht werden. Zusätzlich gibt es private Recyclingfirmen, welche (mit oder ohne Gebühren) elektronischen Abfall abholen oder entgegennehmen. Grundsätzlich sind die Hersteller in der EU verpflichtet, Geräte zur Entsorgung zurückzunehmen.

Lebensdauer

Ein weiterer Weg hin zu einer ökologisch vertretbaren Materialwirtschaft bei Elektronikgeräten muss über eine längere Lebensdauer und eine höhere Reparaturfreundlichkeit der Geräte gehen, wodurch der umweltbelastende schnelle Stoffdurchsatz unserer Wegwerfgesellschaft eingedämmt würde. Es kann sich nicht nur für die Umwelt, sondern auch für Ihr Budget durchaus lohnen, höherwertige Geräte zu kaufen, die dann einige Jahre länger zuverlässig im Betrieb stehen und die Ersatz- und Reparaturquote deutlich senken können.

Große Firmen kennen hierfür etwa den Weg, dass sie die Geräte nach ihrer Einsatzdauer in ein Wiederauffrischungsprogramm (Refurbishment) geben, sodass die Geräte, welche noch in Ordnung sind, wieder eingesetzt werden können. Dabei geht es nebst der Reinigung und einer Funktionskontrolle auch darum, dass alle Daten sicher gelöscht werden.

13.4 Green IT in Arbeit und Unternehmen

Nicht nur, wenn wir von einzelnen Systemen sprechen, kommt dem Umweltschutz eine immer größere Bedeutung zu. Das hängt mit verschiedenen Faktoren zusammen. Ein wesentlicher Faktor dabei sind die Kosten, welche durch Anschaffung und Betrieb von Informatik für ein Unternehmen entstehen.

Zwei Trends wirken hier positiv auf die Energiebilanz ein: Virtualisierung und damit verbunden Cloud Computing sowie das Tele- oder Homeworking.

13.4.1 Die Virtualisierung

Grundsätzlich gilt der Satz: 1 Watt Leistung braucht 1 Watt Kühlung. Wenn ich also die Leistung in einem Rechenzentrum um 4000 Watt senken kann, kann ich zugleich die Kühlung um denselben Betrag senken (so ungefähr jedenfalls) und spare damit auf einen Schlag das Doppelte an Energie.

Und hier kommt die Virtualisierung zum Tragen. Sie besagt, dass nicht jeder Server oder jeder Rechner, den wir benötigen, auch wirklich ein eigenes Gerät im Sinne von Hardware sein muss. Viele Server und Computer stehen im Einsatz, die nur zu wenigen Prozenten ausgelastet sind. Mittels einer speziellen Software, Virtualisierungssoftware genannt, wird es jetzt möglich, mehrere Computer virtuell auf einem physischen System einzurichten – ohne dass dabei wesentlich mehr Energie verbraucht wird, als wenn das physische System nur einen PC oder Server, d.h. nur ein Betriebssystem und wenige Programme beinhaltet. Gut geplant können darum mit der Virtualisierung große Mengen an Hardware eingespart werden – das schlägt sich nicht zwingend in großen Anschaffungseinsparungen ein wegen der Software und der flankierenden Maßnahmen, aber im Betrieb entstehen dadurch hohe Einsparpotenziale.

Das gilt übrigens im kleinen Rahmen auch zu Hause. Sie haben noch einen alten PC, den Sie hie und da brauchen? Virtualisieren Sie diesen auf der neuen Umgebung, mit der Sie täglich arbeiten – und schon ist wieder ein PC weniger am Laufen.

Von Microsoft, VMware, Parallels oder Oracle gibt es dazu auch zahlreiche Virtualisierungsanwendungen, die Sie kostenlos einsetzen dürfen.

In größeren Unternehmensumgebungen lassen sich zudem PCs auch durch sogenannte Thin Clients ersetzen. Dies sind wörtlich »abgespeckte« Clients, welche die benötigte Leistung vom Server beziehen und Anwendungen wie Office oder Buchhaltung auf dem Server ausführen und im Wesentlichen nur noch die Anzeige auf dem eigenen Rechner vornehmen. Dafür sparen sie viel Energie gegenüber dem klassischen PC, der dann auch »Fat Client« genannt wird.

Abb. 13.5:   Software zum Betrieb virtueller Maschinen

Cloud Computing auf der anderen Seite hängt eng mit der Virtualisierung zusammen. Denn wenn jemand ein solches Rechenzentrum einrichtet, kann er die Leistung nicht nur für sich selber nutzen, sondern sie über das Internet offen oder geschützt zur Verfügung stellen. Die Public Cloud stellt solche Dienste der Öffentlichkeit zur Verfügung. Denken Sie nur an Datenspeicher wie die Amazon Cloud, Cloud Drive, iCloud oder Dropbox – nutzen Sie diese Möglichkeiten, benötigen Sie physisch weniger Geräte, weil Sie solche virtualisierten Speicher einsetzen können.

Die Private Cloud stellt demgegenüber gut geschützte Dienste für die eigenen Unternehmensabteilungen oder externe Unternehmen zur Verfügung. So können Sie beispielsweise sagen: »Ich brauche für 6 Monate einen Server« und erhalten über die Private Cloud eine Leitung zu einem Server, der in einem Rechenzentrum steht und den Sie dort nutzen können.

Cloud Computing kann auf diese Weise mithelfen, Energie zu sparen, aber es verlangt auch, dass Sie die Sicherheitsmaßnahmen ernst nehmen, von der Anmeldung und den Passwörtern über die Datensicherung bis hin zur Absicherung der Rechenzentren durch die Betreiber.

13.4.2 »Grüne Server«

Aber auch die noch vorhandene Infrastruktur kann besser oder schlechter eingerichtet werden. So ist es beispielsweise in Serverräumen und Rechenzentren wichtig, dass die Luftströme gelenkt und die Wärme optimal weiterverwendet werden, um Energie zu sparen. Mit speziellen Gehäusen kann zudem in den Serverschränken eine getrennte Warm- und Kaltluftzone eingerichtet werden, um optimale Kühlungsergebnisse zu erzielen. Das heißt, es bestehen separate Kaltluftgänge, welche kühle Luft zu den Systemen hinführen, und Warmluftgänge, welche die warme Luft aus den Systemen absaugen. Dabei werden die zu kühlenden Systeme in Schränken oder über mehrere Racks hinweg zusammengenommen und nach außen abgedichtet, sodass die kühlende Luft direkt zu diesen Komponenten hingeführt wird. Durch das Absaugen der warmen Luft entstehen präzise gelenkte Luftströme, die eine kosten- und energieeffiziente Kühlung der Anlage zulassen und es nicht mehr erfordern, dass ganze Räume gekühlt werden müssen.

Die ETH Zürich hat zusammen mit IBM sogar ein Modell vorgestellt, bei welchem Mainboards und Prozessoren direkt wassergekühlt werden und die zur Kühlung benötigte Energie damit massiv reduziert werden kann. Zudem wird dort die Abwärme direkt zur Wärmeversorgung anderer Gebäude wieder eingesetzt, was bis zu 75 % der Energie wiederverwendbar macht.

Auch bei den Geräten selber kann durch die Konfiguration im BIOS der Energieverbrauch gesteuert werden, durch Zu- und Abschalten von Prozessoren, Plattensystemen oder Ventilatoren je nach Auslastung.

Auch der Ersatz von Dateiservern durch günstigere und verbrauchseffiziente NAS-Systeme lohnt sich unter Umständen. Denn diese gibt es nicht nur für den SOHO-Bereich, sondern auch für große Datenmengen. Sie benötigen weniger Strom als ein vollwertiger Server, geht es aber nur um die Lagerung von Daten, reichen sie völlig aus. Das wiederum führt dann unter Umständen auch wieder zum Thema der Virtualisierung zurück, um den Gerätepark zu entlasten.

13.4.3 Der mobile Arbeitnehmer

Ein weiteres Potenzial orten die Unternehmen bei den Arbeitnehmern. Anstatt dass jeder Außendienstmitarbeiter zuerst ins Büro fährt, um von dort dann zu den Kunden zu reisen, nachdem er die Daten abgeholt hat, kann er über eine Internetverbindung diese zu Hause herunterladen und vorbereiten.

Damit werden nicht nur die Straßen und Verkehrswege entlastet, sondern Sie sparen auch Unterhaltskosten für die Unternehmensgebäude, da weniger Räume benötigt und genutzt werden, was wiederum Energie spart.

Die Sicherheit der Daten gewähren Sie über VPN. Damit wird eine virtuelle private Netzwerkverbindung bezeichnet. Durch die Einrichtung eines VPN können Sie das Internet als Transportmittel nutzen, um damit eine verschlüsselte Leitung zu Ihrem Firmennetzwerk aufzubauen und Daten sicher zu senden und zu empfangen.

VPN ermöglicht es Ihnen dabei, auf Ihre Daten und Laufwerke so zuzugreifen, als stünde Ihr PC direkt am Firmenstandort.

Terminalserver sind ein ähnlicher, wenn auch technologisch unterschiedlicher Ansatz. Beim Terminalserver starten Sie von Ihrem PC zu Hause aus eine Sitzung, die Ihnen einen eigenen Bildschirm aufbaut, als starteten Sie einen eigenen PC. Microsoft oder auch Citrix oder VMware bieten entsprechende Lösungen an, die Sie als Privatperson zwar nicht installieren können, als Arbeitnehmer in mittleren oder größeren Unternehmen aber sinnvoll nutzen können, um von zu Hause oder unterwegs mit wenig Aufwand auf Ihre Daten und Anwendungen zugreifen zu können.

13.5 Fragen zum Kapitel

1. Was müssen Sie tun, wenn Sie eine verbrauchte Tonerkassette aus dem Drukker entfernt haben?

   A Die Kassette kühl und trocken lagern.

   B Die Kassette in einen Plastikbeutel verstauen.

   C Die Kassette in den Müll entsorgen.

   D Die Kassette gemäß dem jeweiligen Hersteller-Recyclingprogramm korrekt wiederverwerten.

2. Was tun Sie als Unternehmen, wenn Ihre Mitarbeitenden die PCs über Nacht immer laufen lassen, anstatt sie herunterzufahren?

   A Den Standardbildschirmschoner aktivieren.

   B Die PCs vom Reinigungspersonal abschalten lassen.

   C Die PCs nach 15 Minuten in den Standby-Modus versetzen und nach 1 Stunde in den Ruhemodus.

   D Die Monitore nach 15 Minuten in den Standby-Modus versetzen.

3. Was ist der Vorteil beim Einsatz von Thin Clients gegenüber PCs?

   A Sie sind wesentlich leistungsfähiger als PCs.

   B Sie können mehr Programme gleichzeitig ausführen.

   C Sie benötigen weniger Energie.

   D Sie können dazu verwendet werden, mehrere PCs zu virtualisieren.

4. Womit wird der Begriff des Cloud Computing umschrieben?

    A   Mehrere PCs werden virtualisiert.

    B   EDV-Ressourcen werden übers Internet zur Verfügung gestellt.

    C   Anwendungen werden auf einem zentralen Server installiert.

    D   Regenwasser wird zur Kühlung von Servern eingesetzt.

5. Was kann als Maßnahme zur besseren Kühlung eines Serverraums implementiert werden?

    A   Getrennte Kalt- und Warmganglüftung

    B   Installation eines Thermometers

    C   Installation eines zentralen Druckers damit weniger Wärme entsteht.

    D   Virtualisierung von möglichst vielen Servern.

6. Wie können Sie bei einem Notebook am besten Energie sparen?

    A   Einen 6-Zellen-Akku durch einen 9-Zellen-Akku ersetzen

    B   Eine SSD anstelle einer internen Festplatte einsetzen

    C   Ein Blu-ray-Laufwerk anstelle eines DVD-Laufwerks einsetzen

    D   USB 3.0 statt USB 2.0 verwenden

Kapitel 14

Die CompTIA Strata-Prüfung

Wenden wir uns zum Schluss des Buches der aktuellen CompTIA Strata IT Fundamentals Prüfung zu. Diese bestehen aus einem computergestützten Multiple-Choice-Test.

Die Prüfungsgebiete werden dabei unterschiedlich gewichtet. Sie können diese Gewichtungen nach Prüfung geteilt anhand folgender Tabelle ersehen.

Für das Examen FC0-U41 sieht diese wie folgt aus:

	Wissensgebiet	% der Prüfung
1.0	Technologie und Computer Hardware-Grundlagen	40 %
2.0	Kompatibilitätsprobleme und häufige Fehler	13 %
3.0	Software-Installationen und Funktionen	11 %
4.0	Sicherheit	16 %
5.0	Green IT und präventive Wartung	20 %
	Total	100 %

Tabelle 14.1: Die Wissensgebiete für die Prüfung

Die Prozentzahlen geben Ihnen einen Anhalt, in welchem Verhältnis die Fragen in den Prüfungen in etwa anzutreffen sind. Die Fragen sind allerdings nicht nach Gebieten gekennzeichnet, sondern folgen einfach eine nach der anderen, ohne bestimmte Reihenfolge.

Die einzelnen Gebiete sind in den sogenannten »Objectives« genau beschrieben. Von daher gilt, auch wenn ich mich wiederhole: Gehen Sie auf die Website der CompTIA zur Strata IT Fundamentals-Zertifizierung, laden Sie sich diese Lernziele herunter – und lesen Sie sie. Stellen Sie sicher, dass Sie sich unter den geforderten Stichworten Inhalte oder Standards vorstellen können, sodass Sie für die Prüfung bereit sind.

14.1 Was von Ihnen verlangt wird

Die Prüfung findet in einem offiziellen Prüfungscenter statt, zurzeit entweder bei Pearson VUE oder bei Thomson Prometric. Auf deren Websites können Sie sich online anmelden, ein Konto auf Ihren Namen eröffnen und danach die Prüfung planen.

Das Examen »Strata IT Fundamentals« enthält folgende Eckwerte:

Dauer der Prüfung	60 Minuten
Anzahl Fragen	70
Skala	Von 100 bis 900
Bestehensquote	70 %
Verfügbare Sprachen	Englisch, Deutsch, Spanisch und weitere
Prüfungscode	FC0-U41

Wichtig

Dies sind Angaben, die sich verändern können. Prüfen Sie daher unbedingt auf der Website von CompTIA (www.comptia.org) die aktuell gültigen Bedingungen für die Prüfung!

14.2 Wie Sie sich vorbereiten können

Folgendes möchte ich Ihnen für Ihre Vorbereitung und die Prüfung noch mitgeben:

- Arbeiten Sie alle Unterlagen seriös durch, und besuchen Sie, wenn sinnvoll, ein Training zu CompTIA Strata IT Fundamentals.
- Unterschätzen Sie den Faktor »Erfahrung« nicht, Braindumps, d.h. Sammlungen von Prüfungsfragen und deren Antworten, sind dafür kein Ersatz und helfen gerade bei praxisorientierten Fragen wenig.
- Planen Sie Ihre Prüfung – das geht auch online (Vue, Prometric).
- Sie müssen sich im Prüfungscenter zweifach ausweisen können.
- Sie dürfen nichts in den Prüfungsraum mitnehmen.
- Sie haben exakt 60 Minuten. Der erste Teil besteht aber aus Informationen, die nicht zu den 60 Minuten zählen (Präambel). Nach den 60 Minuten wird die Prüfung geschlossen und ausgewertet. Das Ergebnis sehen Sie kurze Zeit später direkt auf dem Bildschirm.
- Lassen Sie keine Frage unbeantwortet!
- Vergessen Sie nicht, den Prüfungsreport aus dem Center mitzunehmen, es ist Ihr rechtlicher Nachweis für das Absolvieren der Prüfung.

14.3 Wie eine Prüfung aussieht

Damit Sie sich von der konkreten Prüfung ein Bild machen können, stelle ich Ihnen diese anhand einiger Screenshots hier einmal vor. Die CompTIA Germany GmbH und Pearson Vue haben uns dafür freundlicherweise folgende prüfungsnahe Abbildungen zur Verfügung gestellt:

Auf dem Begrüßungsbildschirm erhalten Sie alle wichtigen Informationen zum Ablauf der Prüfung noch einmal vorgestellt. Auch die Tatsache, dass nicht alle Fragen zwingend in die Wertung mit einfließen werden.

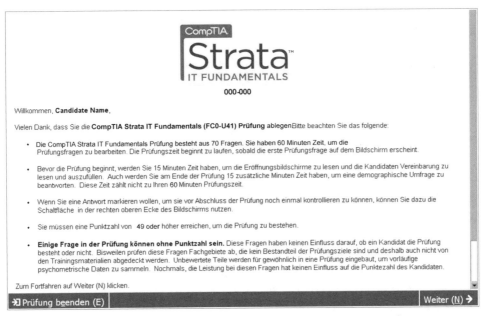

Abb. 14.1: Begrüßungsbildschirm zur Prüfung (Abbildungen © CompTIA und Pearson Vue, 2010)

Nach einigen Eingangsfragen startet der Test. Sie werden noch einmal auf die Zeit hingewiesen und können den Test anschließend manuell starten.

Dabei gibt es zwei Sorten von Fragen: die Entscheidungsfragen und die Mehrfachauswahlfragen. Die Entscheidungsfragen erkennen Sie am runden Knopf, dem »Radio Button«. Bei diesen Fragen können Sie nur eine Antwort auswählen, es ist immer nur die zuletzt gewählte Antwort aktiv.

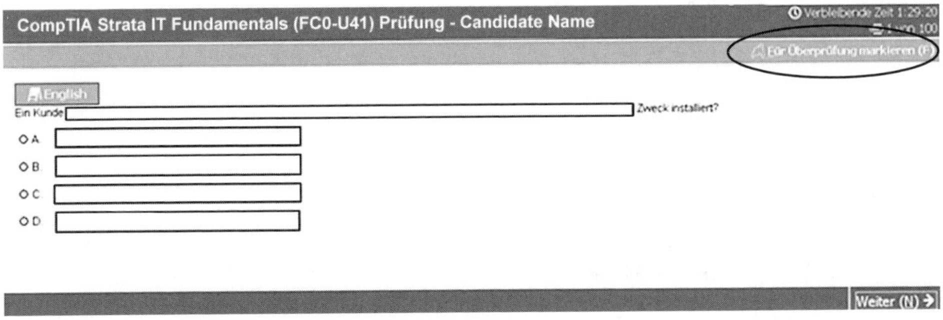

Abb. 14.2: Fragen mit Radio Button

Zugleich sehen Sie auf dem eben gezeigten Bildschirmausschnitt oben rechts (eingekreist) auch die Auswahlmöglichkeit für die nachträgliche Überprüfung. Sie können also jede Frage, bei welcher Sie unsicher sind, markieren und später noch einmal anschauen. Den Übersichtsbildschirm dazu zeige ich Ihnen gleich. Doch zuerst schauen wir uns noch den zweiten Fragetyp an: die Mehrfachauswahlfragen (Check Box).

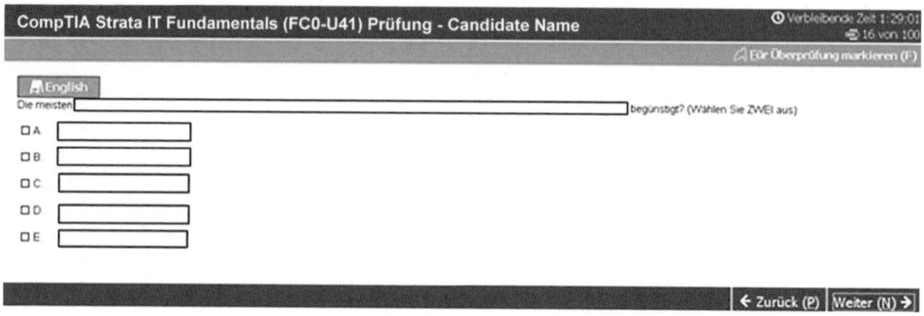

Abb. 14.3: Fragen mit Mehrfachauswahl

Die Fragen mit den Check-Box-Antworten erlauben Ihnen im Unterschied zu den Radio-Button-Antworten die Auswahl von mehreren Antworten. Hier ist es wichtig, dass Sie in der Frage genau lesen, wie viele Antworten gefragt sind, ob zwei oder drei oder »Alle, die richtig sind«.

Nachdem Sie mit allen Fragen fertig sind, erscheint der Review-Bildschirm. Hier sehen Sie, welche Fragen Sie unvollständig beantwortet haben, und können diese noch einmal anwählen. Sie können auch genau die auswählen, welche Sie vorher für den Review markiert haben.

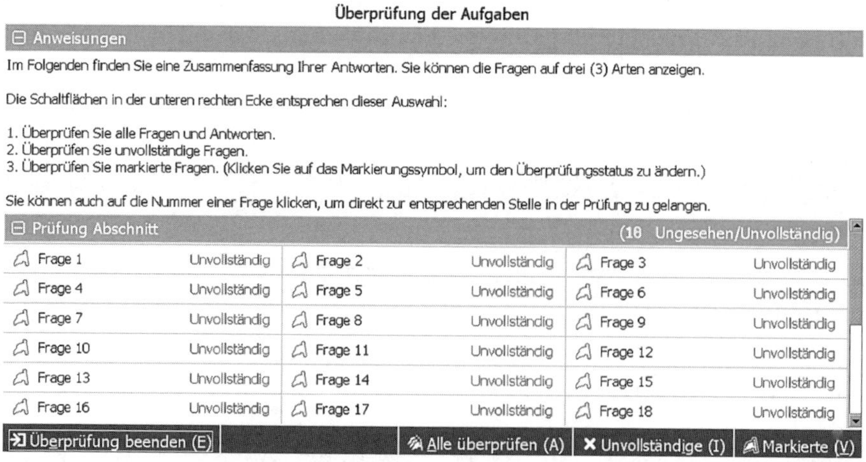

Abb. 14.4: Der Bildschirm mit der Übersicht zu allen Fragen

Nach Beendigung der Prüfung sehen Sie den Bildschirm, der Ihnen anzeigt, ob Sie bestanden haben oder nicht.

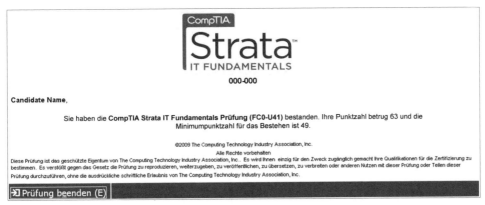

Abb. 14.5: Bildschirm mit dem Prüfungsergebnis

Anschließend wird Ihnen der Punktebericht (Score Report) angezeigt.

Abb. 14.6: Punktebericht nach der Prüfung

Lassen Sie sich im Prüfungszentrum auf jeden Fall den Score Report ausdrucken und mitgeben, er ist Ihr Nachweis, dass Sie die Prüfung abgelegt haben. Sollten Sie nicht bestanden haben, gibt Ihnen der Bericht zudem wertvolle Hinweise darauf, in welchen Themen Sie sich verbessern können.

Nach einigen Werktagen können Sie anschließend auf der Webseite von CompTIA Ihr Zertifikat ansehen und herunterladen.

Abb. 14.7: Punktebericht nach der Prüfung

14.4 Jetzt sind Sie dran

Die folgenden Fragen geben Ihnen die Möglichkeit, Ihr Wissen zu überprüfen. Sie finden dabei eine Auswahl von Fragen vor, wie Sie sie an der Prüfung FC0-U41 antreffen können. Dabei geht es nicht darum, Ihnen hier Originalfragen zu präsentieren, sondern den bisher bearbeiteten Stoff möglichst breit abzufragen, damit Sie selber sehen können, wo Sie möglicherweise noch Lücken aufweisen.

1. Welches Gerät kann sowohl SD-Karten als auch CompactFlash-Karten lesen?

    A   SmartCard-Leser

    B   Barcode-Leser

    C   Speicherkartenleser

    D   Floppy

2. Sie möchten bei einem Notebook eine neue Netzwerkkarte hinzufügen. Welche Schnittstelle steht Ihnen dafür zur Verfügung?

    A   PCI

    B   PCI Express

    C   ExpressCard

    D   DVI-N

3. Die Akkuleistung eines neuen Laptops lässt schneller nach als erwartet. Eine Kundin kommt zu Ihnen und fragt, was zu tun ist. Wie lautet Ihre korrekte Antwort?

   A   Ersetzen Sie den Akku durch einen neuen des Herstellers.

   B   Tauschen Sie den Laptop aus, das zeigt ein Problem des Systems an.

   C   Verwenden Sie das Netzteil und betreiben Sie den Laptop am Stromnetz.

   D   Verwenden Sie einen anderen als den angegebenen Akku, um mehr Leistung zu erhalten.

4. Welcher Druckertyp verwendet eine schwarze Tonerkassette?

   A   Laser

   B   Ink Jet

   C   Matrix

   D   Thermo

5. Welche Aussage zum Thema Riserkarte ist korrekt?

   A   Damit wird ein PC an das Netzwerk angeschlossen.

   B   Dies ist ein Steckplatz für zusätzliche Prozessoren.

   C   Die Riserkarte erweitert das Mainboard um weitere Steckplätze.

   D   Die Riserkarte enthält Arbeitsspeicher für Steckplätze.

6. Durch den Anschluss welchen Steckers kann man einen Rechner mit einem Server mit einem UTP-Kabel verbinden?

   A   RJ45

   B   USB

   C   FireWire

   D   RJ11

7. Welcher der folgenden Begriffe passt zu einer Datei, welche vom Antivirenprogramm regelmäßig aktualisiert wird, um den Computer vor neuen Viren zu schützen?

   A   Module

   B   Definitionen

   C   Hotfix

   D   Servicepack

8. Ihr Rechner hat immer noch Windows 7 ohne Servicepack installiert. Sie möchten aus Sicherheitsgründen das SP1 dazu aufspielen. Wie gehen Sie vor?

A Sie installieren zuerst alle Updates und danach das gewünschte SP1.

B Sie installieren gemäß Herstellerangaben direkt SP1.

C Sie müssen zuerst die bisherigen Updates deinstallieren und danach SP1 installieren.

D SP1 ist ein Upgrade auf Windows 7.5, daher müssen Sie zuerst die Hardware-Anforderungen für das neue Betriebssystem überprüfen.

9. Welcher der folgenden Benutzer hat am meisten Autorität auf einem lokalen System, das mit Windows 7 Professional betrieben wird?

A BCM (Basis Custom Master)

B Power User

C Hauptbenutzer

D Administrator

10. Sie bauen ein drahtloses Netzwerk in einem Anwaltsbüro auf. Der Kunde verlangt, dass Sie eine sichere Verschlüsselung mit AES implementieren. Welchen drahtlosen Standard für Sicherheit wählen Sie aus?

A WEP

B SSID

C WPA2

D 64-Bit

11. Welches Schnittstellenkonzept enthält in einem Laptop PnP-Funktionalität?

A IEE 1283

B USCSI

C P-ATA

D USB

12. Mit welcher Schnittstelle wird eine externe Festplatte an einem PC angeschlossen?

A USB

B IrDA

C 802.11u

D Parallel

13. Über welche Spezifikation verfügt ein moderner Prozessor?

 A Dual ATA

 B HyperChannel

 C Double Data Clock

 D MultiCore

14. Wie viel Kapazität bietet eine Dual-Layer-DVD (Digital Versatile Disc)?

 A 4,7 GB

 B 17 GB

 C 8,5 GB

 D 9,4 GB

15. Woran können Sie während der Startphase des Problems erkennen, dass die Grafikkarte einen Defekt hat?

 A Die NUM-Lock-Taste blinkt.

 B Ein Piepston oder mehrere Piepstöne nacheinander.

 C Der PC wird heruntergefahren.

 D Es erscheint eine Fehleranzeige im Display.

16. Wobei handelt es sich um einen internationalen Standard für Energieeffizienz bei Verbraucherelektronik?

 A Energy Star

 B Standby Modus

 C ACPI

 D Red Bull

17. Auf welche Komponente verweist beim Starten des Computers die Meldung »S.M.A.R.T. Status Bad«?

 A Audio

 B CD-ROM

 C Netzwerkkarte

 D Festplatte

18. Welche Farbe hat der Anschluss für eine PS/2-Tastatur??

   A   Lila

   B   Grün

   C   Gelb

   D   Rot

19. Durch welchen Anschluss können Sie eine Videokamera und einen PC miteinander verbinden?

   A   USV

   B   SCSI

   C   FireWire

   D   Parallel

20. Identifizieren Sie auf der folgenden Grafik den DVI-Anschluss:

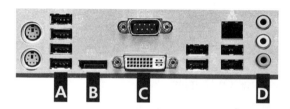

21. Wie nennt sich eine Datei, welche andere Dateien infiziert und sich selbst replizieren kann?

   A   Virus

   B   Trojaner

   C   Wurm

   D   Hoax

22. Sie möchten Ihre Daten sicher aufbewahren für den Fall, dass im Gebäude selber ein Schaden eintritt wie Wasser oder Feuer. Wie heißt dieser Speicherort für Ihre Daten?

   A   On-Site Speicher

   B   Off-Site Speicher

   C   Network Attached Storage (NAS)

   D   Storage Attached Network (SAN)

23. Welche Aussage über ein Modem ist korrekt?

    A   Es verstärkt die digitalen Signale.

    B   Es reduziert die Störungen analoger Signale.

    C   Es wandelt Wechsel- in Gleichstrom um.

    D   Es übersetzt analoge in digitale Signale und umgekehrt.

24. Welche Komponente enthält keine beweglichen Teile und kann die Daten in digitalem Format speichern?

    A   Floppy Disk

    B   Solid State Drive

    C   SATA-Festplatte

    D   DDR-RAM

25. Wo werden auf dem Mainboard auf der folgenden Abbildung die DDR2-RAM eingebaut?

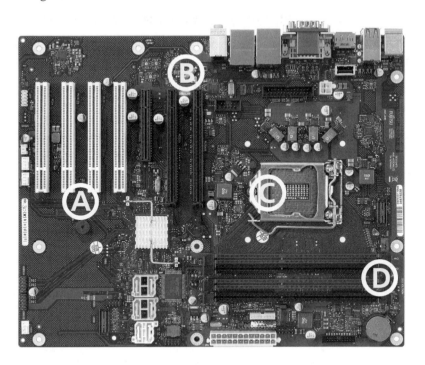

26. Wie sieht eine gültige IP-Adresse aus?

    A 192.168.1.10

    B 290-390-490

    C passoword4

    D 1280x1200

27. Beim Verbinden des Notebooks mit dem Netzteil bemerkt der Techniker eine übermäßige Temperatur des Netzteils. Der Techniker sollte ...

    A die Verbindung durch mehr Druck auf den Stecker sicherstellen.

    B das Netzteil vom Boden entfernen.

    C das Netzteil mit einem Ventilator kühlen.

    D das Netzteil umgehend ersetzen.

28. Was sollte eine Technikerin tun, wenn sie zum ersten Mal mit einen neuen Kunden spricht?

    A Wenn das Problem nicht sofort gelöst werden kann, dieses eskalieren.

    B Fachausdrücke verwenden, damit der Kunde merkt, über welche Fachkenntnisse die Technikerin verfügt.

    C Dem Kunden ihren Namen und den Namen der Firma nennen.

    D Dem Kunden vor Ort Hilfe anbieten.

29. Sie setzen in Ihrem Büro Windows 7 ein. Windows hat durch ein automatisches Update heute Morgen einen Treiber installiert, und jetzt haben Sie keinen Zugriff mehr auf Ihren Scanner. Was tun Sie?

    A Windows neu installieren.

    B Einen Scanner suchen, der dieses Update verträgt.

    C Den Gerätetreiber deinstallieren und neu installieren

    D Das Windows Update deaktivieren

30. Wie heißt eine gebräuchliche Methode, mit welcher Außenstehende versuchen können, in Ihr drahtloses Netzwerk einzudringen?

    A Backdoor

    B Trojaner

    C Paketfilterung

    D War Driving

31. Was kann Informationen zu Ihrem Surfverhalten im Internet speichern?

    A Cookie

    B SSID

    C MAC-Adresse

    D WPA2

32. Welches Programm können Sie unter anderem auch als Sicherheitsmaß-nahme einsetzen?

    A Adware

    B Bildschirmschoner

    C Cookie

    D Leistungsmonitor

33. Welche der Folgenden ist eine drahtlose Lösung für den Anschluss von Netz-werkgeräten?

    A IEEE 1394b

    B IEEE 1284

    C IEEE 802.3i

    D IEEE 802.11n

34. Sie möchten eine drahtlose Maus mit Ihrem Notebook verbinden. Welche Technologie werden Sie dazu wahrscheinlich einsetzen?

    A Bluetooth

    B WLAN

    C PS/2

    D USB

35. Wie heißt das Standardprotokoll zum Versenden von E-Mails?

    A ISP

    B POP

    C NNTP

    D SMTP

36. Welcher Baustein auf dem folgenden Bild stellt ein RAM für ein Notebook dar?

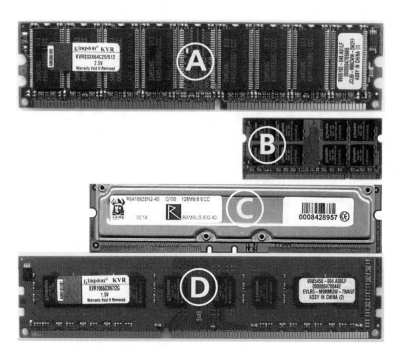

37. Eine MAC-Adresse finden Sie ...

A   in der Festplatte.

B   im Prozessor.

C   nur in einem Apple-Computer.

D   in einer NIC.

38. Bevor Sie zusätzlichen Arbeitsspeicher für ein Upgrade Ihres Systems kaufen, überprüfen Sie, ob das neue Mainboard was auf jeden Fall noch anbietet?

A   Genug Leistung auf dem Prozessor

B   Freie Steckplätze für RAM-Riegel

C   Freie PCI-Express-Steckplätze

D   Genug Arbeitsspeicher

39. Welche Anwendung zeigt Ihnen Werbung an, ob Sie diese aufgerufen haben oder nicht?

   A   Trojaner

   B   Android

   C   Spyware

   D   Adware

40. Welcher Dienst ist in der Lage, Ihrem Computer automatisch eine korrekte IP-Adresse zuzuweisen?

   A   TCP

   B   DHCP

   C   WPA

   D   NTP

41. Ein Benutzer erhält eine E-Mail seiner Bank, dass er für ein Banken-Audit einem Link folgen soll. Dort soll er seinen Usernamen, sein Kennwort und seine Kontonummer eingeben.

   Dies ist ein Beispiel für

   A   biometrische Authentifizierung

   B   Standardsicherheitsverfahren von Banken

   C   Phishing

   D   typisches Bankenmarketing, denn er hat bei dieser Bank gar kein Konto

42. Was ist eine typische Stromversorgung für ein Tablet?

   A   NiMH-Akku

   B   ATX-Netzteil

   C   Li-Ion-Akku

   D   Solarzelle

43. Welche der folgenden Komponenten zur Verwendung an einem Notebook sind im Betrieb austauschbar?

   A   SATA-Festplatte

   B   Mobile CPU

   C   USB-Stick

   D   SDRAM-Speicherchip

44. Welche Kontrollmöglichkeit erlaubt es Ihnen, für den Internetzugang Beschränkungen für den aufrufbaren Inhalt festzulegen?

  A Inhaltsfilter auf der Firewall

  B Leistungsmonitor auf dem PC

  C Parental Control (Elternkontrolle, Funktion in Windows)

  D Antivirenprogramm

45. Wie hoch ist die theoretische maximale Geschwindigkeit bei Gigabit-Ethernet?

  A 10 Mbps

  B 100 Mbps

  C 1000 Mbps

  D 10000 Mbps

46. Welche der folgenden Angaben beschreibt einen Standardstromstecker auf Mainboards?

  A ATX

  B AGP

  C ASP

  D AC

47. In einer Umgebung mit unzuverlässiger Spannungsversorgung schützt man den Computer am besten durch ...

  A Aufstellen auf einer antistatischen Unterlage.

  B einen geerdeten Power Strip.

  C eine unterbrechungsfreie Stromversorgung (USV) .

  D einen separaten Stromanschluss.

48. Sie starten am Morgen Ihren PC und finden gleich beim Start die Fehlermeldung vor: »CMOS Checksumme fehlerhaft« – was ist der wahrscheinlichste Grund für diese Fehlermeldung?

  A Das BIOS muss aktualisiert werden.

  B Die CMOS-Batterie ist leer und muss ersetzt werden.

  C Das CMOS ist defekt.

  D Das Mainboard hat einen Virus.

49. Welche Vorteile bietet USB 2.0 gegenüber einer seriellen Schnittstelle wie DB9 PS/2? Wählen Sie alle aus, die zutreffen.

  A Einfachere Konfiguration

  B Geschwindigkeit

  C Anzahl anschließbarer Geräte

  D Sicherheit

50. Welcher Begriff umschreibt Software, welche den Anwendern zunächst, ohne Geld zu bezahlen, zum Test zur Verfügung gestellt wird und die nach dem Test erworben werden kann?

  A Spyware

  B Shareware

  C Freeware

  D Greyware

51. Was ist die Differenz zwischen USB 2.0 und IEEE 1394??

  A IEEE 1394 ist schneller als USB 2.0

  B IEEE 1394 unterstützt Hot Swapping

  C IEEE 1394 ist langsamer als USB 2.0

  D USB 2.0 unterstützt Hot Swapping

52. Welches Gerät ermöglicht es Ihnen, Texte oder Bilder einzulesen und zu analysieren?

  A Webcam

  B Scanner

  C Blu-ray

  D USB-Stick

53. Welche Schnittstelle benötigen Sie wenn Sie eine Videoschnittkarte in den Computer einbauen möchten?

  A VESA

  B PCIe

  C USB

  D S478

54. Sie haben sich eine neue Webcam gekauft und schließen diese zu Hause an den USB-Port Ihres Computers an. Aber das Betriebssystem Windows 7 Home Premium erkennt die Kamera nicht. Auch andere Geräte, die Sie daraufhin an diesem USB-Port anschließen, reagieren nicht. Was können Sie als Erstes überprüfen?

    A   Ob die Kamera und die anderen Geräte nur USB 1.1 unterstützen und darum vom USB 2.0-Port nicht erkannt werden.

    B   Ob der USB-Port im BIOS aktiviert ist.

    C   Ob das Mainboard defekt ist.

    D   Ob Ihr Betriebssystem Windows 7 überhaupt USB unterstützt.

55. Welcher der folgenden Begriffe definiert die Energieverwaltungsoptionen für verschiedene Computersysteme?

    A   PCIe

    B   HDMI

    C   ACPI

    D   VGA

56. Sie möchten eine leistungsfähige Grafikkarte einbauen. Welche Schnittstelle werden Sie für die Installation benötigen?

    A   AGP

    B   PCI

    C   PCI Express

    D   DVI

57. Sie bauen ein drahtloses Netzwerk auf und richten dazu eine SSID ein. Welche Bedingungen müssen Sie dabei einhalten?

    A   Die SSID darf maximal 32 Zeichen lang sein.

    B   Die SSID unterscheidet nicht zwischen Groß- und Kleinschreibung.

    C   Die SSID muss mindestens 12 Zeichen lang sein.

    D   Die SSID muss sowohl Ziffern als auch Buchstaben enthalten.

58. Welche Speicherkarte können Sie in einer Digitalkamera verwenden?

A   SSD

B   Expresskarte

C   SD

D   USB

59. Sie müssen für einen Ausbau Ihres Systems das Gehäuse öffnen. Worauf achten Sie dabei auf jeden Fall? Wählen Sie alle passenden Antworten aus.

A   Dass keine Behälter mit Flüssigkeiten in der Nähe stehen.

B   Dass Sie ein antistatisches Armband tragen.

C   Dass Sie das Mainboard zuerst mit einem feuchten Tuch reinigen.

D   Dass Sie alle Teile sorgfältig auf den Boden legen.

60. Welche Komponente hat einen akustischen Sensor und wandelt die eingehenden Signale in digitale Werte um?

A   Mikrofon

B   Trackball

C   Webcam

D   Soundkarte

61. Sie richten ein drahtloses Netzwerk ein und geben dazu auf jedem Client die Zeichenfolge »tre44wsc0PTF5qa« ein. Um welchen Wert handelt es sich hierbei sehr wahrscheinlich?

A   Um die SSID

B   Um den WPA-Schlüssel

C   Um die IP-Adresse

D   Um den Namen des Netzwerkes

62. Welchen Steckertyp setzen Sie ein, wenn Sie ein 100Base-TX-Kabel am PC anschließen?

A   RJ45

B   RJ11

C   USB

D   DB-9

63. Bei welchem Anschluss handelt es sich auf der folgenden Grafik um einen Ethernet-Anschluss?

64. Welcher Virus kann sich auf Ihrem Computer verstecken und dabei Informationen über Ihr System oder Ihre Daten nach außen weitergeben?

   A   Mailvirus

   B   Bootvirus

   C   Trojaner

   D   Adware

65. Sie möchten gerne Ihr System mit DDR3-1333-RAM mit zusätzlichem Arbeitsspeicher aufrüsten. Welche der folgenden Bausteine kommen dafür in Frage?

   A   RAM mit 144 Pins

   B   RAM mit 240 Pins

   C   RAM mit 204 Pins

   D   RAM mit 72 Pins

66. Wie nennt sich ein 32-Bit-Identifikator an einem Zugriffspunkt (Access Point)?

   A   WPA

   B   SSID

   C   WEP

   D   SSL

67. Welcher Begriff definiert im Allgemeinen die Differenz zwischen dem hellsten und dem dunkelsten Punkt, den ein Bildschirm darstellen kann?

   A   Helligkeit

   B   Auflösung

   C   Kontrastverhältnis

   D   Leuchtkraft pro m2

68. Bei welchem Kabel müssen Sie darauf achten, dass es unter 5 Metern lang ist, damit die Übertragung einwandfrei funktioniert?

   A USB 2.0

   B eSATA

   C Ethernet

   D VGA

69. Welches Eingabegerät können Sie dazu benutzen, um sich an einem Notebook zu authentifizieren?

   A Maus

   B Fingerabdruckleser

   C SD-Karte

   D Scanner

70. Welches Protokoll wird benutzt, um den Inhalt von Webseiten zu verschlüsseln?

   A HTTP

   B WWW

   C SMTP

   D SSL

Kapitel 15

Anhänge

Auf den folgenden Seiten finden Sie Antworten. Zuerst auf die Frage danach, welches Thema der Prüfung im Buch an welcher Stelle abgehandelt ist.

Danach auf die Fragen am Ende der einzelnen Buchkapitel und zum Schluss finden Sie die Antworten zu den siebzig Fragen im Beispieltest.

15.1 Hier finden Sie die Prüfungsthemen

1.0 Technologie- und Computer-Hardware-Grundlagen	KAPITEL
1.1 Identifizieren Sie grundlegende Begriffe des IT-Vokabulars	
■ Prozessorgeschwindigkeit/Multikernprozessoren	3.1
▦ Single/Dual/Quad Core	3.1
▦ Intel/Cell/AMD basierend	3.1
▦ GHz oder MHz	3.1
▦ Prozessor Cache-Größe	3.1.3
▦ Bus-Geschwindigkeit (in Bezug auf Motherboard, Speicher etc.)	3
■ RAM	3.2
▦ DDR, DDR2, DDR3	3.2
▦ DIMMS oder SODIMMS	3.2
■ Festplatten	5
▦ RPMs	5.2.1
▦ Cache-Größe	3.1.3
▦ Solid State oder mechanische Festplatten	5.3
▦ SATA, SCSI, IDE	4.6.1, 4.6.2
▦ Intern oder extern	5.2
▦ Lokale oder Netzwerk-Shares	5.2.3, 10.4.5
■ Netzwerke	10
▦ Begriffe für drahtlose Netzwerke	10.3.2
– 802.11a/b/g/n	10.3.2
– Bluetooth	10.3.3
– RF (Radiofrequenz)	10.3.3

1.0 Technologie- und Computer-Hardware-Grundlagen	KAPITEL
1.1 Identifizieren Sie grundlegende Begriffe des IT-Vokabulars	
– Interferenz	11.5, 11.6
– WAP (Wireless Access Point)	10.3.2
– SSID	10.3.2
– Drahtlos-Router	10.3.2
■ Ethernet Technologie	10.3.1
– CAT5 Verbindungen und Kabel	10.3.1
– Home Plug (Ethernet über Strom)	10.5.6
– Breitbandrouter	10.4.5
– DSL und Kabelmodems	10.4.4
– Standard- oder Crossover-Kabel	10.3.1
– Automatische Verbindung (Geschwindigkeit und Duplex)	10.4.3
■ Internet	10
– Protokolle	10.6
· HTTP oder HTTPS	12.5.4
· FTP	10.6.1
· SSL	12.6.3
· POP3	10.6.4
· SMTP	10.6.3
· IMAP	11.4.3
· DNS	11.4.3
· DHCP	10.7
· TCP/IP (IPv4 Adresse, IPv6 Adresse)	10.6.2
– Browser-Merkmale	11.2.2
· Plug-ins	11.2.5
· Benutzereinstellungen (Textgröße, Textstil etc.)	11.2.3
· Anti-Phishing-Funktionen	12.5.2
· ActiveX und Java	11.2.5
· Cookies	11.3.3
· Internet Cache	11.2.5

1.2 Demonstrieren Sie den richtigen Umgang mit den folgenden Geräten:	
■ Monitore	4.3
■ Anpassen der Monitoreinstellungen (Helligkeit, Kontrast etc.)	4.3.2
■ Desktop	8.2

1.0 Technologie- und Computer-Hardware-Grundlagen	KAPITEL
1.2 Demonstrieren Sie den richtigen Umgang mit den folgenden Geräten:	
■ Server	10.1
■ Tragbare Geräte	2.5
▪ Laptop	2.5
▪ PDA	2.5
▪ Smartphone	2.5
▪ Netbook	2.5

1.3 Erklären Sie die Merkmale und Funktionen von internen und externen Speichergeräten	
■ CD/CD-RW Laufwerk	5.5.1
■ DVD/DVD-RW Laufwerk	5.5.2
■ Blu-Ray Disk-Laufwerk	5.5.3
■ USB-Speicher (Solid State oder magnetische Disk)	5.2
■ Multicard Reader und Writer	5.4.1
■ Festplatten	5.2, 5.3
■ Mobile Mediengeräte (z.B. MP3 Player oder PDAs)	2.5

1.4 Erklären Sie die Merkmale und Funktionen von Peripheriegeräten	
■ Digitalkamera	4.4
■ Webkamera	4.4
■ Lautsprecher	4.5
■ Tuner	4.5
■ Mikrofon	4.5
■ Drucker/Scanner	4.1.6, 4.2

1.5 Erklären Sie die Merkmale und Funktionen von Kerneingabegeräten	
■ Tastatur	4.1.1
■ Maus	4.1.2
■ Tablet (Touchscreen)	4.1.4
■ Numerisches Tastenfeld	4.1.1
■ Gamepad	4.1.5

1.6 Identifizieren Sie die Risiken, die mit dem Upgrade der folgenden Technologien und Geräten assoziiert wird.	
■ Betriebssysteme (Open Source und kommerzielle)	8.3
▪ Kompatibilitätsprobleme	6.3.1, 6.3.2, 6.3.3

1.0 Technologie- und Computer-Hardware-Grundlagen	KAPITEL
1.6 Identifizieren Sie die Risiken, die mit dem Upgrade der folgenden Technologien und Geräten assoziiert wird.	
▪ Upgrade-Probleme	6.3.1, 6.3.2, 6.3.3
▪ Datenverlust	12.2
■ PC-Geschwindigkeit/Speichermöglichkeit	6.3
▪ Kompatibilitätsprobleme	6.3
▪ Upgrade-Probleme	6.3
▪ Bus-Unterschiede	6.3.3
▪ Hardware-Ausfall	7
■ Anwendung	9.5
▪ Mindestanforderungen	9.5.4
▪ Kompatibilitätsprobleme	9.5.4
■ Bandbreite und Nachfrage	10.1
▪ VoIP	10.5.5
▪ Streaming	11.3.2
▪ Dienste über das Web	11.3
■ Automatische Anwendungs- und Betriebssystem-Updates	9.7
▪ Risiken automatischer Updates	9.7.1
▪ Risiken, die entstehen, wenn man automatische Updates nicht benutzt	9.7.1
▪ Risiken, die entstehen, wenn man Herstellerwebseiten nicht benutzt	9.5.4

1.7 Demonstrieren Sie die Fähigkeit, einen einfachen PC-Arbeitsplatz einzurichten	
■ Identifizieren Sie die Unterschiede zwischen den Anschlussarten	4, 6, 7, 10
▪ DVI, VGA, HDMI	4.3.4
▪ USB, PS/2	4.1.1, 4.1.2
▪ FireWire	4.6.6
▪ Bluetooth und Drahtlos	10.3.2, 10.3.3
▪ Seriell	4.6.7
▪ Netzwerkanschlüsse	10.3.1
▪ PCMCIA	4.6.4
▪ ExpressCard	4.6.4
▪ 3,5 Multimedia-Audiobuchse	4.5
▪ Stromanschlüsse	3.5.2, 3.5.3
■ Monitorarten	4.3.1

1.0 Technologie- und Computer-Hardware-Grundlagen	KAPITEL
1.7 Demonstrieren Sie die Fähigkeit, einen einfachen PC-Arbeitsplatz einzurichten	
■ Computer (Desktop, Tower, Laptop, speziell angefertigte Gehäuse)	2.4, 2.5
■ Tastatur (Tastatur-Layout: Regionalisierung)	9.2
■ Maus (Touchpad, optisch, Trackball)	4.1.2, 4.1.3
■ Drucker (USB, drahtlos, Netzwerk)	4.2.7
■ Spannungs- und Stromanforderungen	7.6
■ Den PC und die Peripheriegeräte anschalten und benutzen	3.5.2

2.0 Kompatibilitätsprobleme und häufige Fehler	KAPITEL
2.1 Identifizieren Sie grundlegende Kompatibilitätsprobleme zwischen:	
■ Prozessorleistung	3.1
■ RAM-Arbeitsspeicher	3.2, 7.2
■ USB (1.1, 2.0)	4.6.5, 7.4.2
■ FireWire	4.6.6
■ PS/2	7.3.1
■ Ethernet	10.3.1
■ Drahtlose Netzwerke	10.3.2

2.2 Erkennen Sie häufige Betriebsprobleme, die durch die Hardware ausgelöst werden	
■ Kritische Fehlermeldungen oder Absturz	7
■ Systemsperre (Einfrieren)	7.1
■ Anwendung startet oder lädt nicht	9.5.3
■ Keine Verbindung zum Netzwerk	11.5, 11.6
■ Treiber/Hardware-Kompatibilität	9.3
■ Eingabegerät funktioniert nicht	7.7

2.3 Demonstrieren Sie die Fähigkeit, Risiken zu minimieren	
■ Datenverlust	8.7, 12.2
■ Dienstverlust	9.6.3
■ Schäden an den Geräten	7.7

3.0 Software-Installationen und Funktionen	KAPITEL
3.1 Installieren, entfernen und/oder upgraden Sie einfache Software	
■ Grundlegenden Installations-/Upgrade-Prozessen folgen	9.5.3
■ Überprüfen, ob der PC die Mindestanforderungen erfüllt	9.5.3

3.0 Software-Installationen und Funktionen	KAPITEL
3.1 Installieren, entfernen und/oder upgraden Sie einfache Software	
■ Administratorrechte	9.4
■ Firewall-Zugang (Anschlüsse für die richtige Funktion öffnen)	9.6.2
■ Das Betriebssystem konfigurieren	9.2
■ Grundlegende Einstellungen anpassen (z.B. Lautstärke, Datum, Zeit, Zeitzone)	9.2
■ Benutzerkonten	9.4
■ Stromeinstellungen (Energie sparen, Ruhezustand etc.)	9.4, 13.1
■ Bildschirmauflösungen	9.4
■ Dokumentation	9.5
■ Lizenzen (kommerziell, Freeware, Shareware)	9.5.2
■ Software-Registrierung	9.5.2
■ Digitale Rechteverwaltung	9.5.2
■ Software entfernen (sauberes Deinstallieren)	9.5.3
■ Reinstallation (saubere Installation)	9.5.4
3.2 Identifizieren Sie Probleme, die mit Ordner- und Dateiverwaltung zu tun haben	
■ Ordner erstellen, löschen, umbenennen und verschieben	8.7.1, 8.7.2
■ Ordnerstruktur während einer Installation zuordnen	8.7.1
■ Dateien erstellen, löschen, umbenennen, verschieben und drucken	8.7.2
■ Wichtigkeit, den Backup-Richtlinien und -Prozeduren zu folgen	12.2
3.3 Erklären Sie die Funktion und den Zweck von Softwaretools	
■ Leistungs- und Fehlerkorrektur-Tools	9.8.5
■ Aktivitäts- oder Ereignisprotokolle	9.8.4
■ Backup-Tools	12.2
■ Programme zum Bereinigen von Festplatten	9.8.1
■ Werkzeuge zur Datenkompression	9.8.2

4.0 Sicherheit	KAPITEL
4.1 Grundsätzliche Sicherheitsrisiken erkennen und Prozeduren, um sie zu vermeiden	
■ Risiken identifizieren	12.5
■ Social Engineering	12.5.3
■ Viren	12.5.2
■ Würmer	12.5.2

4.0 Sicherheit	KAPITEL
4.1 Grundsätzliche Sicherheitsrisiken erkennen und Prozeduren, um sie zu vermeiden	

■ Physikalische Sicherheit der Hardware	12.3
■ Schlösser	12.3
■ Kindersicherung	11.4.4
■ SmartCard	12.1
■ Fingerabdruckleser	12.1
■ Einmalpasswort	12.1
■ Identifizieren Sie Sicherheitsbedrohungen, die mit dem Folgenden in Verbindung stehen:	12.2
■ Medien, die für Backup benutzt werden (Diebstahl oder Verlust)	12.2
■ Bildschirmsichtbarkeit (Shoulder Surfing)	12.3
■ Cookies (können gestohlen werden, Passwörter speichern, Browser Tracking)	11.3.3
■ Pop-ups (automatische Installation, Klicken auf Links mit Malware)	12.5
■ Unbeabsichtigte Fehlkonfiguration	11.2.5, 12.5

4.2 Sicherheitsbrüche erkennen und Methoden kennen, mit denen sie gelöst werden können	

■ Erkennen Sie das richtige diagnostische Vorgehen, wenn ein Virenbefall vorliegt	12.6.1
■ Antivirus-Scan laufen lassen	12.6.1
■ Virus, wenn möglich, in Quarantäne verschieben	12.6.1
■ An einen IT-Experten eskalieren, wenn nötig	12.6.1
■ Erkennen Sie die richtigen Vorgehensweisen, um eine sichere Umgebung zu unterhalten	12, 9
■ Regelmäßige Antivirus- und Malware-Scans	12.6.1
■ Anwendungs-/Betriebssystem-Updates	9.7

5.0 Green IT und präventive Wartung	KAPITEL
5.1 Identifizieren Sie umweltfreundliche Wege, um Strom zu sparen und Materialien zu entsorgen	

■ Entsorgung umweltschädlicher Substanzen	13.1
■ Batterieentsorgung	13.1
■ CRT-Entsorgung – mit LCDs ersetzen	13.1
■ Computer für den Wiedergebrauch oder zur Ausschlachtung recyceln	13.2

5.0 Green IT und präventive Wartung	KAPITEL
5.1 Identifizieren Sie umweltfreundliche Wege, um Strom zu sparen und Materialien zu entsorgen	
▦ Toner-Entsorgung	13.1
▦ Reinigungsmittelentsorgung	
▦ Materialien, die RoHS konform sind	13.4
■ Strommanagement (Stromsparmöglichkeiten)	13.1
▦ Herunterfahren/Ausschalten am Ende des Tages	13.1
▦ Automatisches Ausschalten nach 15 Minuten Untätigkeit	13.1
▦ Shutdown-Skripte	13.1
■ Strommanagement PCs und Niedrigstrom-Server ersetzen große Desktops mit energieeffizienten Laptops und Thin Clients	13.4

5.2 Identifizieren Sie grüne Technologien, Ausrüstung und Verfahren.	
■ Definieren Sie Cloud Computing	13.4.1
▦ Definieren Sie Virtualisierung (mehr als einen Server auf einer einzelnen Hardware laufen lassen)	13.4.1
▦ Reduzierter Stromverbrauch und Kühlungsbedarf	13.4
■ Doppelseitiges Drucken und Gebrauch von Netzwerkdruckern mit »niedrigeren Kosten pro Seite«	13.1
■ Terminalserver	13.4.3
■ Energy-Star-Einstufung	13.4.1
■ Gebrauch von Niedrigstrom-NAS (Network Attached Storage) anstelle von Dateiservern	13.4.2
■ Heimarbeit der Angestellten	13.4.3
▦ Weniger Abgase	13.4.3
▦ Reduzierte Bürobeleuchtung, Heizung etc.	13.4.3
■ Solid-State-Laufwerke	5.3, 13.1
■ Definieren Sie VoIP und wie es mit Green IT in Verbindung steht	10.5.5
■ Grüne Gebäudeinfrastruktur	13.4
▦ Eliminieren Sie das Entweichen kalter Luft in den Serverräumen	13.4
▦ Richtige Raumanordnung, um IT-Geräte zu kühlen	13.4
▦ Energieeffiziente Kühlventilatoren – BIOS anpassbar	13.4
5.3 Identifizieren Sie präventive Wartungsprodukte und -techniken und wie man sie einsetzt.	
■ Flüssige Reinigungsgemische	6.2
■ Materialarten, um Kontakte und Verbindungen zu säubern	6.2
■ Druckluft	6.2

5.0 Green IT und präventive Wartung	KAPITEL
5.3 Identifizieren Sie präventive Wartungsprodukte und -techniken und wie man sie einsetzt.	

■ Monitore säubern	6.2
■ Entfernbare Mediengeräte säubern	7.3.5
■ Ventilations-, Staub- und Feuchtigkeitskontrolle im Inneren der PC-Hardware	6.2, 7
■ Überspannungsunterdrückung	7.6
■ Gebrauch von ESD-Geräten	6.1.1
■ Anbringung der Verkabelung und Sicherheit	11.5

15.2   Antworten zu den Kapitelfragen

Kapitel 2	
Frage 1	B
Frage 2	D
Frage 3	C
Frage 4	C
Frage 5	B

Kapitel 3	
Frage 1	C
Frage 2	D
Frage 3	B
Frage 4	D
Frage 5	C
Frage 6	C
Frage 7	D
Frage 8	A D
Frage 9	C

Kapitel 4	
Frage 1	A C
Frage 2	A
Frage 3	D
Frage 4	D
Frage 5	A
Frage 6	B

Frage 7	A
Frage 8	B E
Frage 9	D
Frage 10	B

Kapitel 5	
Frage 1	A
Frage 2	A
Frage 3	B
Frage 4	B
Frage 5	C
Frage 6	D

Kapitel 6	
Frage 1	D
Frage 2	D
Frage 3	C
Frage 4	D
Frage 5	B
Frage 6	D
Frage 7	B
Frage 8	C
Frage 9	C
Frage 10	A

Kapitel 7

Frage 1	D
Frage 2	C
Frage 3	A
Frage 4	D
Frage 5	A
Frage 6	A
Frage 7	B
Frage 8	C
Frage 9	D
Frage 10	C

Kapitel 8

Frage 1	C
Frage 2	A C D
Frage 3	D
Frage 4	D
Frage 5	C

Kapitel 9

Frage 1	C
Frage 2	B
Frage 3	D
Frage 4	A
Frage 5	B
Frage 6	D

Kapitel 10

Frage 1	A
Frage 2	C
Frage 3	C
Frage 4	A
Frage 5	D
Frage 6	D
Frage 7	C
Frage 8	C

Frage 9	B
Frage 10	C

Kapitel 11

Frage 1	B
Frage 2	D
Frage 3	A
Frage 4	A
Frage 5	B
Frage 6	D
Frage 7	C

Kapitel 12

Frage 1	C
Frage 2	D
Frage 3	B
Frage 4	D
Frage 5	D
Frage 6	C
Frage 7	D
Frage 8	C

Kapitel 13

Frage 1	D
Frage 2	C
Frage 3	C
Frage 4	B
Frage 5	A
Frage 6	B

15.3 Antworten zu den Beispielfragen

Frage	Richtige Antwort		Frage	Richtige Antwort
1	C		36	B
2	C		37	D
3	A		38	B
4	A		39	D
5	C		40	B
6	A		41	C
7	B		42	C
8	B		43	C
9	D		44	A
10	C		45	C
11	D		46	A
12	A		47	C
13	D		48	B
14	C		49	A B C
15	B		50	B
16	A		51	C
17	D		52	B
18	A		53	B
19	C		54	B
20	C		55	C
21	C		56	C
22	B		57	A
23	D		58	C
24	B		59	A B
25	D		60	A
26	A		61	B
27	D		62	A
28	C		63	D
29	C		64	C
30	D		65	B
31	A		66	B
32	B		67	C
33	D		68	A
34	A		69	B
35	D		70	D

15.4 Glossar

AC	Alternating Current, Wechselstrom
ACPI	Advanced Configuration and Power Interface
ACT	Activity (LED an der Netzwerkkarte)
Adapterkarte	Erweiterungskarte oder Steckkarte
ADF	Automatic Document Feeder
ADSL	Asymmetrical Digital Subscriber Line
AGP	Accelerated Graphics Port
AMD	Advanced Micro Devices (Hersteller)
ANSI	American National Standards Institute. Vergleichbar mit DIN oder ISO.
API	Application Program Interface (Schnittstelle für Anwendungsentwickler)
APIPA	Automatic Private Internet Protocol Addressing
APM	Advanced Power Management (Genormte Stromsparfunktion)
AppleTalk	(Alte) Kommunikationsprotokolle von Apple
ARM	Advanced Risk Machine
ARP	Address Resolution Protocol
ASCII	American Standard Code for Information Interchange (Zeichentabelle)
ASR	Automatic System Recovery
Assembler	Übersetzungsprogramm, welches Befehle in Maschinencode umwandelt
AT	Advanced Technology (Der AT war der Nachfolger des PC/XT)
ATA	Advanced Technology Attachment (in Zusammenhang mit EIDE)
ATAPI	Advanced Technology Attachment Packet Interface
ATX	Advanced Technology Extended (Formfaktor für Mainboards und Gehäuse)
Basic	Beginners' all purpose symbolic instruction code (Programmiersprache)
Batch	Stapelverarbeitungsdatei, Befehle werden zeilenweise abgearbeitet.
Baudrate	Übertragungsrate in Bit pro Sekunde. (Genauer: Anzahl Taktwechsel pro Sekunde, da auch noch Start-, Stopp-, und Paritätsbit mitgesandt werden.)
BBS	Bulletin Board System (Elektronisches Mailboxsystem)
Benchmark	Testverfahren zur Überprüfung von effektiven Computerleistungen
Binär	Dual (Zweier), bestehend aus 0 und 1
BIOS	Basic Input Output System (Grundlegendes Ein-/Ausgabesystem)
Bit	Grundlegendes Element in der elektronischen Datenverarbeitung. 1 Bit stellt die kleinste Informationseinheit (0 oder 1) dar.
Bitmap	Bilddatenformat, welches ein Bild durch verschiedene Bildpunkte darstellt
B-Kanal	Basiskanal einer ISDN-Verbindung

BNC	Bayonet-Neill-Concelman oder British Navel Connector
Booten	Starten des PCs. Laden der Grundprogramme für den Rechner.
BRI	Basic Rate Interface (ISDN-Basisanschluss)
Bridge	Hardware zur Verbindung von zwei Netzwerken auf OSI-Layer 2
BTX	Balanced Technology Extended (Mainboard-Faktor, auch Gehäuse)
Byte	Kombinierte Informationseinheit aus 8 Bit
C++	Objektorientierte Programmiersprache
Cache	Schneller Zwischenspeicher
CCD	Charged Coupled Device (Halbleiterspeicher)
CD	Compact Disc
CDFS	Compact Disc File System
CD-ROM	Compact Disc-Read-Only Memory
CD-RW	Compact Disc-Rewritable
Centrino	Notebook Prozessor- und Chipsetdesign von Intel
Centronics	Standardisierter Anschluss für die parallele Ansteuerung von Druckern
CF	Compact Flash (Speicherkartentyp)
Chip	Hochintegrierter Schaltkreis mit bis zu mehreren Millionen Transistoren
CMOS	Complementary Metal Oxide Semiconductor
COM1	Communication Port 1 (DOS-Bezeichnung für die erste serielle Schnittstelle)
CPU	Central Processing Unit (Zentrale Verarbeitungseinheit).
Crossgrade	Umstieg auf ein ähnliches Produkt eines anderen Herstellers
CRT	Cathode-Ray Tube, Röhrenmonitor
Cursor	Positionsanzeiger auf dem Bildschirm
DB-9	9 pin D shell connector
DC	Direct Current, Gleichstrom
DDR	Double Data-Rate
DDR RAM	Double Data-Rate Random Access Memory
DDR SDRAM	Double Data-Rate Synchronous Dynamic Random Access Memory
Debug	Fehlerbeseitigungsverfahren beim Erstellen und Prüfen von Programmen
DEP	Data Execution Prevention
DHCP	Dynamic Host Configuration Protocol
DIMM	Dual Inline Memory Module
DIN	Deutsche Industrie Norm
D-Kanal	Steuerkanal einer ISDN-Verbindung
DNS	Domain Name Service, Domain Name Server

DOCSIS	Data Over Cable Service Interface Specification
Dongle	An LPT- oder USB-Port aufsteckbares Gerät zum Schutz von Raubkopien
DOS	Disk Operating System (Betriebssystem)
DPMS	Display Power Management Signaling
DRAM	Dynamic RAM
DSL	Digital Subscriber Line
DVD	Digital Video Drive oder Digital Versatile Disc
DVD-R	Digital Video Disc-Recordable
DVD-RAM	Digital Video Disc-Random Access Memory
DVD-ROM	Digital Video Disc-Read Only Memory
DVD-RW	Digital Video Disc-Rewritable
DVI	Digital Visual Interface
E/A	Ein-/Ausgabe
EBCDIC	Extended Binary Coded Dezimal Interchange Code (Binärcode, welcher vorwiegend auf Großrechnern verwendet wird)
ECC	Error Correction Code
ECP	Extended Capabilities Port (Paralleler Port, bidirektional)
EIDE	Enhanced Integrated Device Electronics.
EMI	Electromagnetic Interference
EMP	Electromagnetic Pulse
EPROM	Eraseable PROM (löschbares PROM)
EPS	Encapsulated Postscript
ERD	Emergency Repair Disk
ESD	Electrostatic Discharge
Ethernet	Verkabelungssystem für lokale Netzwerke (LAN)
EVA	Grundprinzip des Computers: Eingabe-Verarbeitung-Ausgabe
EVDO	Evolution Data Optimized, Evolution Data Only
EVGA	Extended Video Graphics Adapter/Array
FAT	File Allocation Table
FAT32	32-Bit File Allocation Table
FDD	Floppy Disk Drive
Firmware	Software, welche mit dem Gerät fest verdrahtet mitgeliefert wird
Floppy-Disk	Diskette
Fn	Function (typischerweise eine Taste auf der Tastatur)
Formatieren	Verfahren zur logischen oder physikalischen Einteilung von Medien
FQDN	Fully Qualified Domain Name
Gateway	Komponente, um verschiedene inhomogene Netzwerke zu verbinden

Gb	Gigabit
GB	Gigabyte
GHz	Gigahertz
GSM	Global System For Mobile Communications (Mobiltelefonie, Sprachnetz)
GUI	Graphical User Interface (Grafische Eingabemaske auf einem Client)
Hardware	Oberbegriff aller mechanischen und elektronischen Teile eines Systems
HCL	Hardware Compatibility List (Kompatibilitätsliste von Microsoft)
HD	High Density (hohe Speicherdichte, ehemals Angabe bei Disketten)
HD	High Definition (Bezeichnung für digitale Qualität bei Audio, Video)
HDCP	High-bandwidth Digital Content Protection
HDD	Hard Disk Drive (Festplatte)
HDMI	High Definition Media Interface (Bildschirmanschluss)
Hertz	Hz, Maßeinheit für die Frequenz, Anzahl Schwingungen pro Sekunde
HTML	Hypertext Markup Language (Seitenbeschreibungssprache für Internetseiten)
HTTP	Hypertext Transfer Protocol
HTTPS	Hypertext Transfer Protocol Over Secure Sockets Layer
Hub	Verteiler für die sternförmige Verbindung verschiedenster PCs in einem LAN
I/O	Input/Output, Ein- und Ausgabeschnittstelle zur Peripherie
Icon	Darstellungssymbol auf grafischen Oberflächen
ICR	Intelligent Character Recognition
ICS	Internet Connection Sharing
IDE	Integrated Drive Electronics, früher: Intelligent Device Electronics
IEEE	Institute of Electrical and Electronics Engineers (Organisation)
IMAP	Internet Mail Access Protocol
Interface	Schnittstelle
IP	Internet Protocol
IPCONFIG	Internet Protocol Configuration
IR	Infrarot
ISDN	Integrated Services Digital Network (Digitales Netz für Ton, Bild und Daten)
ISO	Industry Standards Organization
ISP	Internet Service Provider
Kompatibilität	Verträglichkeit verschiedener Hard- und Software-Komponenten zueinander
LAN	Local Area Network (Lokales Netzwerk)
LCD	Liquid Crystal Display (Flüssigkeitskristallanzeige)

LED	Light Emitting Diode (Lichtaussendende Diode)
LFP	Large Format Printer
Li-on	Lithium-Ion (meist Akkus)
LiPoly	Lithium-Ion Polymer (Akku)
LPT	Line Printer Terminal (DOS-Bezeichnung für den parallelen Ausgang)
MAC	Media Access Control
Makro	Gespeicherte Befehlsfolge, welche auf ein Tastenkürzel gelegt wird
Matrixdrucker	Drucker, welcher mit Nadeln ein zweidimensionales Feld (Matrix) beschreibt
Mb	Megabit
MB	Megabyte
MBR	Master Boot Record
Memory	Speicher
MFD	Multi-Function Device
MFP	Multi-Function Product/Multi Functional Printer
MHz	Megahertz
Modem	Modulator/Demodulator
MP3	Moving Picture Experts Group – Audio Layer 3 (Musik)
MP4	Moving Picture Experts Group – Audio Layer 4 (Film)
MPEG	Moving Picture Experts Group
MSCONFIG	Microsoft Systemkonfigurationsanzeige
MTBF	Mean Time Between Failures (mittlere Zeitspanne zwischen zwei Ausfällen). MTBF wird als Zuverlässigkeitsangabe bei Geräten verwendet.
NAS	Network Attached Storage
NIC	Network Interface Card
NiCd	Nickel Cadmium
NiMH	Nickel Metal Hybrid (Akku)
NTFS	New Technology File System (Windows-Dateisystem)
OCR	Optical Character Recognition (Optische Zeichenerkennung)
OEM	Original Equipment Manufacturer
OS	Operating System (Betriebssystem)
Partitionieren	Unterteilen eines physischen Datenträgers in mehrere logische Einheiten
Parallel	Übertragungsverfahren, mehrere Bits werden gleichzeitig übertragen
PATA	Parallel Advanced Technology Attachment
PC	Personal Computer
PCI	Peripheral Component Interconnect (Bussystem)
PCIe, PCI-Ex	Peripheral Component Interconnect Express

PCI-X	Peripheral Component Interconnect eXtended
PCL	Print Control Language, Drucker (Seitenbeschreibungssprache)
PCMCIA	Personal Computer Memory Card International Association
PDA	Personal Digital Assistant
Pentium	Prozessorenfamilie von Intel
PGA	Pin Grid Array (Gehäuseform von Chips, bei welcher die Anschlüsse als Stifte an der Unterseite des Gehäuses vorstehen)
Pixel	Picture Element (Bezeichnung für einen einzelnen Bildpunkt, der auf dem Bildschirm dargestellt wird)
PnP	Plug & Play
POP3	Post Office Protocol 3
POST	Power-On Self Test
PostScript	Seitenbeschreibungssprache für Drucker
PS/2	Personal System/2 (-Anschluss)
PSU	Power Supply Unit (Netzteil zur Stromversorgung)
RAM	Random Access Memory (Speicher mit wahlfreiem Zugriff oder Direktzugriffsspeicher)
Reset	Taste zum Zurücksetzen des PCs, löscht den Inhalt aller flüchtigen Speicher.
RFC	Request For Comment
RGB	Red Green Blue (Farbraum)
RJ-11	Registered Jack Function 11 (Telefonie)
RJ-45	Registered Jack Function 45 (Netzwerk)
RMA	Returned Materials Authorization
ROM	Read Only Memory (Nur-Lesespeicher)
RS232	Recommended Standard 232 (Schnittstelle für den seriellen Datenverkehr)
SAS	Serial Attached SCSI
SATA	Serial Advanced Technology Attachment
SCSI	Small Computer Systems Interface
SD	Card Secure Digital Card
SDRAM	Synchronous Dynamic Random Access Memory
Seriell	Übertragungsverfahren, die Bits werden nacheinander übertragen
Slot	Steckplatz für Erweiterungskarten
S.M.A.R.T	Self-Monitoring, Analysis And Reporting Technology
Smilies	Spezielle Symbolik, um »Gefühle« in elektronischen Systemen zu übermitteln
SMTP	Simple Mail Transport Protocol
SoDIMM	Small Outline Dual Inline Memory Module (Notebook RAM)

SOHO	Small Office/Home Office
SP	Service Pack, gefolgt von einer Nummer, z.B. SP1
SRAM	Static Random Access Memory
SSD	Solid State Drive
SSID	Service Set Identifier (wird In WLANS benötigt)
SSL	Secure Sockets Layer
STP	Shielded Twisted Pair (geschirmte verdrehte Kabel)
SVGA	Super Video Graphics Array, Super VGA, Auflösung von 800x600
SXGA	Super Extended Graphics Array
Tape	Magnetband zur Speicherung von Daten
TCO	Strahlenschutznormen betreffs Strahlung der Monitore (z.B. TCO-06)
TCP/IP	Transmission Control Protocol/Internet Protocol
True Type Schrift	Schriftverfahren für frei skalierbare Schriften
UPS	Uninterruptible Power Supply, USV
URL	Uniform Resource Locator
USB	Universal Serial Bus
USV	Unterbrechungsfreie Stromversorgung
Utility	Dienstprogramm für Datenpflege, Hardware-Analyse usw.
UTP	Unshielded Twisted Pair
UXGA	Ultra eXtended Graphics Array, Auflösung 1280 × 1024 Pixel
VESA	Video Electronics Standards Association
VGA	Video Graphics Adapter, heute nur noch als Auflösung: 640 × 480 Pixel. Früher: Monitore, die gleichzeitig 256 Farben darstellen konnten.
VoIP	Voice Over Internet Protocol
VPN	Virtual Private Network
WAN	Wide Area Network
WAP	Wireless Access Point
WEP	Wired Equivalent Privacy
WLAN	Wireless Local Area Network
WPA	Wireless Protected Access (auch WPA2, neuere Technologie)
WUXGA	Wide Ultra eXtended Graphics Array, Auflösung: 1280 × 800 Pixel
ZIF	Zero Insertion Force (CPU-Sockel)

Stichwortverzeichnis

Markus Kammermann

CompTIA Network+

- ▪ **Fundierter Einstieg in das Thema Netzwerke**
- ▪ **Erläuterung aller Prüfungsthemen (N10-005)**
- ▪ **Aktualisierte Inhalte zu Sicherheit und W-LAN**
- ▪ **Mit aktuellen Vorbereitungsfragen und Übungen zu jedem Thema**

5. Auflage

Die CompTIA Network+-Zertifizierung teilt sich in mehrere Wissensgebiete. In der aktuellen Fassung der Prüfung lauten diese wie folgt:

- · Wissensgebiet 1   Netzwerkkonzepte
- · Wissensgebiet 2   Netzwerkinstallation und -konfiguration
- · Wissensgebiet 3   Netzwerkmedien und -topologien
- · Wissensgebiet 4   Netzwerkmanagement
- · Wissensgebiet 5   Netzwerksicherheit

Entsprechend behandelt der Autor die genannten Themenbereiche ausführlich und vermittelt Ihnen mit diesem Buch die für die Zertifizierung notwendigen Kenntnisse. Im Zentrum steht dabei nicht die Auflistung möglichst vieler Abkürzungen, sondern der Aufbau eines eigenen Verständnisses für die Thematik Netzwerk.

Eine ausreichend eigene Praxis und allenfalls eine ergänzende Ausbildung durch ein Seminar bieten Ihnen zusammen mit diesem Buch die notwendigen Grundlagen, um die Prüfung CompTIA Network+ zu bestehen.

Markus Kammermann ist seit mehr als zwanzig Jahren in der System- und Netzwerktechnik tätig, fast ebenso lang als Ausbilder und Autor. Sein Standardwerk CompTIA Network+ liegt jetzt bereits in der fünften Auflage vor und widmet sich in gut verständlicher Sprache allen relevanten Aspekten von Netzwerken. Herr Kammermann ist heute international als Ausbilder und Berater tätig.

Probekapitel und Infos erhalten Sie unter:
www.mitp.de/9437

ISBN 978-3-8266-9437-0

Markus Kammermann, Markus a Campo

CompTIA Security+

Vorbereitung auf die Prüfung SYO-301

- ◼ **Fundierter Einstieg in das Thema IT-Sicherheit**
- ◼ **Erläuterung und Fragen zu allen Themen der aktuellen CompTIA-Prüfung SYO-301**
- ◼ **Kompakt, verständlich, praxistauglich**

Die CompTIA Security+-Prüfung teilt sich in mehrere Fachgebiete, im CompTIA-Sprachgebrauch Domains genannt. In der aktuellen Fassung der Prüfung (SYO-301) sind das:

- · Netzwerksicherheit
- · Compliance und Betriebssicherheit
- · Bedrohungen und Schwachstellen
- · Anwendungs-, Daten- und Rechnersicherheit
- · Zugriffskontrolle und Identitätsmanagement
- · Kryptografie

Entsprechend behandeln die Autoren die genannten Themenbereiche ausführlich und vermitteln dem Leser mit diesem Buch das für die Zertfizierung notwendige Fachwissen. Im Zentrum steht dabei weniger die Auflistung aller möglichen und unmöglichen Abkürzungen aus diesem Bereich, sondern die Schaffung eines auch praxistauglichen Verständnisses für die Thematik.

Markus a Campo studierte Technische Informatik an der RWTH Aachen mit Promotion. Seit 1997 arbeitet er als Berater, Autor und Schulungsreferent mit dem Schwerpunkt IT-Sicherheit, i.e.: Netzwerksicherheit allgemein, Security-Audits, Incident-Response, IT-Forensik, Smartphones, Sicherheit von Web-Applikationen sowie die Standards BSI-Grundschutzkataloge und ISO 27001.

Markus Kammermann, Autor der ebenfalls bei mitp erschienenen Bücher zu den Prüfungen Network+, A+ und Server+, ist seit vielen Jahren als System- und Netzwerktechniker und Trainer tätig. Ausgebildet als ICT-Projektleiter und Ausbilder, engagiert er sich seit über 20 Jahren als Trainer und Unternehmensberater für Ausbildungsprogramme, auch in der Grund- und höheren Berufsbildung für Informatik in der Schweiz.

Probekapitel und Infos erhalten Sie unter:
www.mitp.de/5522

ISBN 978-3-8266-5522-7